教育部人文社会科学青年基金项目"基于综合语言活动的翻译研究——以三至五世纪佛教和基督教的跨文化发展为例"（13YJC740036）

上海海事大学科研基金项目"注疏 翻译 创作——三至五世纪佛教与基督教的跨文化语言活动研究"的资助

魏晋六朝与晚期罗马的
语言活动与宗教翻译

蒋哲杰 著

中国社会科学出版社

图书在版编目(CIP)数据

魏晋六朝与晚期罗马的语言活动与宗教翻译／蒋哲杰著． —北京：中国社会科学出版社，2016.1
ISBN 978-7-5161-7539-2

Ⅰ.①魏… Ⅱ.①蒋… Ⅲ.①语言学史—中国—魏晋南北朝时代 ②语言学史—罗马③宗教经典—汉语—翻译—研究 Ⅳ.①H0-09 ②H0-095.46③B92④H159

中国版本图书馆 CIP 数据核字（2016）第 018049 号

出 版 人	赵剑英	
责任编辑	冯春凤	
责任校对	张爱华	
责任印制	张雪娇	
出　　版	中国社会科学出版社	
社　　址	北京鼓楼西大街甲 158 号	
邮　　编	100720	
网　　址	http://www.csspw.cn	
发 行 部	010-84083685	
门 市 部	010-84029450	
经　　销	新华书店及其他书店	
印　　刷	北京君升印刷有限公司	
装　　订	廊坊市广阳区广增装订厂	
版　　次	2016 年 1 月第 1 版	
印　　次	2016 年 1 月第 1 次印刷	
开　　本	710×1000　1/16	
印　　张	17.25	
插　　页	2	
字　　数	272 千字	
定　　价	65.00 元	

凡购买中国社会科学出版社图书，如有质量问题请与本社营销中心联系调换
电话：010-84083683
版权所有　侵权必究

目 录

序 .... 傅惠生(1)
第一章 绪论 .... (1)
  第一节 解题与缘起 .... (1)
    一 跨文化发展 .... (4)
    二 语言/翻译活动的研究 .... (6)
  第二节 研究现状与研究方法 .... (8)
    一 研究现状 .... (8)
    二 本研究的理论特征 .... (10)
    三 研究方法的相关说明 .... (13)
  第三节 研究内容 .... (19)
    一 研究内容的相关说明 .... (19)
    二 研究内容概述 .... (24)
第二章 注经：理解与传承 .... (26)
  第一节 宗教经文的注疏活动 .... (27)
    一 佛经注疏活动 .... (27)
    二 基督教的字面解经派 .... (34)
  第二节 从注疏到释经学 .... (42)
    一 作为综合性模式的儒经义疏 .... (43)
    二 圣经注疏与基督教释经学的形成 .... (48)
    三 文化发展与注经的互动 .... (55)
  第三节 注疏的翻译意义 .... (58)
    一 加强对语言问题的重视 .... (58)

  二 加强对"本"的重视 …………………………………（60）
  三 提升经本的权威性 …………………………………（63）
  四 提高理解能力 ………………………………………（65）
  五 提高语言运用与语言研究能力 ……………………（67）
  六 语言研究的进步及其思想史意义 …………………（70）

第三章 解经：阐释与接纳 …………………………………（73）

 第一节 中西解经活动与解经观的发展线索 …………（75）
  一 玄学解经观的演变与解经语言的发展 ……………（75）
  二 圣经阐释与解经学的发展 …………………………（79）
 第二节 解经的文化会通性："得意忘言"与"寓意解经" …（84）
  一 两种解经法的共性 …………………………………（85）
  二 两种解经法的差异 …………………………………（93）
 第三节 解经的翻译意义 ……………………………………（95）
  一 佛教解经的翻译意义 ………………………………（95）
  二 道安的释经与翻译 …………………………………（97）
  三 罗马的语言活动与翻译 ……………………………（106）
  四 哲罗姆的释经与翻译 ………………………………（111）
  五 阐释型的翻译制度 …………………………………（119）

第四章 译经：转换与交融 …………………………………（123）

 第一节 译学萌芽：道安与奥利金的经本研究 …………（124）
  一 道安早年的经本整理与研究 ………………………（125）
  二 奥利金的经本整理与研究 …………………………（130）
  三 经本研究的翻译史意义 ……………………………（134）
 第二节 理论家的思考：道安与奥古斯丁 ………………（136）
  一 道安对"失本"问题的纠结 ………………………（137）
  二 奥古斯丁的综合思考 ………………………………（146）
  三 道安与奥古斯丁的异同 ……………………………（154）
 第三节 实践者的观点：鸠摩罗什与哲罗姆 ……………（157）
  一 鸠摩罗什的翻译观 …………………………………（158）
  二 哲罗姆的翻译观 ……………………………………（168）

三　鸠摩罗什与哲罗姆的译文中心观 …………………………（176）
第五章　立经：整合与确立 ……………………………………………（180）
　第一节　文学演进与语言新格局的形成 …………………………（181）
　　一　魏晋六朝的文学繁荣与佛教文学的锦上添花 ……………（182）
　　二　罗马晚期的文学衰落与基督教文学的雪中送炭 …………（187）
　　三　两种文学格局的比较 ………………………………………（194）
　第二节　语言文质之争：崇文还是抑文 …………………………（197）
　　一　佛教汉语的文质之争 ………………………………………（198）
　　二　基督教拉丁语的文质之争 …………………………………（206）
　　三　文质之争的内涵与意义 ……………………………………（212）
　第三节　宗经语言观与立经的文化意义 …………………………（214）
　　一　语言本体观：真道为文本 …………………………………（215）
　　二　语言道德观：善用尽文德 …………………………………（217）
　　三　语言修辞观：和美显文质 …………………………………（219）
　　四　语言变体论：文以载道的实践体系 ………………………（221）
　　五　关于立经的思考 ……………………………………………（223）
第六章　结语 ……………………………………………………………（227）
　一　研究小结 ………………………………………………………（227）
　二　研究启示 ………………………………………………………（228）
参考文献 …………………………………………………………………（233）
西文人名与书名对照 ……………………………………………………（257）
后　记 ……………………………………………………………………（261）

序

傅惠生

我指导的博士生中，蒋哲杰是唯一本科、硕士和博士都是在华东师范大学对外汉语系读的。他的本科学年论文是我指导的，后来他考了我的硕士生，我又建议他跟我读博士。如今他在博士论文基础上修改过的书稿将由中国社会科学出版社出版，我由衷地感到高兴，乐为之序。

回想2008年前后的招生情况，当时考博的多数是大龄且有工作经验的高校老师，我发现一些应届硕士生，没有发表过专业论文，甚至连硕士毕业论文在一定程度上与年龄大的考生相比不够成熟，但是他们开始读书的时候，整个国家都在快速发展，所受教育没有任何干扰，一路上到硕士，应该说具备了比他们年龄大的考生所不具有的一些优秀素质。从人才发展和教育的角度讲，有新时代的气象：眼界开阔，思路灵活，开拓精神强。这些正是博士生必须有的。我连续招了几个应届硕士生，开始真的担心他们发表专业论文的能力、毕业论文能否写的有分量等问题，结果比我自己预料的好得多。

哲杰论文写作过程中，我们讨论思考的问题不少，这里仅就与他互动时思考谈论比较多的三个问题谈点自己的看法：

第一、选题内容范围和幅度的宽窄问题。传统上讲，论文写作强调"切口小"，由一个很小的地方入手，不断深入挖掘，以达到深入研究某个问题的目的。但是，随着博士生教育的快速发展，"切口小"显然变成了某种程度上的"固定模式"，而一旦成为固定模式，这个问题便需要思考。博士论文的写作方式是丰富多样的，根据具体情况形成贴合问题表述的自然合体的论文，就如同开矿一样，任何一个矿脉的形成和状态都是不一样的，有的可能是露天矿，可以大面积地开采；有的则有可能在深山曲折的矿脉中而需要深井开挖，等等。博士论文的写作有点类似，应该根据问题的大小、特征和涉及范围，作灵活的变化处理，讲究方法论，但具体操作时，又应该是法无定法。相应地，这里就有一个选题内容的宽窄或幅度大小问题。我比较倾向于选范围宽和内容幅度大一些的题目，这样做也是多种因素形成的经验之谈：1）当下在读多数博士生开始选择具体研究题目时，实际知识和思考研究的积累不够丰富，如果没有一个相对宽度的阅读和了解，难以形成达到博士学位论文写作的基本要求，选题内容宽一些和幅度大一些的题目，也迫使他们在限定的时间内多读一些必要的专业以及相关的书籍，深入了解和思考研究的对象。2）选择范围宽和内容幅度大，并不意味着论文一定要完成整个范围的研究和写作。可以先有一个对研究范围的大框框的了解把握和深入认识，然后主要集中具体细致地讨论一些局部的问题即可。这样做是为了留有一定的研究空间，让博士生在毕业之后，继续这一课题的广泛和深入的研究。就目前而言，如果三四年时间仅仅是选一个小题目写一篇论文作为敲门砖，我认为是达不到培养人才目的的。博士期间打下的基础，应该能其在未来的研究中以博士论文作为坚实的学术基础和看家本领的一部分，同时，在博士论文基础上可以比较容易拓宽研究领域，成为某一方面的专家。3）参加国内一些专业学术会议时，碰到一些毕业的博士，聊到他们工作后的研究工作时，因为论文选题过小，毕业后进入工作岗位有一个相对比较长时间要适应工作和处理生活问题，研究要另起炉灶显然力不从心，而紧接着的职称评定又需要各种成果。从人才培养和发展的角度而言，我认为选题宽，可以利用人才培养阶段对工作后紧张的科研成果要求进行某种程度的缓释。可能许多导师和专家们不同意我的观点，这里只是表达自己的思考和对博士生作为人才培养问题的关注。哲杰的论文一开始就是沿着这种思路商量设计的，当然，这种设计也有具体的针对性，即应届硕士生读书量的不足和对人与人类社会了解的相对局限。也正如在本书的《后记》中，哲杰自己所意识到的那样，自己的相关课题有了初步的成果，而前面的研究则道路宽广。

第二、自主和自立能力的培养。应届硕士生相对而言比有工作经验的大龄教师容易指导，这不意味着他们的培养不需要花什么气力，而是要"因材施教"，努力做到巧用力，收效好。这一点，我在辅导应届硕士生，特别是哲杰的论文写作过程中，感受比较深。他的硕士生阶段的专业方向是翻译学，论文写的是《文心雕龙》的翻译研究。博士生的研究方向是中西文化比较。因为先前我的两位博士生李志强和吕占军分别就先秦与希腊语言文化关系比较，和汉代与罗马语言文化关系比较做了选题研究。我问他是否愿意接着前面两位的历史时间段去做，他并没有犹豫，一口就答应了。这让我非常高兴，同时又有些担心。这个孩子能够做这样的大题目吗？高兴的是，事先我已经反复跟他说过，博士论文二十万字，与硕士论文三万字不仅仅是数量上的差别，方方面面的要求都有很大的差异，他似乎已经做好了准备，有充分的信心。后来他写论文时的专心致志和迅速发展的状态，使我相信他是能够做好论文的。

我们虽然多次讨论了整体论文的框架设计和写作方法问题，但是具体如何做，我很少说。我主要想看看他是如何将"虚"的思考，无论是宏观设计还是具体写作，落实成"具体"的语篇。这是他成长为能够自立自主思考和研究问题的关键。写作开始的时候，他也问一些具体如何写的问题，我只是作一些方向性的提示，并没有说过什么具体如何写。经常告诉他的是，需要自己的思考和判断，将自己的阅读理解和对于问题的思考化为具体清晰的文字，表述清楚自己究竟想要说什么，如何说才能说清楚，以及明确自己想表达和解决的是真正的学术问题。

从他自己的研究总结中，我们可以看到他对于研究对象宏观把握的思路清晰和认识深度：

> 本研究的特色在于从文化的角度研究语言。就文化史而言，从先秦与古希腊到两汉与罗马，中西方的发展可以大致进行平行观察；而魏晋六朝与晚期罗马作为轴心时代后的第一个大转折，是两大文明开始分道扬镳的十字路口，因而具有特殊的历史意义。这一时期的思想文化格局发生巨变，新与旧、本土与外来相互交流、冲突与融合，历经数百年才逐步稳定下来形成新的格局，并进而奠定了之后中西方千年思想文化格局的基础。
>
> 这种思想文化的巨变发展必然会影响到语言面貌及其文化内涵。因此，我们将目光聚焦于与思想文化密切相关的文化语言活动，研究语言活动的内容、形态和相关语言观，以及与之密切相关的文化语言活动，研究语言活动的内容、形态和相关的语言观，以及与之密切相

关的翻译活动的形态、内容和观念。

在语言与文化的历史关系中，握住"经"的发展主线，并将其发展为论文的主体框架，并能够将其化为具体的叙述，完全是他独立自主的努力，这样的历练使我相信，他是一个有研究才能和发展潜力的博士生。他对于自己研究的框架设计也是十分清晰的：

> 研究以"经"为主线索。"经"作为思想文化典籍，既是文化的、也是语言的，是文化—语言的界面。就文化而言，本著的"思想文化"在中国指儒家、玄学（道家）和佛教三个主角；在西方则只有基督教这唯一主角，但希伯来文化、希腊文化以及罗马文化是始终参与其中的配角，配角中又以希腊文化最为重要。就语言而言，一种思想文化体系的语言可大致分成作为主体的"经"，以及围绕经的各种语言变体，两者是主体与变体、一与多、通用与特殊的关系。围绕着这种经的本体与变体，可以开展各种文化语言活动。一种思想文化在新环境中从无到有、从有到优地发展起来，在一段相对完整的发展周期内，从继承、发展、传播、冲突到融合的过程中会有不同的阶段性任务，促使人们以不同方式利用语言和塑造语言，从而对从属于这种思想文化的语言乃至整个语言造成各种影响，因而我们选取注经、解经、译经、立经四种语言活动分别研究思想文化的演变发展对语言的影响，以描述和阐释佛教与基督教的文化体系进行跨文化发展的进程。

在四章主体内容中，我们通过中西共同的文化背景来描绘语言活动的图景，包括活动的形态、特征、发展线索、主要成就、重要观点，并探索语言活动的上述方面与翻译的各种关联。从整体上来看，佛教与基督教不仅要通过狭义的文本翻译实现语言转换，更要通过注疏、翻译、创作这一宏观的语际移植过程，沿着"理解—转换—表达"这条翻译链建构汉语佛教与佛教汉语以及拉丁语基督教与基督教拉丁语，在目的文化圈实现语言和文化的双重融合，完成思想文化的翻译。因而我们用语言活动涵盖翻译，从而将与翻译密切相关的活动与翻译一起纳入语言活动这一范畴，实现基于语言活动的翻译史研究。

虽然我们不能完全根据这本书来评价蒋哲杰"文如其人",但根据上面简明扼要的宏观认识,可以看出他对研究对象清晰而抽象的把握和具体语言表述落实的分寸感。因此可以说他已完全具备自主独立作视野开阔、较大课题研究的能力。因此也表明我们达到了基本的培养目的。

这里就研究对象本身而言,还有一个拉丁语学习的问题。论文题目确定之后,我多次催促哲杰抽空学习拉丁语,尽管是勉为其难,他还是努力了。我仍然认为博士论文只是专业培养和训练,是专题研究的开始,要有所建树,还靠日后的日积月累。因此,对于哲杰来说,拉丁语的修养是个必须。我想说的是,他已经有了一个很好的榜样,就是他的师兄李志强。李志强在写先秦与希腊语言文化比较时,学习古希腊语,当时也觉得十分困难,但是他克服了,并且做得不错,毕业后还获得了去希腊学习一年的机会,回来后,结合自己的博士论文基础,申请到了国家项目。这让我想起复旦大学中文系陈思和教授曾经说过的,比较文学的研究,在中国就应该有一些希伯来文、希腊文和拉丁文的专家,而比较研究时,就应该能够精通原文并直接从原文进行解读和比较。哲杰若有志,是完全能够做到这一点的。坚持下去,定会有所成就。

第三、"三十而立"和"四十不惑"的成长转型。一般而言,我们说"四十不惑",说从事文科研究的人开始能够写作有分量的论文,对人和人类社会开始有一定程度的成熟认识。显然,现行的文科博士生培养制度使得不到三十岁就毕业工作是一个常态。这种情形与实际文科研究者成熟度的要求显然有一个实际的差距。社会科学研究人才的培养按照当前国家的发展态势,对于当下博士生的培养以及后续的发展可能的确有一个"三十而立"和"四十不惑"的过渡转型问题。一个现实的问题是当前博士生顺利地从本科、硕士到博士毕业的年龄在28至29岁,加上两年博士后就30岁了,而马上进入工作岗位,首先面临的是端好饭碗的问题。又有买房和建立家庭的问题,同时面临职称提升的多种学术要求指标问题,等等。因为和哲杰的这种特殊的缘分,毕业以后他在学术发展上也遇到了一些问题,他试图和我商量。其实他的问题在发生在许多同龄毕业生身上,我始终抱着一种态度:毕业了,我就不管了,因为我自己也忙不过来。但毕业生多了，每次见面反复交谈，虽然每个人的具体情况不一样，这种过渡转型带有共性的问题，也真的需要思考和交流。我的经验之谈仅供哲杰和想和我就毕业后学术发展问题进行讨论的朋友参考：1）端好饭碗是根本。现在博士生毕业，一般会在高校教书，找到工作，往往有一个岗位适应期，在新岗位站稳是最重要的。同时也应该思考结合工作要求，作相应的科研。2）学术的功底不能丢。不能因为工作和生活的压力而将自己的学术研究暂时搁置一旁。"拳不离手，曲不离口"，对于哲杰而言，就是他博士论文方向的研究，再忙不能轻言放弃。只要坚持，不断开拓，十年必有相对大的成果。博士毕业后的研究时间段可以从一生的角度进行不同的安排。3）比较文化专业方向和翻译学方向足以使哲杰可以不断自我设计、发展和完善。自己的修行是终身的，不断变化和发展的。自主坚强，不怕各种压力，坚定信心，就一定会有所成就。

2016 年初
于沪西琥珀斋

第一章 绪论

> 语言，历史的产物：沿流
> ——萨丕尔(《语言论》，第七章标题)

第一节 解题与缘起

爱德华·萨丕尔（Edward Sapir, 1884—1939）以水来比喻语言，给了我们极大的启示。如果语言是水，那么语言发展就宛如江水长流，纷繁多变：水势或缓或急、水流或直或曲、水质或清或浊，总能呈现一定特征或趋势，而文化则不妨看作语言沿流所在的河道。正如河道影响水流一样，文化环境对语言的特征和发展进程无疑具有非常重要的影响。"语言在历史上的每一次宏观演变和部分微观演变都是文化上的原因造成的，而语言的现状是语言历史演变的结果，所以研究语言的历史和现状及其演变过程都必须研究语言的文化背景。"[1]在中西方的语言史长河中，魏晋六朝与晚期罗马就是一段关键性转折[2]，两大文明的文化形态在这一阶段都发生了巨大变化，产生了广泛的文化交流与深入的文化整合活动。这些文化活动一方面依靠各类经籍活动来进行；另一方面又反作用于活动中的语言自身，从而深刻地影响、改变乃至塑造了语言的发展流变。

在魏晋六朝与晚期罗马这个阶段，中国思想文化的格局是佛教东传和汉化，开始初步形成儒释道三家并存的格局。在西方，基督教兴起并逐步

---

[1] 游汝杰：《中国文化语言学引论》（修订版），上海辞书出版社2003年版，第17页。
[2] 本书的"魏晋六朝"指公元2—6世纪左右的中国，"晚期罗马"指公元2—6世纪左右的西方，即罗马帝国晚期至中世纪初期。详见本章第二节的说明。

吸纳与整合希伯来、希腊的古典文化以及罗马文化，开始形成以基督教为主的文化格局。相对于先秦与希腊、两汉与罗马，此时的东西文明历经了自轴心时代①以来的最大变局，即佛教开始传入中国以及基督教在罗马帝国东部崛起。从整个文明史的宏观背景来考察，如果说中国从先秦到两汉以及西方从古希腊到罗马，仿佛是文明从幼年成长到少年阶段，整体呈现上升势头的话，那么进入2世纪，汉与罗马两大帝国都遇到了重大危机：政治社会动荡、经济破败、内乱外战频繁、思想文化呈现多元态势。经过几百年的动荡整合，中西文明才逐步稳定下来形成新的形态，但其历史走势却就此分道扬镳：中国闯过乱世进入盛唐，仿佛历经青春期的巨变而成熟稳定起来，步入文明的黄金时代；西方则遭遇严重挫折，陷入漫长的中世纪。在这四五百年的转折期中，思想文化的转型具有突出的地位。不同思想经过接触交流、冲突对立和相互借鉴吸收，最终整合达到一个相对平衡的状态，形成新的思想文化格局，同时也对之后的文明和文化发展产生了深远的影响。

具体而言，公元初时，中国的思想生态是表面上以儒家为主，实行"罢黜百家、独尊儒术"政策，但各家仍在官方的舞台底下生存发展与竞争，比如黄老道家②学说就长期潜伏发展，而此时的佛教之于中国还仅仅是"小荷才露尖尖角"。在同一时段的西方，罗马帝国统治着地中海文化圈，它在文化上既深受希腊影响，又独具特色，而希伯来教对帝国而言还只是边疆的一个小教宗。可以说，彼时的中西思想文化体系尚维持着生态平衡。

但到了汉末与罗马晚期，两大帝国都陷入社会经济危机频发、文化衰落的境地。儒家遭遇名教危机，人心思变，玄学乘机兴起，在儒道结合中脱颖而出，一度独领风骚。佛教于此时开始发力，以玄佛杂合的格义法来暗度陈仓、移花接木，不断扩大影响，最终逐步金蝉脱壳，在中国站稳脚

---

① 德国历史学家雅斯贝斯（Karl Jaspers, 1883—1969）提出的著名概念。所谓"轴心时代"（Axial Age），指公元前8—公元2世纪，在中国、古希腊和古印度等地出现了人类文明的飞跃，井喷出一大批思想家和思想原典，塑造了中西印文明的基本格局，对之后的历史发展具有极其巨大的影响。

② 本书基本不涉及道教，仅在必要时一笔带过。一则道教典籍并未如佛经那样发生翻译活动；二则出于与西方对比的研究需要，无法纳入道家；三则篇幅有限。

跟。而道教同样借机兴起，在儒释两家影响下建构起中国本土的宗教形态，使中华思想文化格局开始形成儒释道共存的形态，并一直延续到近代。因此，魏晋南北朝可谓中国思想史上最重要的发育和转型期之一，也是一个文化大会通的时代，同期的罗马亦然。基督教从东部开始不断扩散，最终竟成为罗马的国教，并在西罗马帝国亡于蛮族之后，成为西方意识形态的实际掌控者。不过基督教并非完全摈弃其他文化，作为一个文化底蕴还不够深厚的文化体系，它通过吸收整合希伯来、希腊和罗马文化，形成以宗教为主的综合文化模式，并逐步承担起罗马帝国的思想文化职能，从罗马帝国时期的一个子文化发展成为中世纪的主流文化。总体而言，中国是儒释道三合一，西方是基督教的一含三，两种思想文化形态大致都是在魏晋六朝到唐初以及罗马晚期到中世纪初期开始出现并初具规模的。魏晋六朝与晚期罗马时期作为中西文明史上的文化大会通时代，在时段与作用上遥相呼应，从比较粗疏的意义上来说，呈现出一个整体对应和对称的形态。

在这场文化巨变的浪潮中，汉与罗马两大文明的自身机制与状况是推动历史发展的内在矛盾，这种不平衡历经数百年的文化接触、文化交流、文化冲突、文化融合以及文化整合，又达成新的平衡状态。而在文化的激荡中，佛教与基督教作为催化剂，无疑是最大的变数。因为它们属于相对的"异"文化，是它们带来新要素、激化新发展。作为外来者或是后起者，两者加速打破曾长期维持着的思想文化的生态平衡，其自身则经历了从无到有的发展过程；同时也是在两者的密切参与下，原有的不平衡逐步复归新的平衡。因此，对这段时期的佛教与基督教的发展进行比较与对比就构成一个非常具有价值的研究命题。

对佛教与基督教在新环境的生存和发展而言，翻译是最关键的因素之一，甚至在某些方面具有决定性作用。就佛教而言，要从印度文化圈传入中国，就需要将巴利文、梵文以及西域诸语言书写的佛经译为汉语。一个成熟的宗教不能只依靠口耳相传，而更需要定型的经文，才能使思想与教义越来越精确、凝练、系统和深刻，才更有利于传播、教习和研究，对思想内涵及其表述方式进行调整和更新。因此，当佛教和基督教发展到一定阶段后，经文已是一切宗教活动的中心。因而作为经文的生产源头，语言文本的翻译对整个佛教在中国的发展具有十分深刻的影响。佛教与佛经如此，基督教与圣经①同样如此。尽管基督教的发源地是在罗马帝国境内，但就当时整个主流文化格局而言仍属边缘的支流。基督教要想传至帝国的更广大地区，就必须把希伯来文或亚兰文（Aramaic）的《旧约》以及希腊文的《新约》译成拉丁文，其中涉及的语言和文化问题，与佛经汉译一样纷繁复杂。

鉴于翻译在宗教语言活动以及历史文化发展中的重要性，我们的研究就有了翻译和文化的双重意义。本书将从思想文化视角出发进行翻译史的研究，对佛教与基督教在其跨文化传播早期所进行的一系列与翻译密切相关的文化性语言活动进行比较研究，以期深化我们对翻译和翻译史的认识，同时也从新的角度探索思想文化发展的规律和特征。

一　跨文化发展

翻译活动自有其特殊规律，而宗教翻译又同时受宗教发展和历史规律的影响，因此，我们所研究的这段翻译史应先着眼于更广阔的思想文化视野，然后再结合适当的译学理论开展研究。根据研究对象的历史文化特征，我们将魏晋六朝的佛教以及晚期罗马的基督教所进行的翻译传播活动视为一种"跨文化发展"。

所谓"跨文化发展"，是指佛教与基督教的跨文化传播并不仅仅是宗教在新文化环境下的延伸发展，而是把整个宗教的发展重心放到新的环境中，把发展的精力放在新的文化体系中。这种发展与其说是传播，倒不如说更像是一种移植，是整体性地迁移到新的文化环境中，重新生根发芽、开花结果。

先以佛教为例。汉地佛教不是印度佛教在中国的简单复制，因为中国佛教并没有一举一动都受印度佛教的直接影响。这一方面是客观原因造成的，即最初的佛经是一本本传过来的，翻译什么经、怎么翻译都有很大的个体性，两国的佛教发展就因为地域隔离而产生时差，比如印度2—3世纪新发展的中观论要到4世纪时才传入中国。而汉人对佛教的理解也受制于这种传播方式，发生各种偏移。僧侣对经文

---

① 在我们的研究中，"佛经"与"圣经"都指宗教类典籍，不特指某一部书，同时为强调文本的历史发展过程而非作为结果的定本，一般情况下不加书名号。

和教义的理解往往会因为得到更新的译本而发生改变。另一方面，中国人有自己的文化体系与传统，因而有意或无意地曲解佛教思想。佛法之种固然是印度的，但开花结果都受汉地土壤的影响。这其中存在多种文化与意识形态间的交流、竞争、互补互释。后来当佛教在印度本土衰落后，倒是其在东亚与东南亚的分支获得进一步的发扬光大，体现出之前的"移植"成果。

基督教同样如此。最初的希伯来教囿于中东弹丸之地而很难获得空间，其教义专注于信仰与戒律，强调自己是犹太人的民族宗教。而使徒圣保罗（Paul the Apostle 5—67）的传教则使狭隘的希伯来教变为适合于各地民众信仰的基督教。在传播过程中，人们逐步发现了它的各种弱点以及教义中的种种粗糙与纰漏。当希伯来的种子播撒到希腊和罗马的文化土壤中以后，通过吸收新的养分对整个教义进行精深化与体系化，最终让基督教长成覆盖地中海的参天大树。此时的希伯来教与犹太人反倒成为弱势的边缘文化，要遭到歧视乃至敌视和仇恨。

借用生物体为隐喻来看，佛教与基督教的跨文化发展就仿佛两大文化体系向新的文化生态环境的移植，其中充满了各种适应、选择、保留、淘汰等现象[①]。作为一种移植，不仅要把种子完好地保存下来，也要或更需要考虑如何本土化的问题。思想文化必须通过语言来思考、表达与交际，跨文化发展的一个最直接的问题就是如何跨语言，因而语言和翻译自然就成为关键。从文化角度来看，两大宗教需要实现跨文化传播与发展，而从语言角度来看，就是两种文化需要作出跨语际移植，最终使目的文化和目的语言接受自身。也就是说，思想上，汉文化要接纳佛教，形成儒释道共存的格局；语言上，要使汉语兼容佛教，在汉语中同样形成儒释道共存的格局。这其中的一个关键就是要让佛教学会说汉语。同样，拉丁文化要形成基督两希罗马共存的格局，拉丁语也必须形成基督两希罗马共存的格局，其关键是让基督教学会说拉丁语。总之，佛教融入汉语汉文化以及基督教融入拉丁语罗马文化，需要语言的定型以巩固跨文化的发展成果。

---

① 胡庚申：《翻译适应选择论》，湖北教育出版社2004年版，第13页。

二 语言/翻译活动的研究

文本传译和语言转换是宗教跨文化传播的一个表层现象。真正的跨文化发展还需要在目的地用当地语言表述宗教,因而我们在深层次还能看到新的宗教语言(佛教汉语和基督教拉丁语)的生发成长历程。这种新的语言体系的建构不仅要通过翻译,更要通过与翻译密切相关的文化语言活动才能顺利进行下去,对此,狭义的翻译研究法就显得捉襟见肘,因为它们往往更关注译本、译者、译语和译技,无法涵盖跨文化发展的全部内涵。语言演化与优化背后的复杂选择也不是简单的翻译性选择,而是完全浸润在思想文化环境中的抉择,是出于既要传播教义,又要会通本土的折中选择。因而在我们的研究中,"翻译"一词有两层内涵,一层是作为语言转换的翻译,可视为狭义的"翻译";另一层是出于传播宗教文化目的的宗教理解活动、阐释活动、修辞活动以及其他相关语言活动,它们也是为了传播宗教,发展新的宗教语言,让宗教在新的环境下更好地实现跨文化发展,这些活动可统一视为"语言/翻译活动",或者在本书的研究背景下,视为广义上的"翻译活动"。

"语言/翻译活动"的研究首先是研究经文注疏,因为理解是翻译的前提。各种经文注疏活动实际上也是在为高质量的大规模翻译活动进行铺垫。充分理解来自异语言和异文化的思想内涵是翻译成败的关键。其次,宗教经本使用的语言既是宗教的,又是语言的。比如佛教汉语既是汉语,又属于佛教。作为汉语的新支流和新语体,它是随着佛经翻译发展起来的。最初的佛经语言(即译文语言)很不成熟,译者需要不断思考、选择和打磨经文的表达形式。随着翻译技巧的提高和对佛教理解的加深,译文语言不断进化,使佛教汉语从无到有、从有到优地生长起来。人们开始掌握佛教的思维模式与话语方式后,就不再满足于阅读和作注,而是进一步撰写佛教著述。这样,佛教汉语的成长就由被动的注疏和翻译发展到主动写作,发展进程不断加速。写作与翻译的关系在于,一方面翻译模仿是写作的基础;另一方面通过写作进化的佛教语言又能反馈今后更多的翻译,并惠及其他各类佛教语言活动。最后,翻译后的经文即翻译文学,也是本土文学体系的一个重要组成部分。宗教翻译文学与本土文学既接触交流,相互影响,又竞争排斥和彼此学习借鉴。佛教文学不但扩大了汉语文学的内涵，也使汉语的表达能力得到延伸，成为助推汉语发展的一股重要力量。反过来，佛教地位的提升和宗教影响的扩大使佛教文学不断发展，从而巩固和发展了佛教汉语。可以说，佛教语言和佛教文化是相互依赖、相互巩固的。

上述历史发展过程暗合语言阐释理论的逻辑，即宗教跨文化发展的语言过程除了是历史的，也是哲学的。宗教经本的传播首先要得到解释与注疏，这是一个理解的过程，翻译则是转换的过程，也是改写的过程；再进一步就是自主创作的表达过程，这个宏观的理解、转换到表达的过程也与微观的翻译过程相对应。用阐释学派翻译理论家斯坦纳的话来说，理解即翻译。"文学艺术的存在，一个社会的历史真实感，有赖于没完没了的同一语言内部的翻译，尽管我们往往并不意识到我们是在进行翻译。我们之所以能够保持我们的文明，就因为我们学会了翻译过去的东西。"[1] 而无论是同一语言之内还是不同语言之间，人的交际就等于翻译，"翻译的研究是语言的研究"[2]，同样，在我们的研究中，宗教跨文化发展中的宗教语言发展与宗教跨语际移植中的翻译活动是对应的。

因此，基于实际历史特征与逻辑可能，我们对"翻译"的研究就有两个层面。第一层，是佛教与基督教通过文本翻译实现语言转换，把语言内容翻译到新的文化环境。第二层，通过注疏、翻译、创作这一宏观的语际移植过程（"理解—转换—表达"翻译链），进行思想文化体系的整体移植，在目的文化圈实现语言与文化的双重融合。这样一个过程是广义的"翻译"。

相应的，我们的研究目标就在于：

第一，从思想文化发展的角度分析佛教融入汉语和基督教融入拉丁语的进程，宏观描绘由注疏、翻译到创作这一语际移植过程的形态、方式和内容。

第二，结合相关的文化性语言活动对翻译活动进行综合研究，微观分析注疏和创作等活动的形式、内容与观念对具体代表人物的译事、译语和

---

[1] George Steiner, *After Babel：Aspects of Language and Translation*（Third Edition），Shanghai：Shanghai Foreign Language Education Press, 2001, p. 31.

[2] Ibid., p. 49.

译观的影响及相互作用。

第三，通过佛教与基督教的个案比较，分析思想文化发展影响语言的具体途径和方法，深入认识语言与文化的互动关系。

本书的总体思路可概括为：将特定历史阶段的语言/翻译活动放在特定的思想文化背景下，研究思想文化的发展变化对语言/翻译活动的形态、内容和观念等方面的影响，并通过中西比较探索文化影响语言的共同规律，以宏观的文化视角对翻译活动以及语言发展进行新的描述与阐释。

第二节 研究现状与研究方法

一 研究现状

宗教学界的翻译研究也涉及一些概念辨析与语言问题，并能认识到翻译与语言问题的宗教意义，但其视野更多是宗教的而非翻译的，研究者中能关注到当代翻译理论或翻译学发展的则更罕见。而在翻译界，翻译史的研究者并不少，但研究明代西学翻译或者晚清到五四这个时段的要远多于佛经翻译。佛经翻译的研究者中有哲学、宗教或历史背景的比例并不高。整体上看，宗教与翻译学界缺乏交流，在宗教翻译的交叉研究上还有很大的提升空间。对本书所研究的2—6世纪，译家的专人研究虽多，但一般都较为零散，对史料挖掘的方法较为单一。在充分考虑时代文化背景的基础上，对宗教译家群体及其翻译活动进行专门而系统的综合性研究还很少见。

在研究方法上，从翻译史研究在近年来所发生的变化来看，呈现出强化文化视角与跨学科研究的趋势。回顾过往的译史研究，可以发现早期研究多囿于语言、翻译和符号学等传统角度，比如凯利（Kelly）的《真实的译者》（"The True Interpreter: a History of Translation Theory and Practice in the West"）就是传统研究的一个代表。20世纪末以来，或许是受翻译学文化转向的影响，国内外翻译史研究的跨学科研究逐步加强，理论上有皮姆（Pym）在《翻译史研究方法》（"Method in Translation History"）中强调的以人为中心的翻译史研究法；实践上有德利尔与伍兹华斯（Delisle & Woodsworth）的合著《穿越历史的译者》（"Translators Through History"），将翻译与历史、宗教、政治、经济、传播等各个学科结合进行研究。

国内方面，王克非的《翻译文化史》提出文化史视角下的翻译研究，王宏志在《一本〈晚清翻译史〉的构思》一文中反思了以往的翻译史研究法，指出要重视从文化与历史视角研究翻译史而不是具体的文字翻译。具体研究上，有历史学界的多角度研究，如邹振环的《西方传教士与晚清西史东渐：以1815至1900年西方历史译著的传播与影响为中心》《晚明汉文西学经典：编译、诠释、流传与影响》等著述，从社会文化史的角度研究西学经典在中国的译传与影响；专史方面，有王晓元的博士论文与著作《翻译话语与意识形态：中国1895—1911年文学翻译研究》，专人研究有廖七一《胡适诗歌翻译研究》等，专题研究有张德让的博士论文《翻译会通研究——从徐光启到严复》等，都有新的突破。但我们也应看到，新方法的研究对象偏重近现代，基本在晚明到五四这段时期，可谓"厚近薄古"。

在翻译史的比较研究方面，关注中西方比较的并不多见。根据我们的涉猎范围，国外学者研究很少会研究中国的翻译史，一般仅仅是在论述中根据自己的研究需要提到一些中国译论，比如Lefevere的论文"Chinese and Western Thinking on Translation"。国内学者在这方面做了更多探索，如谭载喜的论文《中西译论的相似性》《中西译论的相异性》，刘宓庆的专著《中西翻译思想比较研究》，谢天振等的《中西翻译简史》，或从整体上对中西翻译史比较，或作历时的梳理或有共时的比较，或对个别流派与人物作比较。以上成果为我们的研究提供了很好的基础，但整体而言都更关注本国内容，深入系统的专题式比较研究不多，可谓"厚此薄彼""比较不足"。

根据研究现状，要对2—6世纪的佛教和基督教的翻译活动进行研究，可以从以下三个方面进行突破。第一，跨学科，即充分考虑译家的多重身份，结合哲学、宗教、历史和文化等理论开展研究。当时参与宗教翻译的既有僧侣，也有传统知识分子，前者与宗教有着千丝万缕的联系，后者又受传统教育影响，因而宗教翻译史研究就要基于宗教与历史，指向翻译问题。第二，综合性研究。正如前文所述，翻译是佛教和基督教跨文化发展的核心语言手段，它与注疏、创作等其他语言活动密切关联、互相作用。如能将译家参与的各种思想文化性语言活动联系起来作整体考察，将十分有益于对这段翻译史的研究。第三，比较研究。从相似的文化会通时代背景出发，通过中西比较来互参互释，深度描绘翻译活动的历史形态、揭示相关语言活动及观念与翻译活动及翻译观的关联,并动态分析翻译观的形成过程。

二 本研究的理论特征

第一,从文化角度研究翻译活动,契合译学界文化转向(Cultural Turn)的趋势。众所周知,西方的翻译研究曾出现语篇、功能、目的、多元系统等各种流派,正逐步从译本视角和细究一字一词的研究过渡到文本之外更广阔的文化、历史与社会。20世纪80—90年代以来,巴斯奈特(Susan Bassnett)和勒菲弗尔(Andre Lefevere)等人领衔的文化学派提出文化转向的概念,重视社会文化、意识形态、价值观念、权力话语,或是更具体的诗学观念、赞助人、文集选编等因素对翻译的影响。而韦努蒂对译者显形的呼吁[1]、皮姆对译者研究之强调[2]、罗宾逊的译者登场[3],则给这种文化转向的研究指出了一个明确的焦点:集文化要素与语言要素于一身的译者。对我们的研究来说,译者正是佛教与基督教跨文化发展的具体承担者、执行者,是文化和翻译活动的主体,也是研究切入的一个最佳点。

第二,就文化角度的语言研究而言,我们很赞同潘文国提出的"作为文化史的语言研究"[4]。他认为,一定的语言观、语言理论甚至语言研究方法必然是特定时代和特定条件的产物;我们不但可以比较语言研究理论、理论背后的语言观和语言思想,也可以比较观念和思想背后的历史文化制约因素或动因,三层研究的关系是"然"、"所以然"以及"所以然之所以然"的关系,而第三层的研究似乎还没有人认真进行过。同样,我们可以说,翻译理论背后有翻译观以及翻译思想,有语言观和语言思想,而这些思想的背后则是历史文化制约因素及动因。因为在2—6世纪

---

[1] Lawrence Venuti, *The Translator's Invisibility: A History of Translation*, Shanghai: Shanghai Foreign Language Education Press, 2004.

[2] Anthony Pym, *Method in Translation History*, Beijing: Foreign Language Teaching and Research Press, 2007.

[3] Douglas Robinson, *The Translator's Turn*, Baltimore and London: The John Hopkins University Press, 1991.

[4] 潘文国:《作为文化史的语言研究——英汉语的语言研究史对比》,载潘文国《英汉对比与翻译》(2012),上海外语教育出版社2012年版,第1页。

这个时代,没有职业的译者或者纯粹的译者,翻译都是为宗教服务的,所有译者在译者身份之外,都会兼有教徒、信仰者、文人、官僚,或者文学家、哲学家、语言学家、作家等各层级的身份,这些身份及每个人的思想背景、教育背景又受制于历史文化因素,正是历史文化因素自上而下地影响和制约着语言观和翻译观,再向下影响和制约着具体的翻译实践与操作。因此,我们从文化宏观视角研究翻译活动的形态、内容与观念,就是希望把三个层级打通,给翻译一个较为宏观的整体感。

第三,就翻译史研究来说,本研究作为一种从文化角度研究翻译史的研究,不妨称之为文化性翻译史研究。王克非早就提出过相似的理念与提法,他认为翻译是文化交流的产物,翻译活动离不开文化,因而有必要从历史发展的角度来研究两者的关系,并提出"翻译文化史"的概念;不过这一研究重点不在于翻译人物、翻译活动、翻译机构、翻译流派,而在于研究翻译对于文化(尤其是译入语文化)的意义和影响、翻译在文化史上的作用以及文化对于翻译的制约[1]。在研究类型上,王克非还提出可以做翻译文化史的断代研究,也可以进行比较翻译文化史研究,比如将近代中、日两国在翻译与学习外国文化中展现的心态、结构和作用进行比较[2]。就具体研究途径而言,可以对重要译本的翻译处理进行研究、对其不同的传播和影响进行研究,对译者的翻译过程进行考察、对翻译的语言加以研究,等等。[3]我们非常赞同王克非的理念,不过在具体的研究方法上,我们的研究重点倒正在于翻译人物及其活动,并且虽然我们也会论及翻译对文化的影响,但同样重视文化对翻译的影响,因为在宗教移植过程中,两者是相互渗透的,唯其如此,才会产生思想文化的会通。

需要说明的是,在当下的翻译界,由于研究对象一般以文学翻译居多、以英语翻译居多、以现当代的翻译居多,因而一直以来我们的研究方法就很强调文本分析和语言对比。但是,要研究译者的翻译观念和翻译特征,文本分析并非是唯一的途径;在某些条件和某些对象的研究上,甚至

---

[1] 王克非:《翻译文化史论》,上海外语教育出版社1997年版,第2—3页。
[2] 同上书,第9—10页。
[3] 同上书,第10页。

都未必是主要的。我们把翻译作为思想史的一部分来研究而不依赖于文本分析，其原因在于以下四点。首先，很多经书的原文已经佚失，也就无法进行文本对比。其次，要确定某文本是否为译者实际所用，需要多方面的考证，否则就不可以简单地仅凭文本分析就对翻译家的思想做出判断[①]。再次，译者观念变化或言行不一的干扰。比如某些译者在不同阶段会有不同观念，而在译本的确切翻译时期难以考证的情况下，很难仅靠文本分析来断定某人的翻译观为如何。此时，翻译史研究者更应该去研究和解释译家观念变化的原因与规律。又比如某些译家明明自己希望采取某种策略，却因他人影响而被迫在言论上或实际的翻译中违背自己的初衷。在此情况下，分析译家何以要坚持或何以无法坚持自己的观念，分析反对者的思想，对我们深入探究翻译史是非常有帮助的。而文本分析反而容易事倍功半，甚至可能受其误导。最后，即便有了充分的文本分析，也难以定性与定量。比如佛经翻译中的文质之争，这个"文"和"质"如何去量化？今天讲的直译与意译，又如何指标化、数据化？这些都不是能以简单的文本分析来回答的问题。

因此，本研究从时代背景、译史趋势、译家思想和实践活动来整体分析译家翻译观的逻辑必然，从思想文化的宏观角度自上而下地演绎翻译观的特征，而不是依赖文本分析自下而上地去归纳；是根据逻辑必然来逼近历史应然。当然，这种方法还是翻译史研究的一种尝试，但在当前条件下也许是研究古代翻译史的一种出路。同时我们也绝不否认，一个非常现实的客观困难在于像本课题这样的比较研究，如果要诉诸文本对比，就要同时精通梵文、巴利文、古希伯来文、古希腊文以及拉丁文，这显然是不太现实的。而基于上文的分析，这样一种巨额投入却未必会取得相应的收益与效果。因此，本着学术接力的态度，我们希望能先从最容易突破的地方入手，待各种条件成熟后，再进行更细致的个案研究。

---

① 比如我们知道《红楼梦》英译者霍克斯（David Hawks）是根据自己的理解与研究改动原本后再进行翻译，因而不能简单地拿他的译本与其他译本比较。今天我们还能根据他的手稿研究其翻译的底本，但要搞清楚千年前的佛经译者所掌握的资料，在很多情况下是"巧妇难为无米之炊"的。

三 研究方法的相关说明

1. 语言活动

本研究作为一种文化视角的翻译史研究，是从语言和翻译活动的角度来研究翻译史。将"翻译"扩展为"翻译活动"，就可以使它与注疏、阐释和创作等处于同一平面，从而将其都视为"语言活动"。从字面意思上说，"语言活动"就是人类使用言语进行交际的活动，在我们的研究中，则特指运用语言从事与思想文化密切相关的活动，尤其是通过注疏、阐释、翻译、修辞、写作等从事宗教活动。为何突出这些活动，上文已进行了初步论述，下文第三节仍有更详细的说明。在现阶段，我们只能说这是个初步的归纳，随着研究的进行，或许能对其内涵与外延做出更深入的理解与更准确的表述，而现阶段或许也可以称之为"思想文化性的语言活动"，但这个说法过于冗长，因而本书仍称为"语言活动"。这里的思想文化特指儒家、道家（玄学）、佛教、基督教、希腊文化、罗马文化等意识形态、宗教、信仰和思想。虽然在指佛教和基督教时完全可以用"宗教语言活动"，但显然这样容易引起不必要的误解，或者相对于"思想文化"一词会更为狭隘。

如果说一般的语言活动更强调组词造句，生成合法、合理而合适的言语以进行交流的话，那么在关涉上述思想文化性的语言活动中，则更强调文化环境、交际背景、交际对象、使用者的意愿和目的等各种因素，以形成有效的语用和修辞行为，最终符合思想文化的利益。在本书中，我们不强调语言本体形式，而更重语言内容，并把语言视为反映世界观的语言[1]，以及能反映人的概念和意义体系、价值体系乃至思维方式的语言[2]。我们研究的宗教翻译活动就是一种语言活动，同时也是文化活动，具有强烈的思想文化色彩。

语言活动包含活动的主体（人）、对象（文本）、观念（语言观）等基本要素，其中语言观是一个重要内容。语言活动是实际语言实践，语言

---

[1] ［德］威廉·冯·洪堡特：《论人类语言结构的差异及其对人类精神发展的影响》，姚小平译，商务印书馆 2004 年版，第 293—296 页。

[2] 潘文国：《汉英语对比纲要》，北京语言大学出版社 2001 年版，第 27—31 页。

观则是源自语言活动的思考，是对语言何以如此、为何如此，以及如何用好语言的反思。由于从事语言活动的背景、目的、动机等各方面的不同，对同一种语言活动的认识也是不尽相同的，因而我们用语言活动来涵盖语言观，而不是相反。但语言观在整个语言活动中具有突出地位，因为尽管语言活动是丰富多样的，也是众人参与的，且参与者中只有少数人会去思考语言问题，但这少数人往往在思想文化体系中有很高的地位，他们对语言的认识可以影响乃至塑造语言活动。这些思考未必是系统全面的，因为从事语言活动的人未必需要在语言领域投入过多精力，他们多数不会为语言而研究语言，而是将语言活动作为一种服务于思想文化目的的活动。所以他们研究语言时的实践功利性很强，但往往正因为如此，其语言观更能切实影响和指导语言活动；甚至有时候，语言观在理论上的需求会催生新的语言活动。这是研究语言活动也必须同时研究语言观的重要原因。

作为一种史的研究，我们采用宏观中的微观法。一方面，注重宏观时代背景无所不在的影响，并利用研究对象存在的这种宏观共性开展比较研究。另一方面，我们又深入到代表性人物，用扎实的材料做具体研究，并以微观支撑宏观。作为翻译史的研究，我们应认识到译者、译本和译语的选择与被选择，包括历史对译者的选择、译者对译本和译语的选择以及读者对译者、译本和译语的选择，都是在各种不同层级的限制条件下，进行不断决策后作出的最优策略。尽管每个选择都一度是个体的，而最初的宗教文本翻译及传播也确实更多依赖个体，但从公元初的初译到4—5世纪的总结反思，以及有组织有规范的大规模翻译的出现，乃至官方支持的佛经译场与教皇支持的圣经重译，体现的是从涓涓细流到翻译浪潮的历史积累；从历史高度来看每个个体的优化，就能看到集体的选择与历史的规律。因此，微观可以说明宏观，宏观可以指导微观。

具体而言，研究可以分为几个层面：

第一是背景层，研究一个时代的时代特征、时代精神以及特殊的文化现象。

第二是语言/翻译活动的实践层面，描述语言/翻译活动的特征和面貌。

第三是理论层，研究人们对语言/翻译活动以及语言/翻译本身的看法和观念以及语言/翻译思想。

第四层则是与语言学结合的层面，研究语言活动、语言观对当时的语言研究的影响。出于研究的可能性与现实性，我们在此主要以前三个层面为主，并在可行时尽量延伸到第四层。

　　与一般的语言或语言学研究相比，首先，我们的研究不是纯粹的语言学史对比研究或者说不是对本体研究的再研究，因而不是从历时角度逐一考察当时的语言学家和语言理论，而是一种包含思想文化内容的"语言活动的历史研究"，其主体是语言活动者及其思想。其次，我们研究的不是语言本体，所以不意在解释微观的语音、词义及句法等问题，而是研究语言活动的形式、内容与思想，进行宏观而整体的描述。最后，我们的语言活动和语言观的主体主要是指有一定语言文化水平的文人群体，其社会层级偏重中上层，从事与语言相关的思想文化性活动，并可能出于特定目的研究语言的使用，但不专门为语言而研究语言。尽管宗教传播的受众是上至统治者下至底层民众的，但从语言发展的角度来说，在早期阶段提供更多推动力的还是有一定文化素养的教徒与信徒。况且我们的研究聚焦经本，也即偏重书面语活动，因而要把重点放在文人群体上，而非读写能力有限的下层民众。

　　2. 比较研究

　　文化角度的宏观研究既适合也应该使用比较研究。所谓"适合"是指我们不从微观上进行汉语与拉丁语（或其他语言）的语言比较或对比，也不是对两种语言学史进行比较研究，而是适当扩大研究的焦点范围，把更多相关对象纳入研究领域，以求更好地捕捉到更多可资比较的对应点。另一方面，研究对象的文化共性又为比较研究提供了很好的基础，因而可以说文化视角有利于开展比较研究，比较研究又能促进文化视角，两种方法相互促进、紧密联系。

　　而所谓"应该"是指比较法的优势。正如方汉文所言：

　　　　比较文化的可比较性的超越之处在于，它不是简单的形式类比和异同之比，它是一种思维方式和方法论所具有的特性，这是一种历史与逻辑视阈，它通过具体形态的比较研究展示其整体意义，再从整体的运动方式把握事物的发生学原理与发展规律。[①]

---

① 方汉文：《比较文化学》，广西师范大学出版社2003年版，第45页。

通过比较，既以参照物反观自我，又以自我认识西方；而没有异，也就没有清晰的自我身份。通过比较，有助于从新的角度认识中西方各自的特征，加深对各自发展规律的了解，获得经验和吸取教训。

我们对魏晋六朝与晚期罗马进行整体对应的比较研究。表面上看似乎选题范围宏大，但宏观与微观不是优劣的问题，而是视角的问题。对于研究对象的一些特征，有时候微观研究更有用，有时候则是宏观视角更容易观察到一些难以发觉的规律。魏晋六朝与晚期罗马的时间大致平行，这是比较的第一个原因。正如梁启超所言，"计不如取吾史中类似之时代相印证焉，庶可以校彼我之短长而自淬厉也"[1]。对于这样两个时间大致相当、文化背景大致相似的历史时期，对从起点到阶段性终点作整体对应性的研究有利于充分把握其对象特征，与微观研究相比自有其独特的优势。当然，时间上的对应绝不是比较研究的唯一原因，甚至也不是最重要的原因。两者的可比性更在于历史文化上的类型学意义，即中西方自轴心时代后的第一个有重大变化的历史阶段，这种思想文化的熔炉会形成语言的熔炉，影响到各种语言活动。这样一种研究对象无疑具有不可估量的研究潜力。

作为语言活动的主体，中西方的文人具有类似的文化背景，这是可比性的基础。具体而言，魏晋六朝与晚期罗马相似的文化背景与时代环境，使当时的文人和知识分子面临相近的任务，并由此开展了类似的语言活动，并由于类似的思想文化目的驱动而在活动中采取类似的策略来运用和实践语言，会对语言持有相似的态度并形成相似的语言观，因而可以对两者从逻辑角度进行平行比较，[2]探索文化语言的共同规律。通过背景、实践和理论等多个层次可以展示中西方在各种类似乃至同一种语言活动中所体现出来的个性与共性，以及围绕类似命题展开的类似语言思想。这样的比较既能丰富研究的内容，也有助于揭示单独研究中国或西方所难以发现的现象与问题，并能进一步从中西比较中摸索出一些文化与语言的规律性现象。[3]当然，由于历史研究对象的复杂性，整体对应法难免粗疏，很多

---

[1] 梁启超：《清代学术概论》，东方出版社1996年版，自序第1页。
[2] 关于文化比较的方法论，可参见方汉文《比较文化学》的第三章。
[3] 关于这一比较研究的思路，可详见李志强《先秦和古希腊的语言观研究》，学苑出版社2008年版，绪论。

具体的点是不对应的,但这并不妨碍我们用"同"的眼光来看待中西两个不同的研究对象,不能因为主观阐释可能存在的纰漏与缺陷而因噎废食,丧失挖掘更多有价值成果的机会。

3. 研究时期

我们的研究范围是 2—6 世纪,尤其是聚焦 3—5 世纪,有时也用"魏晋六朝"的说法,具体是指汉末、三国、两晋和南朝。① 由于我们重点研究的人物基本都不在北朝,且北朝的文化活动与南方相比并不突出,因此尽管部分章节的论述内容包含北朝,但总体而言可用"魏晋六朝"进行时间和空间上的概括。从语言文化的角度来看,主要以汉末社会动荡、佛教传入和玄学开始兴起为起点,以 4、5 世纪之交的翻译活动为中心,以 5—6 世纪之交的文质之争和刘勰为终点,涵盖儒释玄(道)兴起到初步融合的过程。尽管儒释道的发展融合在隋唐仍是思想界的主题,但一方面政治社会环境有重大变化;另一方面这种融合是进一步的发展,所以本书的研究范围止于隋代②。

"晚期罗马"指公元 2 世纪中叶第一个重要的基督教护教士查士丁(Justin Martyr, 100—165)的活动年代到 5、6 世纪之交波埃修斯(Boethius/Anicius Manlius Severinus Boethius 约 480—524)活动年代之间的这段历史,西方学者也经常称之为"晚期罗马到中世纪初期"(late antiquity to early middle ages)。护教的产生标志着基督教成长到了一定阶段,开始进入人们的视野并与罗马传统产生矛盾,这同时也是基督教开始反思自身和从希腊罗马文化汲取营养的开端。核心区间为 4、5 世纪,四大拉丁教父和四大希腊教父中有七位活跃于这一时期,其中以希波的奥古斯丁(Augustine of Hippo/Aurelius Augustinus Hipponensis, 354—430)最为突出。之后随着罗马的彻底衰败和东西教会的分歧增大,西方社会逐步进入中世纪,其终点可以在政治上以 476 年西罗马帝国灭亡为界,也可以在文化上

---

① 六朝有多种说法,一般指吴、东晋、宋、齐、梁、陈这六个定都于建业(康)的朝代。北朝也有多种说法,这里指 439 年北魏统一北方后的北方地区。

② 学术界一般也都把魏晋南北朝作为一个整体,而区分于隋唐思想史,如侯外庐《中国思想通史》(第三卷)和任继愈《中国哲学史》(二)(修订版)。葛兆光《中国思想史》划在 7 世纪,可能是要把具有过渡性的隋代与唐初划入前者,而他的体系中,唐代思想史整体上还是与魏晋南北朝区分开来的。

以5、6世纪之交的波埃修斯这"最后一位罗马哲学家"和"经院哲学第一人"①，以及6世纪初查士丁尼（Justinian I/ Flavius Petrus Sabbatius Justinianus Augustus，约482—565）关闭希腊学术的最后据点吕克昂（Lykeion）学院为终点。此时的基督教文化已初步消化希腊罗马文化并成形，并因为西罗马帝国的灭亡而开始承担起政治社会和文化思想功能。②

我们借用历史时期的概念只是出于论述的方便，因为研究对象的实际范围是一个渐变的阶级（scale）：越往中间则相关现象越集中、越明确、特征越突出；越往两头则典型现象越少。正如中世纪研究专家哈斯金斯（Charles Homer Haskins，1870—1937）所言：

> "世纪"最多只是为方便起见而采用的一种随心所欲的划分法，不允许因而妨碍或曲解我们的历史思维，历史上的一些标志性事件，其原因其实早就产生了，因此"世纪"一词必须使用得非常宽松，要覆盖前后紧密相连的年份，而其中的核心时期则是非常突出的。③

所以，我们把这样一个历史时期叫作"魏晋六朝"也好，"中世纪"也好，"罗马"也好，是着眼于学术研究的需要，而非历史时期的精确切分。

总之，本书的方法特点是研究文化动因影响下的语言/翻译活动及其观念，通过中西比较探究语言/翻译活动和语言/翻译观背后的思想文化动因，以丰富的文化因素考察语言/翻译实践和理论，以期得到对语言发展

---

① 胡龙彪：《拉丁教父波爱修斯》，商务印书馆2006年版。
② 从不同视角出发，中世纪的起点或者罗马帝国的终点可以是不同的。查询西方学者的相关专著可以发现，他们的划分也各不相同。只需列举一些标题就可窥其端倪，如："History of the Later Roman Empire: From the Death of Theodosius I to the Death of Justinian"，"A History of the Later Roman Empire, from Arcadius to Irene (395 A. D. to 800 A. D.)"，"The Birth of the Middle Ages, 395–814"，"Medieval Grammar and Rhetoric: Language Arts and Literary Theory, AD 300–1475"，"The World of Late Antiquity: From Marcus Aurelius to Muhammad"，"A History of the Later Roman Empire, AD 284–641: the Transformation of the Ancient World"，"The Later Roman Empire 284–602: A Social, Economic, and Administrative Survey"，"The World of Late Antiquity AD 150–750"；等等，不一而足。以上书目均由Google Book搜索而得。
③ ［美］查尔斯·霍默·哈斯金斯：《12世纪文艺复兴》，夏继果译，上海人民出版社2005年版，第5页。

和翻译史更全面、更深层的理解。

第三节 研究内容

一 研究内容的相关说明

本书以经为突破口进行语言和翻译活动的研究。经既是文化的，表现为思想文化的载体；其本身又是语言实体。在语言活动中，经是活动的对象与媒介，也是活动的起点、过程与成果。其中语言活动的语言观既制约着经的思想内容与语言形式，又往往以经为其典范，并通过研究经来总结归纳经和经背后的思想文化体系相应的思想观念。

关于"经"字，《说文解字》的解释是"经，织从丝也。从糸，巠声"，段玉裁认为有经而后有纬，从而引申出规范、标准等义[1]。如《释名》所言："经，径也，如径路无所不通，可常用也。"[2]经由此具有指导性、典范性和日常性。诸如"典籍""原典""元典""经典"，等等，在一些语境下也具有同等含义。中国有经，西方亦然。在英语中，接近汉语"经"的有"scripture""canon""classics"等词。根据大英百科的解释，"scripture"的宗教意味浓厚，又可引申为权威性的经典著作；它侧重精神方面具有真理性的内容，大写的"Scripture"就特指圣经。[3] "canon"也有较强的宗教意味，指圣经或相关的正统文本，并有规范、标准和权威等义。"classics"则源自拉丁文的"classicus"，原意为头等的、极好的、上乘的，是古罗马税务官用来区别税收等级的一个术语；后来开始较多地用以说明作家，并引申为出色、杰出、标准等义。[4]

"经"蕴含和象征着思想文化，其内容被视为永恒的真理，是典范、规范和标准；其范围则上至哲学思想，下至伦理道德日常行为，力求无所不包。"经典包含了一个文化传统最基本的宗教信仰、哲学思想、伦理观

---

[1] （汉）许慎著、（清）段玉裁注：《说文解字注》，浙江古籍出版社2010年版，第644页。

[2] （汉）刘熙：《释名》，四部丛刊本，释典艺第二十。

[3] 三个词均可参见 Encyclopedia Britannica Online（http://www.britannica.com/EBchecked/topic/530020/scripture）。

[4] 刘象愚：《经典、经典性和关于经典的论争》，《中国比较文学》2006年第2期。

念、价值标准和行为准则"[①]，可以说，对一种思想及其整个文化体系、文化环境以及文化历史而言，"经"都具有无比重要的作用。在我们的研究中，"经"特指儒家、玄学（道家）、佛教、基督教、希腊文化和罗马文化的经典。就儒家而言，其主体是《五经》，变体为各种注疏、文学典籍以及文人著述；就玄学而言，主体为"三玄"，其变体也包括各种注疏、文学以及文人著述；就佛教而言，主体是经律论，变体包括各种注疏、佛教文学以及相关著述；就基督教而言，主体是《圣经》，变体包括各种注疏、宗教文学以及先知、教父[②]、圣徒等宗教文人的著述；就希腊而言，以《荷马史诗》《伊索寓言》乃至神话传说和哲学著作为主；而罗马则既奉希腊典籍，又有自己的经典，如西塞罗（Marcus Tullius Cicero/Tully 公元前106—前43）、维吉尔（Virgil 或 Vergil/Publius Vergilius Maro 公元前70—前19）与贺拉斯（Horace/ Quintus Horatius Flaccus 公元前65—前8）等人的作品。由于本书的"经"是集合概念而不专指一部或一套书，因此行文中的"儒/五经""佛经"乃至"圣经"一般不加书名号，同时出于行文方便一般也省去引号。

我们知道，思想文化的一切要素几乎都要围绕"经"来开展，其受众则构成一个经的"共同体"（community）。在这共同体的各种思想文化性活动中，语言活动是最主要的活动之一，语言观是他们最主要的思想文化观念之一。围绕着"经"的语言活动，可以有阅读、抄写、传播、解释、宣讲、论辩、翻译和创作等多种形式。从宗教跨文化发展的角度来看，从移植的新起点到达成相对稳定的新状态的过程中，解释、阐发、传播与融合等几项任务是非常关键的，它们分别对应注经、解经、译经和立经等四种语言活动。通过这四个关键点的描绘，可以联系起来形成相对完整的脉络和体系，并借助这条线索研究思想文化的发展在不同阶段的特征，对相应的语言活动及其语言观有什么影响，而这些活动又如何塑造了

---

① 张隆溪：《经典在阐释学上的意义》，载黄俊杰编《中国经典诠释传统》（一 通论篇），华东师范大学出版社2008年版。

② 本书所称教父指信奉和倾向于基督教的知识分子和文人。如果严格按照正统信仰，有的人不能称为教父而只是有信仰的或持非正统思想的知识分子，比如奥利金。但出于行文方便，一般均笼统称为教父。关于教父和教父著作的范围，可以参考王晓朝的概论性著作《教父学研究：文化视野下的教父哲学》。

语言发展。

具体而言，思想文化的精髓都浓缩在经中，要理解和传承其思想，首先要做的是理解和解释工作。其中最基础的任务是先进行字面意义上的理解和解释，这种活动就是注经。在这个过程中释经者必然会自觉或不自觉地加入自己的理解，并往往将自己的看法以注的形式保留下来，这种不局限于字面意义的注疏形式就叫解经。理解与解释也可以用翻译的形式开展，而翻译和注疏解释一样是扩大经本流传和影响的重要方法，译经的过程既是一个与释经相关的理解过程，也是一个磨炼用不同语言表达思想文化的过程。通过译经，思想文化得以移植进入新的文化环境，激化与其他思想文化的矛盾，此时就需要进行痛苦的消化，并进而重新恢复思想文化体系的平衡。在此过程中，探索和思考如何用本地语言和话语来准确而恰当地表述和传播新的思想文化，是非常重要的一项工作。因为是打"破"平衡后的"立"，所以称之为"立经"。语言的确立既是思想文化确立的重要内容，也是其标志。因而立经的完成意味着基本达到一个稳定成熟的文化形态及其语言状态。当然，立经并不意味着语言活动的终结，因为新立之经成为新时代的经典又将成为后人的注疏对象，由此出现思想文化生命的又一个新的循环。

笔者对注经和解经有特定的理解，需在此补充说明。简而言之，我们把对经的注疏和阐释统一称为"释经"，而"释经"则包括"注经"和"解经"两种方式。[①]在汉语里面，"注"意为解释词句所用文字，"解"即解析、解释、说明。所以我们用"注经"表示侧重字面意义，更多从语言文字上解释的注释方式；用"解经"表示侧重非字面意义，更多从思想内容上解释，引申发挥乃至借注释名义阐发自己观点的注释方式。释经、注经和解经的对应英语表达略相当于"hermeneutics"[②] "commentary"和"exegesis"[③]。

[①] 从中国经学传统来看，这样的区分是有待商榷的，感谢复旦大学杨乃乔老师的指正。但在本书中，主要着眼于翻译和语言研究角度而进行了这样的区分。

[②] 参见"hermeneutics"，*Encyclopedia Britannica Online*（http://www.britannica.com/EBchecked/topic/263195/hermeneutics）。

[③] 参见"exegesis"，*Encyclopedia Britannica Online*（http://www.britannica.com/EBchecked/topic/197930/exegesis）。

两者的区别在于，注经注重从文本字义出发，意在消化文本语言，采取与原文和原作者合作的态度，其结果依赖原本的语言。解经更看重文本的非字面意义，希望能够从原文本中生产出非原文的意义，采取的是与原文和原作者竞争的态度，其释经结果可以有脱离原本语言的倾向。尽管不同释经者的策略和实际操作都有明显的解经或注经的倾向，但无论是解经还是注经都是从释经实践中归纳出来的策略。实践中并没有绝对的注经或解经，因为每一种注解都是带有释经者的视域和理解的，因而就算注经再贴近字面意义，总难免带有阐释性；反过来解经者也不可能完全无视文本语言，否则将导致经文解构、无经可解。但两者的紧密联系并不影响其独立性，在研究中不能混为一谈。因为释经者出于师承、立场、意识形态、研究需要、地位等因素，往往要明确表明自己的释经观，或重字面意义的解释，或重新观点的阐发，形成不同的释经形态。同时，注经与解经的思想文化动因、对思想文化发展的影响以及对语言的意义也是不同的，因此我们把释经分为注经和解经，并分为两章分而述之。

本研究提出的四种语言活动具有盘根错节的关系，共同形成一个拓扑网络。我们对四者的区分也更多是出于研究便利的考虑。四种活动的前后顺序没有绝对的区分。比如就佛教在中国的传播而言，是翻译在先，释经在后，没有经本的翻译则连注释活动都无法开展，但这对基督教而言却不是太大的问题，对儒家而言则根本没有语际翻译的问题了。再者，不同思想文化对不同语言活动的需求不同，而且在不同阶段也有不同侧重。比如玄学发展的早期固然不受佛经的多少影响，但到后来进入玄佛交融时期，讨论玄学问题就不能忽视佛经翻译的影响了。我们选取这四种活动并排定其顺序，既考虑历史事实与逻辑关系，又出于研究需要，其特殊情况会在各章中充分考虑并进行相应论述。而再从语言活动的主体即人的角度来说，一个人的不同思想是有联系的，他在多种语言活动中的观念与实践活动也是相互联系的，这也是我们要联系不同语言活动来对翻译进行综合性研究的一个重要原因，而这一点在以往的研究中很少得到重视。

从阐释学的角度来说，四种活动无不是在理解与表达，是在进行广义上的翻译。从狭义翻译的角度来说，阅读理解与解释是翻译的前提基础，论辩和创作是宗教语言的运用，是通过翻译生发出来的佛教汉语和基督教拉丁语的生命的延续。可以说如果只有翻译而没有新语言的运用，译经活动的最终目的可能失败。译经的最终目的恰恰是取消翻译，即让佛经和佛教汉语融入汉语汉文化，使译经活动慢慢消亡——历史的实际也确实就是如此，而同期的圣经翻译也大体如此。①

对经的活动的研究实际上也是对活动者的研究。宗教内外的文人是宗教语言的实际使用者和发展者，也是佛教融入汉语和基督教融入拉丁语的核心力量。他们不是专门的语言学家，但都是重要的语言活动家。他们实际从事语言活动，并在事后进行总结和思考，他们大多没有深刻的理论，但对实践活动却具有重大影响。借葛兆光的话来说，他们可以代表当时最普遍的语言知识、语言思想和语言信仰②。因此，在各章的语言活动中，我们既关注总体上的活动内容与特征，也更关注代表性人物的活动与观点。这些代表性人物是宗教团队中的领袖人物和具有重大影响的人物，对整个宗教及语言发展具有重要影响。往往这些人物又能者多劳，同时从事注疏、翻译和创作活动，因而从个人角度来说，也必须考虑他们在翻译外的其他相关语言活动中的观念与表现。比如道安（312—385）的语言观、宗教观与翻译观的关联，其解经活动与翻译活动、解经观与翻译观，以及在译场活动中的角色；鸠摩罗什（Kumārajīva, 344—413）的翻译观及其影响、其文论与译论的关联、在建构佛教汉语中的作用、他的宗教论辩与他的语言活动、语言观的联系；奥利金（Origen/Origen Adamantius, 184/185—253/254）的典籍编撰活动对翻译的意义；哲罗姆（Jerome/ Eusebius Sophronius Hieronymus, 347—420）的宗教观与翻译观的关联、解经活动与翻译活动的联系、解经观与翻译观的联系、哲罗姆的语言团队、他与奥古斯丁的论争；奥古斯丁的翻译观、符号观与文论在建构基督教拉丁语中的角色、其宗教观与解经活动对宗教语言的影响等等。

总之，宗教跨文化发展历经兴起与传播、扩张与发展，再到影响语言文化，并最终留下自己的语言印记。与此息息相关的注经、解经、译经和立经等语言活动则伴随着思想文化的传承、变化发展、扩散传播、矛盾冲

---

① 两者所不同的是，随着圣经文本的定型，教会出于宗教政治原因而限制翻译活动。而近代民族语文崛起后出现的多语种圣经，则是新的历史文化条件的产物，限于篇幅和研究范围，此处不赘述。

② 借用葛兆光语"一般层面的知识、思想和信仰"。参见葛兆光《中国思想史》导论：思想史的写法第一节标题。

突、借鉴吸收直至融合定型的过程。我们的研究主要就从这四个角度来研究当时的翻译活动及翻译语言的发展过程。

二 研究内容概述

第一章为"绪论"。

第二章"注经：理解与传承"，将魏晋六朝与晚期罗马的注经活动视为思想文化发展的基础和重要动力。第一节研究佛经注疏和基督教的字面解经派这两种宗教经文的注释活动，将其视为释经学的重要支流和基础以及宗教语言活动的开端；第二节以儒家义疏与基督教释经学的形成来展示宗教与宗教经学的互动与发展；第三节从翻译史角度论述注经的意义。关于注经的研究文献汗牛充栋，举不胜举。本章将注经视为与思想文化发展密切相关的活动，着眼于思想文化与语言发展的互动，研究新的思想文化如何引发注疏活动在内容与形态上的变化，以及注疏活动中体现的语言实践操作与语言研究水平的提高。

第三章"解经：阐释与接纳"聚焦2—4世纪的中西解经活动。以解经为主题，研究文化发展对语言解释和语言发展的影响。第一节分述2—4世纪的玄学解经和圣经解经学的发展；第二节以王弼和奥利金为代表比较中西解经观的异同；第三节以道安和哲罗姆早期的解经活动为例论述解经及相关活动与翻译的密切联系。

第四章"译经：转换与交融"着眼于翻译活动的演进，在描述翻译实践的基础上分别以道安与奥古斯丁、鸠摩罗什与哲罗姆两对代表人物为纲，梳理和比较4、5世纪的中西翻译观。

第五章"立经：整合与确立"研究思想文化体系成形中发生的语言论争和语言思考。第一节作为背景，论述魏晋六朝的传统文学、文学语言观以及佛教文学，以及相对应的晚期罗马的传统文学、文学语言观以及基督教文学，描述出宗教文学发展的大背景。第二节以佛经和圣经翻译的文质之争为例阐释语言观的磨合历程。第三节以刘勰和奥古斯丁为例阐述思想文化活动中产生的宗经语言观，并对立经的文化社会学意义进行阐发。

第六章为"结语"，并对整个研究得到的启示进行讨论。

小结

本研究聚焦 2—6 世纪，以佛教与基督教的跨文化发展所引发的文化会通为背景，通过与翻译密切相关的文化语言活动考察翻译活动，研究结合译家的多元身份和从事的注疏、解经、修辞、语言研究等相关活动对翻译作动态性和综合性研究，通过活动的时代文化特征（背景层）、活动的面貌及其文化特征（实践层）以及活动者的语言/翻译观（理论层）三个层面的描写，揭示出思想文化动因对语言/翻译活动的形态、面貌和观念的影响，并通过中西对比探索译史规律、拓展翻译研究。

第二章 注经：理解与传承

训诂声音明而小学明，小学明而经学明
——王念孙(《说文解字注·序》)

　　理解经籍的基础是对其载体语言的理解，因而经籍注疏对宗教发展而言是最基本和最重要的语言活动之一。通过注疏活动，僧徒与信徒更清楚地认识到语言的重要性，才会本着"利其器"以"善其事"的目的去研究语言和语言问题，因此，注疏不但是整个语言活动的起点，也是激发语言研究的一个契机。正是原典的诠释和传播成为了中西方语言学发展的原动力[①]。

　　古人虽然没有非常明确的为语言而语言的意识，但为了思想文化的传承，都有"通经致用"的文献语言研究，今天称之为"语文学"[②]，通过这一研究所积累的经验和理论也适用于宗教注疏。在中国，经学在汉代历经数百年的发展，主要研究对象是先秦典籍，其中东汉的主流是古文经学，主张从字面意义入手，以文字、音韵和训诂等手段通经。到魏晋时代，尽管玄学盛行，传统小学的治学方式仍坚守学统稳步发展。玄学兴起和佛教传入使原本沉寂的思想界为之一振，也给注经活动注入新的活力，注疏的范围、数量和内容上都有极大发展。尤其是佛教带来的大量佛经及

[①] 褚孝泉：《语言科学探源》，上海外语教育出版社2006年版，第98页。
[②] 所谓语文学，在中国是指"偏重从文献角度研究语言文字的学科的总称"，包括文字学、音韵学、训诂学、校勘学等，也称"小学"（辞海编委会《辞海》第6版，第2796页）；在西方则在广义上指"利用文学文献研究文化和文明"的研究（罗·亨·罗宾斯《普通语言学概论》，第17页）。另可参见张静《重审"小学"性质的语言学与语文学之争》一文。详见本书"参考书目"。

其注疏具有复杂精妙的思维与新颖精巧的技法，于传统经学大有裨益，促成了义疏、音义等新的发展，使语言认知水平及语言操作水平有了很大的进步，也给翻译活动打下了很好的基础。在西方，基督教的发展引发建构神学经学的迫切需求。基督教释经学吸收借鉴了以解读《荷马史诗》为代表的希腊语文传统与以《旧约》注疏为代表的希伯来释经学，在此基础上开展了宏大的圣经注疏活动并发展出更系统、更综合的释经方法，与基督教的发展传播相辅相成，互为因果。到4、5世纪时，奥古斯丁结合注经与解经法写下《论基督教教义》（*On Christian Doctrine / De Doctrina Christiana*）等著作，标志着基督教基本消化了古典注疏传统，建立起属于宗教的释经学，显示出基督徒对古典语言的驾驭和用宗教理论统摄古典文化的能力。

从经文注疏到宗教经学体现的是宗教语言活动的开端，以及宗教语言研究的发展历程，两者均与翻译和翻译研究密切相关。本章第一节首先研究宗教经文的注疏活动，分别论述佛经注疏和基督教的字面解经派，作为对整个宗教注疏活动的宏观研究。第二节聚焦儒家义疏与基督教释经学，两者可以视为当时注疏活动发展的代表性成果。第三节从六个方面说明注疏的翻译史意义。通过这些研究，我们旨在说明新的思想文化是如何产生新的注疏，使语言注疏在内容、范围、形态和理论水平上得到全面提升，带动宗教社团的语言能力与语言研究的发展，并最终惠及翻译活动与宗教的跨文化发展的。

第一节　宗教经文的注疏活动

儒道经典与希腊罗马典籍的注疏之于魏晋六朝和晚期罗马而言是传统学术和释经体系的基础，而佛经和圣经的注疏则是释经体系中的新生事物。两大新元素的出现改变了整个释经活动，本节将对其起源发展、内容特征与影响进行论述。

一　佛经注疏活动

1. 佛经注疏的特征

佛教典籍浩如烟海，形成了独特的注疏体系，是中国传统注经体系的重要分支。佛经是随着佛教的传播进入中国的,它一开始就面临着解释的需求,这一方面是因为早期佛经多靠汉语水平有限的外来僧徒和中国助手翻译,其语言水平参差不齐,风格千差万别,不同于一般文人所熟悉的文言;另一方面则是因为佛教文化博大精深,又与华夏传统迥异,因而必须对经义进行解释才更容易理解,因此翻译经本的活动还需要辅之以释义与讲解。然而早期传教是从零开始的,携带经书来华传播更多是僧人的个体行为,他们身单力薄,往往要身兼经书传播、传教、授徒、讲学与翻译等多重角色,尤其是要在翻译的同时进行讲解,展示经文的意义与魅力。无论是边讲边译还是先译后讲或先讲后译,两者都是密不可分的。即便是先翻译,在佛经译成后仍然要面临解释的问题,由此,佛经注疏活动就伴随佛教的传播而发展起来。

佛经注疏与儒经注疏一样,宗派旨趣、繁简程度各有不同,大致可以分为随文释义与明经大义两种[1]。前者类似于章句,如康僧会"陈慧注义,余助斟酌,非师不传,不敢自由也"(出,244)[2]、未详作者"余不以暗短,厕在二集之末,取记所闻,以训章句"[3],这些是传师承或口述而做的记录或随文注。有的是根据个人研究心得,修正扩展或补充旧注,如道安的"有高士河南支恭明为作注解……俊哲仙人足以折中也。然童蒙之伦,犹有未悟,故仍前迹,附释未训"(出,251)、"魏初康会为之注义。义或隐而未显者,安窃不自量。敢因前人,为解其下"(出,245)、"寻章察句,造此训传"(出,368),等等。

佛经注疏的特有形态与佛教的传播与发展特征有很大关系,我们可以从以下三个方面来看。

第一,宣传目的的影响。佛教"经"多讲论叙述之文[4],因而相比

---

[1] 汤用彤:《汤用彤全集》(第一卷),河北人民出版社2000年版,第415页。
[2] (梁)释僧祐撰,苏晋仁、萧炼子校注:《出三藏记集》,中华书局2008年版,第244页。为节省篇幅,本著凡引《出三藏记集》处,一律随文缩写为"出,页码",并省去具体卷数和篇名。
[3] 转引自《汤用彤全集》(第一卷),河北人民出版社2000年版,第415页。
[4] 饶宗颐:《华梵经疏体例同异析疑》,载《梵学集》,上海古籍出版社1993年版,第269页。

第二章　注经：理解与传承

于两汉儒家聚徒讲授旨在解经而重学术性，佛教则旨在弘法而重俗讲①。对佛教传播而言，翻译和传教固然重要，但要使教义得到更广泛的理解与认同，自然需要辅之以解释说明，因而佛经注疏往往与讲经说法密切联系。翻阅《高僧传》可以发现很多讲经与注经结合的例子，如"西晋末乱，移居江左，至京师瓦官寺，盛开讲席……后又著《放光》《道行》等义疏"②；再如"汰形解过人，流明四远。开讲之日，黑白观听，士庶成群……汰所著义疏并与郗超书论本无义，皆行于世"③。讲经时听众数量众多，影响极大，其笔记记录可以形成著述。而且这种谈道论辩的风气本为魏晋所有，汉末清议和魏晋清谈以及当时玄风盛行的环境与佛教自身的论辩与问答传统相得益彰，大大促进了佛经注疏的发展。《高僧传》正文十三卷，其中所记载义疏的僧人多在义解篇，共有五卷篇幅，涉及近两百个僧人，超过译经、习禅、明律、诵经等其他类型的人数，足见注疏之盛。

　　第二，发生学的影响。佛经出自翻译，很多问题都与翻译相关。一则有的佛经本身就带有经疏，翻译时就一同译过来。如"恺素积道风，辞力殷赡。乃对翻摄论，躬受其文。七月之中，文疏并了，都合二十五卷。后更对翻俱舍论，十月便了，文疏合卷八十三卷"④，翻译的不仅是经文本身，还包括经疏，当时有不少题为"疏"的文献是列在译经目录中的⑤。经疏的翻译对研习经文无疑有直接帮助，也促进了注疏活动的发展。二则是边翻译边讲解，讲解记录为疏，与译本合在一起。如，"故因笔纸墨以记其文外之言，借众听以集其成事之说。烦而不简者，贵其事也。质而不丽者，重其意也。其指微而婉，其辞博而晦，自非笔受，胡可胜哉。是以即于讲次，疏以为记"（出，312）。经文既已译出，就不便随意改动，译文虽"指微而婉，辞博而晦"，也只能尽力

---

①　饶宗颐：《华梵经疏体例同异析疑》，载《梵学集》，上海古籍出版社1993年版，第274页。
②　（梁）慧皎撰，汤用彤校注：《高僧传》，中华书局1992年版，第161页。
③　同上书，第158页。
④　（唐）释道宣：《续高僧传》，载（梁）慧皎等《高僧传合集》，上海古籍出版社1991年版，第111页。
⑤　牟润孙：《论儒释两家之讲经与义疏》，载《注史斋丛稿》，中华书局1987年版，第258页。

去讲解疏通，阐明其中的佛理。又如，"每苦其文约而致弘，言婉而旨玄……故撰记上闻，略为注释"（出，329）。三则出于不同译本的版本对勘需要产生注释。如道安早年研究东汉支谶翻译的《道行经》，并将此经与西晋无叉罗和竺叔兰译的《放光般若经》（以下简称《放光》）进行比较研究。他认为《道行经》是《放光》的节抄本，并以《放光》为参照研究《道行经》，著有《道行品集异注》（出，264）。尽管道安缺乏完备的原本，自己也不懂梵文，但他还是凭借自己的佛学水平对两个译本进行了对勘和注解。四则是僧徒研究佛经时以一个译本为母本，其余译本为子本，合而为一本进行研究，陈寅恪称之为"合本子注"①。上述种种使得佛经注疏活动必须借助版本、目录与校勘等方面的工作，客观上促进了这些传统学问的研究发展。

第三，形式的影响。佛经注疏不仅是简单的解释字词，更是一种综合性的文化语言活动。随着佛教的发展，大量新旧佛经译本的出现、对旧时译经的整理订正、佛教义理的本土化与讲解著说，再加上僧团、译场和僧侣制度的逐步出现和完善，佛经注疏也越来越发达，往往与讲经、解经、译经与研究结合起来，形成综合性的语言活动。比如，

> 龙树菩萨著大智论训解斯经，义旨周备。此实如意之宝藏，智慧之沧海，但其文远旷，每怯近情。朕以听览余日，集名僧二十人，与天保寺去宠等详其去取；灵根寺慧令等兼以笔功，探采释论，以注经本，略其多解，取其要释。此外或据关河旧义，或依先达故语，时复间出，以相显发。若章门未开，义势深重，则参怀同事，广其所见，使质而不简，文而不繁，庶令学者有过半之思。（出，296）

这段话是梁武帝为《大品经》注解后所作的序言，他认为龙树的《大智度论》思想极其高深而召集高僧共同研究，加以注疏。梁武帝崇佛固然有个人因素，但他能召集到足够规模的人员并提供良好的条件，进行官方校注工作，就足以说明当时佛教与佛经注疏已发展到很高

---

① 陈寅恪：《支愍度学说考》，载《金明馆丛稿初编》，生活·读书·新知三联书店 2001 年版，第 159—188 页。

的水平了。

总之，佛教的传播发展使围绕佛经开展的注经、解经、讲经等各种活动活跃起来，注疏成为在汉地传播发展佛教的一项基础性工作，为扫清佛教传播的理解障碍铺平了道路。

2. 佛经注疏与科判

佛经注疏有独特的体制、方法与技巧，对六朝的注经和经学发展具有多方面的影响，其中科判是最突出的一点。所谓科判是为方便解释经论而将内容分成数段，再以精简扼要之文字标示各部分之内容，[1]也可称科文、科段、科分等，是一种解释经论的方式[2]。科判的产生有多方面的原因，其本身就体现了儒释道融合的特征。

第一，中国自身传统的影响。这种影响在于汉代章句的传统，尤其是标点句读、分析篇章结构和串讲大意的做法，在理论和实践上都已有初步积累，也在于魏晋玄学崇简约之风的直接影响。

第二，佛经形态的需要。佛经义理精微而成体系，事数即是一例，即把相关的概念用数目串联在一起以便于记忆，如《世说新语·文学篇》注提道："事数谓若五阴，十二入，四谛，十二因缘，五根，五力，七觉。"[3]行文表述也往往按事数顺序依次展开，如《阴持入经》：

> 佛经所行亦教诫，皆在三部为合行。何等为三？一为五阴……二为六本……三为所入……五阴为何等？一为色……二为痛……三为想……四为行……五为识……是为五阴。色阴名为十现色入……十现色入者，一眼二色……九身十乐。是为十现色入。是名为色种……痛种为何等。痛种为身六痛。一眼知痛。二耳知痛……[4]

句与句之间大环套小环，次第解释，回环复杂，但得益于清晰的标记而能

---

[1] 《佛光大辞典》，书目文献出版社、台湾佛光出版社1989年第五版影印，第3923页，转引自张伯伟《佛经科判与初唐文学理论》，《文学遗产》2004年第1期。

[2] 张伯伟：《佛经科判与初唐文学理论》，《文学遗产》2004年第1期。

[3] 余嘉锡：《世说新语笺疏》，中华书局1983年版，第240页。

[4] 《大藏经》，《阴持入经注·卷上》（http://www.cbeta.org/result/normal/T33/1694_001.htm）。

有条不紊。研习佛学的基础正在于先把概念术语的含义和相互关系搞清楚，因而正需要科判这样能使语句段落清晰经义豁然的手段，以便初学者把握①。

第三，义理研究的需要。佛教义理门派众多，翻译造成的版本混乱、反复翻译、错译漏译等现象也很严重，再加上玄佛交融和格义解佛的风气，致使义理的研读呈现出支离破碎的混乱现象，这对佛教传播发展是很不利的。般若学与大乘义学等派的传入更是显得普通讲经方式的捉襟见肘。注疏既要有助于疏通讲解正文，又能追溯义理的来龙去脉并做出分析比较，因而科判的运用就应运而生②。

关于科判的具体做法，吉藏《仁王般若经疏·卷上一》说道：

> 然诸佛说经，本无章段。始自道安法师，分经以为三段。第一序说；第二正说；第三流通说。序说者，由序义，说经之由序也。正说者，不偏义，一教之宗旨也。流通者，流者宣布义，通者不壅义，欲使法音远布无壅也。③

其中第一部分相当于序言，解释缘起和由来，包括讲解佛教史、佛经集结流传史，也有经文宗旨和讲经主题的阐发，最后的流通分为僧人齐声诵唱的偈语④。而中间的正说为主要解释部分，不能脱离原意而要紧扣经文解释经文大义。可见科判不仅是分段分层，而是一种相当完备的释经体例。

科判的发展源自实践需求。先秦诸子散文没有佛经篇章那种恢宏的篇幅和繁复的层套结构，因而也就缺乏相应的注疏方法。通过注疏佛经所培养训练出来的语文技巧对经学实践操作水平的提高有很大帮助，从而能反馈儒经的注疏，尤其是义疏的发展，对此我们将在下一节进行具

---

① 张伯伟：《佛经科判与初唐文学理论》，《文学遗产》2004 年第 1 期。
② 尚永琪：《六朝义疏的产生问题考略》，载《中国典籍与文化》编辑部《中国典籍与文化论丛》（第六辑），中华书局 2000 年版，第 396—397 页。
③ 《大藏经》，《仁王般若经疏·卷上一》（http://www.cbeta.org/result/normal/T33/1707_001.htm）。
④ 尚永琪：《六朝义疏的产生问题考略》，载《中国典籍与文化》编辑部《中国典籍与文化论丛》（第六辑），中华书局 2000 年版，第 395 页。

体论述①。除了释经，它还影响到其他领域，这里试举两例。一则是刘勰所著《文心雕龙》，无论是其自身的文章结构还是所述文章理论，均讲究文章体例的分层分段，以及章句用字的系统性和条理性。《文心雕龙》一书体大精思，章法严密明晰，各篇内部结构以及篇与篇之间的关联井然有序，这固然可能是受《周易》的影响，但与刘勰常年浸淫于佛学以及整理佛经的经历也不无关联。二则是科判对后世初唐文学理论也有重大影响，惠及文论、诗评、文章写作启蒙，甚至是评点。初唐文学理论中所谓的"科别""科分"等实际上就是佛经中的科判，是一种文章学法则；就解释而言科判考虑的是文章分段，从写作着手就要考虑文势、文脉。唐代诗学所重的诗格、诗法等作为文学创作的启蒙，与佛经科判作为佛经经义启蒙的功能有类似之处，或许也不是偶然的。②

那么，科判对翻译而言有何作用呢？从比较宏观的角度来说，科判提高了对佛经的具体理解，从而夯实了翻译的基础。很难想象一个只懂字词而对语篇没有完整把握能力的人能做好翻译。此外，科判是一种有难度的文本分析训练，可以提升人们的语言文字能力，这种能力对于包括翻译在内的各种语言活动都是有很大好处的。

从微观具体的角度来说，科判有助于经本的比较研究、也即促进译本的比较研究。比如支敏度的《合首楞严经记》记载他看到支谦翻译的《首楞严经》在语言上过于华丽简便，自然与原经脱离较大，因而对法护和竺叔兰的两个译本进行比较，"求之于义，互相发明"，其具体做法与效果是"或有文义皆同，或有义同而文有小小增减，不足重书者，亦混以为同。虽无益于大趣，分部章句，差见可耳"（出，270），通过类似于科判或章句这样的手段，把经文一句句切割开来，自然能对平行文本间的差异一目了然。支敏度通过长期的比较研究发现：

> 或辞句出入，先后不同；或有无离合，多少各异；或方言训古，

---

① 儒经科段是来源于佛经科判还是儒经章句传统，学界有不同意见，如张伯伟《佛经科判与初唐文学理论》和孙尚勇《经学章句与佛经及汉魏六朝文学理论》即持相反意见。我们认为两者都有一定作用，很难说是单一因素造成的。在此限于篇幅无法展开。

② 此条参见张伯伟《佛经科判与初唐文学理论》第66—70页及《中国古代文学批评方法研究》第549页。

字乖趣同；或其文胡越，其趣亦乖；或文义混杂，在疑似之间。……余是以合两令相附，以明所出为本，以兰所出为子，分章断句，使事类相从。令寻之者瞻上视下，读彼案此，足以释乖迕之劳，易则易知矣。（出，310—311）

从语法上的"辞句出入，先后不同"、内容上的"有无离合，多少各异"、语体上的"方言训古，字乖趣同"到理解上的"其文胡越，其趣亦乖"以及词义上的"文义混杂，在疑似之间"，等等，都是在科判后有了比较与参照的情况下，变得清晰起来的。所谓"瞻上视下，读彼案此"和"易则易知"，在于支敏度只是为了解经和了解原文大意，而对有"翻译"意识的人来说，自然是绝佳的译本比较材料。比如身兼解经与译经重任的道安，就是在这种长期的文本比较与解经中获得翻译的问题意识和酝酿出翻译思想的。（详见第三章）

总之，通过对佛经注疏的特征及其对中国经学的影响可以看出，佛教的传入使得佛经注疏开始加入传统经学的行列，随佛经而来的科判促进了语言研究与实践的进步。科判反映了对语言（尤其是篇章）系统特征的认识，因为汉人传统的先秦两汉文章篇幅都不算长，也就无须相关的研究法。魏晋时随着卷帙浩繁、体系繁杂的佛经的输入，人们出于讲经、注经和注疏的需要，逐渐发展出语言的分割和分类技法，逐渐深入探究语篇的内在理路和系统关联，能更精细、深入和系统地分析语言，提高了语言的认知水平和实践操作能力。这些对于之后大规模译经活动的开展是非常有助益的。

二 基督教的字面解经派

最早的基督徒作为犹太人，与其他犹太人一样保持着定期集会并阅读和解说圣经的习惯，这样一种宗教生活习惯使犹太人普遍具有较高的语文水平和良好的文化素养，而在日常的宗教文化活动中，他们的语文能力与修辞写作、口头与书面的交际能力培养，也同时与宗教思想、哲学观念和社会道德等紧密地结合起来，[1]并形成一种围绕经本开展活动的社团与文

---

[1] Frances Young et al., *The Cambridge History of Early Christian Literature*, Cambridge: Cambridge University Press, 2008, p.92.

化。公元前后，希伯来教已经发展出较为系统而有条理的解经套路。比如公元前2世纪的犹太宗教领袖希勒尔（Hillel HaGadol 公元前110—公元10）提出的七种方法是最早的比较系统的释经方法论[1]。之后，其他经学家陆续补充延伸，比如2世纪的以实玛利（Ishmael ben Elisha 90—135）发展为13条，以利泽（Eliezer ben Jose 约100—200）发展为32条，等等。这些犹太解经的特点是偏重字面解释，细究每句话、每个词组乃至每个词的词义，对历史语境考虑不多，而将文本剥离开直指语词本身。[2]

基督教与犹太教亦敌亦友，在经学上同样"藕断丝连"。尽管信仰有所不同，但其经本文化是从有着百年积淀的犹太文化中发展出来的。当时的教父与各地的犹太人都有密切的关联，比如教父克莱门（Clement of Alexandria/ Titus Flavius Clemens，约150—215）与亚历山大里亚（Alexandria）的犹太人群体间的联系；殉道者查士丁、尤西比乌（Eusebius of Caesarea，260/265—339/340）、哲罗姆等人与巴勒斯坦的犹太人群体的联系；安提阿学派与叙利亚的犹太学术团体间的关联；其他如特尔图良（Tertullian/Quintus Septimius Florens Tertullianus，约155—240）、奥利金等大教父都有深厚的犹太背景[3]，如奥利金系统运用犹太解经法来发展基督教的教义，与犹太知识分子具有很多联系[4]，他还收集希伯来圣经的各种希腊文版并编撰成合集，以便利解经工作。圣经译者哲罗姆因为翻译希伯来圣经的关系而与犹太知识分子有密切联系，还学习过希伯来语。他的释经与翻译工作密切相关，非常重视考订与解释，包括希伯来文字的训诂、词源考订等语文方法。尽管上述工作不能脱离神学的影响，但工作本身客观上是与犹太释经传统密切联系的。

如果说佛经注疏给中国的传统经学带来很多有益的成分，可谓由

---

[1] 参见 R. N. Longenecker, *Biblical Exegesis in the Apostolic Period*, Grand Rapids, Michigan: W. B. Eerdmans Publishing Company, 1983, pp. 20 - 21。

[2] Frances M. Young, *Biblical Exegesis and the Formation of Christian Culture*, Cambridge: Cambridge University Press, 2007, p. 93。

[3] Gunter Stemberger, Exegetical Contacts between Christians and Jews in the Roman Empire, In Magne Saebo ed., *Hebrew Bible Old Testament: The History of Its Interpretation*, Gottingen: Vandenhoeck und Ruprecht, 1996.

[4] Frances M. Young, *Biblical Exegesis and the Formation of Christian Culture*, Cambridge: Cambridge University Press, 2007, p. 93。

外向内的输入；那么相比之下，基督教最初不但无法增益传统释经学，反而还要借鉴它来发展自身。释经是基督教学术的发端，是其发展的重要动力。一大批基督教文人继承犹太释经学与希腊罗马的语文传统，坚持文本和语言的重要性，踏实地进行文本释读，从而发展和传播了教义。

基督教与释经学并非是一开始就结合在一起的。公元60年前后，随着耶路撒冷陷落、彼得和保罗的去世，基督教进入教父时代。这一时期的使徒教父和护教士要么撰写早期基督教文献，要么为捍卫信仰而撰写护教文，却没有广泛引用希伯来圣经文本[1]。使徒们没有对圣经进行全面、深入而细致的解释注疏，也没有提出或发展释经理论。他们是以道德楷模、教会工作和事工乃至以身殉教的方式来阐释基督教教义的，因此他们的解经不是以显性的释经著作形式出现的，而是更多诉诸隐形的形式[2]。随着基督教的发展，教父们看到建设基督教理论的必要性，于是一方面紧紧围绕圣经文本的注疏来宣讲教义文本，另一方面又借鉴希腊哲学阐发教义，释经活动就此活跃起来，这也成为基督教教义发展和语言发展的一个重要基石。基督教的成长也经历了从依托犹太教到逐步脱离甚至反过来敌视与打压的过程。在既学习又对抗的各种张力中，基督教释经与学术能力不断发展，基督教经学逐步成长，并开始脱离犹太教传统走上自己的道路，就好像把《旧约》从他们手中取过来视为己有一般。[3]

到教父时代，基督教会已由一元走向多元演变，形成安提阿（Antioch）、亚历山大里亚和罗马三大教会，这种多元化也是宗教思想的发展革新所不可避免的。由于罗马帝国境内各地的差异，各地的宗教分布及其学术活动也各不相同。三大教会中，安提阿教会中犹太传统与希腊主义的张力最大，形成富有争议的神学形态；亚历山大里亚的希腊化程度最深，基本没有犹太传统的压力，因而其解经直接继承了希腊化犹太人斐洛（Philo of Alexandria/Philo Judaeus，约公元前25—公元50）的路

---

[1] Allen Hauser & Duane Watson, *A History of Biblical Interpretation* (Vol. 1), Michigan: W. B. Eerdmans Publishing Co., 2009, p. 40.

[2] Ibid., p. 305.

[3] 林荣洪：《基督教神学发展史》（一），中国神学研究院1990年版，第21—23页。

径；罗马教会则比较中庸温和，在基督教世界并不太突出。[①]这种差异与当时的希腊化背景密切相关。2世纪中叶至4世纪是基督教走出神学雏形，向基督教神学的系统表达发展的时期[②]。在这一过程中，释经也成为教父阐述自己的理论和争夺话语权的重要途径。当希腊哲学的观念与方法大量涌入基督教，在教内产生不同宗教哲学与神学学派时，学派之争就此产生。[③]

安提阿学派对字义和圣经历史性的解释可追溯到拉比释经，该传统将以斯拉视为第一个字义解经的犹太学者，他把希伯来圣经按字面意义翻译成亚兰文；之后希勒尔为犹太人定下了七条字义解经法的原则，该法因拉比们的过分推崇而走上极端，认为字面意思才是经文意思，这种观念也被称为"字句主义"（letterism），后来的耶稣和保罗就曾针对法利赛人及文士的解经而指责他们太过死板地按经文的字面来解释。[④]两种释经法也可看作圣经文本与传统教义的争论：文本高于教义还是教义高于文本；安提阿学派注重文法、字义和语义诠释，对文本极为尊重，而亚历山大里亚学派则强调寓意法对传统教义和教会权威的维护较为有利。[⑤]安提阿教会由于深厚的犹太传统而更多继承了犹太教严谨的释经学，其思想受亚里士多德哲学的影响，目光投向的是现实世界，对逻辑推理乃至政治伦理都是比较熟悉的，对圣经中的人和事有真切的感受，而不是当作隐藏的意义[⑥]。因此面对影响巨大的寓意解经法，安提阿派提出质疑，他们更重视文字表面体现出来的信仰和历史的真实性，其字面解经"依据经文的文法与历史脉络，做最简单直接、合理自然的诠释；除非经文的文体本身（如诗体、寓言）显

---

① 章雪富、石敏敏：《早期基督教的演变及多元传统》，社会科学文献出版社2003年版，第208页。

② 同上书，第171页。

③ 王晓朝：《教父学研究：文化视野下的教父哲学》，河北大学出版社2003年版，第149页。

④ 《释经学讲义》（http://www.chinacath.org/book/html/176/9943.html）。

⑤ 谢品然：《冲突的诠释》，香港建道神学院1997年版，第32页，转引自黎新农《浅谈安提阿学派及其解经法》，《金陵神学志》2005年第1期。

⑥ 黎新农：《浅谈安提阿学派及其解经法》，《金陵神学志》2005年第1期，第104、112页。

示不能做字面解释，否则应尽可能按其字面的意义来理解"①。就语言传统而言，安提阿和亚历山大里亚的不同释经法产生于不同的文本分析研究方法，而文本分析方法又来自传统中不同的语法、修辞和哲学流派，即系统法（methodikon）和历史法（historikon）②。前者关注语言问题，如词源、词格、隐喻、文体等，而后者则通过文本背景解释内容和意义，因而两大学派的不同释经法就分别更重语法与修辞问题或是哲学与意义问题③。

与亚历山大里亚学派有明确的师承和自己的学校不同，安提阿学派更多的是秉持共同神学与解经思想的学者④，其代表有克里索斯托（John Chrysostom，约349—407）、西奥多勒（Theodoret of Cyrus，393—458/466）、尤斯塔修斯（Eustathius of Antioch，？—？）和摩普绥提亚的西奥多（Theodore of Mopsuestia，约350—428）等人。以西奥多为例，他是安提阿的主要解经家和神学家，写过许多解经著作，其特点简而言之就是"反对寓意"⑤，甚至圣经的《雅歌》也被当作真实的情歌⑥。以他解释《尼西亚信经》（The Nicean Creed）的第一句话为例：

> 信仰与誓言的原则正精心地留存在下列神秘的语言中：我信独一上帝，全能的父，创造天地和有形无形万物的主（I believe in one God, Father Almighty, Creator of all things visible and invisible）。蒙主之恩赐，我们将逐词解释，因为要让你了解其中的全部力量才好。因此，让我们从你拥有信仰的地方开始：我信独一上帝，全能的父。这是敬畏上帝的信仰的基础，"因为人心里相信，就可以称义。口里承

---

① 梁家麟：《华人时代论者对千禧国度的理解》，转引自章雪富、石敏敏《早期基督教的演变及多元传统》，社会科学文献出版社2003年版，第214—215页。

② Allen Hauser & Duane Watson, *A History of Biblical Interpretation* (Vol. 1), Michigan：W. B. Eerdmans Publishing Co., 2009, p. 44.

③ Ibid. .

④ Manlio Simonetti, *Biblical Interpretation in the Early Church*：*An Historical Introduction to Patristic Exegesis*, John Hughes (tr.), Edinburgh：T&T Clark Ltd., 1994, p. 67.

⑤ P. R. Ackroyd, & C. F. Evans, *The Cambridge History of the Bible* (Vol. 1), Cambridge：Cambridge University Press, 1970, p. 507.

⑥ [美]奥尔森：《基督教神学思想史》，吴瑞诚、徐成德译，北京大学出版社2003年版，第209页。

认，就可以得救"（Rom. x. 10）。这是真信仰教化的事实。因为宗教的问题在于信仰无形而无法描述的东西，它需要信仰，使心灵看见眼睛无形之物。有形的事物是可以用眼睛看见的事物，无形的事物是只能用信仰看见的事物，因为"信就是所望之事的实底，是未见之事的确据"（Heb. xi. 1）。……我们可以用物质的眼看见有形事物，如果它们是可靠并能见，且没有受到阻碍的话；但如果事物受损，所有有形的都会变为无形的，尽管在现实中它们还是有形的。同样，信仰告诉我们，如果信仰是良好的，我们也能准确看到无形而无法描述的事物，反之也会看不见。①

作者没有进行寓意和引申，而是如其所言"逐词解释"，并认为这样的解释可以使读者了解全部内涵。注疏语言朴实流畅，没有很华丽的词藻。行文多引圣经原文，多角度切入，娓娓道来。

需要注意的是，尽管安提阿的学者认为寓意解经不可靠、不合理，容易陷入过于主观的解说，但字义解经不同于字句主义，它也不是严格按字义解释。安提阿的解经要靠所谓的"洞察力"，就是在经文的历史事实之外，了解经文所要表达的属灵真义，因而他们接受预表解经，即不废弃经文的字面意义，认为历史事实及其属灵对象须有真正的关联，两者必须一起了解②。比如安提阿的西奥菲勒（Theophilus of Antioch, ? —183/185）就认为上帝是不可用肉眼看见也不可用语言描述的，但灵魂可以由上帝的名称和工作得到关于它的知识，因而基督教徒使用各种美好的名称来称呼上帝，而且人的心灵可以透视世间的现象，认识到世界主宰的存在③，这种看法体现了安提阿派对语言的认识。

以安提阿学派为代表的支持字面解经的教父们并非专门的语言学家，但由于拒绝用寓意方式解读圣经，更重视原典的字面意义，因而客观上就

---

① Theodore of Mopsuestia, *Commentary on the Nicene Creed*, Alphonse Mingana, Chapter 1 (http://www.tertullian.org/fathers/theodore_of_mopsuestia_nicene_02_text.htm). 括号内容为笔者所加的原文，中文部分为笔者自译。本书引用西方典籍凡有中译本的，一般在中译本基础上根据英译本修改。注释按西方古典学惯例，一般仅标通行的章节号。

② ［英］凯利：《早期基督教教义》，康来昌译，中华福音神学院1984年版，第53页。

③ 赵敦华：《基督教哲学1500年》，中国社会科学出版社1994年版，第85页。

更侧重于语言分析角度的教义解说。正如中国的小学服务于经学、经学家必须有很好的小学功底一样，基督教的教父在注经时所能运用的语文能力也只能来自希腊和希伯来的语文注疏传统，词源分析、词义解释、语法分析乃至篇章大意的疏通等各方面都是解释圣经所需要的。

以纳西盎的格列高利（Gregory of Nazianzus，约329—390）的演讲为例，其中有运用词源知识进行的分析。比如格列高利认为：

> "自有永有者"和"神"符合上帝的本性，即便"Theos"这样的词也不适合于用来称呼上帝，因为它源于"Theein"（奔跑）或"Aithein"（发光），源于持续运动，因为他毁灭事物的邪恶状况，也仍然是个关系性的相对名称，而不是一个绝对名称，因此也不适合于用来称呼上帝。①

这里就借助词汇辨析来解释经文。比如圣经上有说圣子"自己不能做什么，未有看见父所做的，子才能做"（约，5：19）的说法，似乎贬低了圣子，对此格列高利没用寓意解读，而是分析"能"和"不能"这些词有多种意思，并认为一方面，它们有时用来表示力量的缺乏，有时表示时间，有时是相对某个目标而言，比如孩子不能是运动员，但将来也许能，此外还有绝对意义上的不能和不接受，比如神不可能成为恶的②。同样，语法词也很重要。比如"因为我们只有一位神，就是父，万物都本于他，并有一位主，就是耶稣基督，万物都是借着他有的，及一位圣灵，万物都在他里面"③，作者在此分析到"本于"（of）、"借着"（by）、"在里面"（in）这些词不表示本性上有分别，而是表示同一而非混合的本性的诸位格，并进行了具体的分析④。

---

① ［古罗马］纳西盎的格列高利：《神学讲演录》，石敏敏译，生活·读书·新知三联书店2009年版，第91—92页。

② 同上书，第83—84页。

③ 原句 "But to us there is but one God, the Father, of whom are all things, and we in him; and one Lord Jesus Christ, by whom are all things, and we by him."《哥林多前书》8：6。

④ ［古罗马］纳西盎的格列高利：《神学讲演录》，石敏敏译，生活·读书·新知三联书店2009年版，第167页。

字面解经看似只是传统的延续，其作用和影响却决不能低估。首先，最初的教徒并不重视文字事工，而更愿意用其他方式进行传教。两种方法本无优劣，但如果基督教要成为一个成熟的、有文化层次的宗教，则早晚需要进行哲学化与文本化，因而经本的解释就显得尤为重要。其次，对语言和文本的关注是释经的基础和重要内容。如果基督教的发展只是一味强调寓意解经，只重思想发挥而完全不顾文本的语言解释，那么圣经文本的地位就会受到影响。从逻辑上来说，一个不重视文本而只重视主观与个人体验的宗教，最终会消解掉宗教组织的基础，而沦为小众信奉的神秘主义教会。当每个人都是自己的教父、自己的基督时，也就没有教父与基督的地位了。显然，这不利于基督教的发展，也非教父们的初衷。因此，安提阿派重视文本与文字，以它为代表的注经势力与注重引申寓意的解经势力相互制约和制衡，有助于维持传统与当下、传承与发展的平衡。正是在继承传统犹太释经学与斐洛的文化综合主义等各种思想的基础上，基督教释经学才发展了更系统的释经方法，推动宗教注疏的实践发展[①]。最后，基督教徒的语言活动离不开语言能力，而这种语言能力在罗马帝国的环境下，必然离不开希腊罗马以来的语文传统，与文法、修辞、逻辑等学问密切相关。国家需要民众掌握基本文化常识并接受道德伦理教育，因而看重学校教育的文化传承与社会稳定作用。个人更需要教育，先做到生存发展，再以个人才智服务于社会或是教会。在这些活动中，有没有基本乃至高超的语文读写或读经释经能力，是很不一样的。因此，当越来越多的人加入教会使得宗教团体扩大并复杂起来，以及希腊化知识分子加入教会后，对语言文字的态度必然受到影响。

本节对佛教与基督教的注疏活动进行了研究，这些活动并非完全拘泥于一字一词的解释，但相比于当时盛行的其他解经法则在观念和具体操作上更看重经文自身的文字。对任何一种思想文化的传承和发展来说，都需要一批信徒踏实地从事典籍注疏工作，因为时代文化和语言是永远都在变动的。在变与不变之间，注经是最基本的工作，处于整个释经活动底部层，具有基本的稳定教义、传承宗教的作用，也是进一步阐发的根

[①] Allen Hauser & Duane Watson, *A History of Biblical Interpretation* (Vol. 1), Michigan: W. B. Eerdmans Publishing Co., 2009, p. 334.

本。

　　注经作为所有围绕经所展开的语言活动的基础，也是思想文化之生命力的体现。如果一种典籍只是单纯地以经文形式存在，没有人去注释和评析，其影响必然受到极大限制。可以说，注疏扩大了经籍的存在，激活了话语的实践，也促进了思想的交流。从语言的角度来说，注经对佛教和基督教而言又是宗教语言的开端。新的思想文化不能凭空存在，而要靠语言来表达和传播，注经则是一种最直接的生成途径。因为注释以简明而通俗的语言解释经文的思想内容，也就是以通行的主体文化的话语来解释新的话语，佛经用汉语注疏、圣经用希腊语拉丁语注疏，对这些语言而言是丰富了它们的内涵，对佛教和基督教而言则是建构佛教汉语和基督教希腊语拉丁语的起点。通过解释，宗教文化开始慢慢渗透到语言中，以一种较为间接而平和的方式开发宗教语言。因此，无论是从思想文化还是语言的角度来说，注释活动都有助于弥合文化差异、减少摩擦和促进不同文化的互动与交流，可谓佛教与基督教跨文化传播的必经之路。

第二节　从注疏到释经学

　　注疏是在实践中点滴积累的活动，尽管当时的僧侣与文人很少有要专门建构一门释经学的意识，但是如果把个体所做的工作汇总起来，就能在整体上看到当时服务于思想文化的经疏活动所具有的特征，已然是一种正在成形中的新经学。它在大规模的注疏活动中产生，并反过来直接或间接地反馈思想文化的发展。

　　在中国，佛经注疏对魏晋六朝的经学尤其是儒家注疏产生了重大影响。佛教凭借后起者与外来者的冲劲给传统经学带来一阵清风，当然思想传统的根基并未被彻底颠覆，当时整个经学活动仍以儒家为主流，但它在佛学刺激下取长补短，整合出义疏这种新的综合性注疏形态，在发展经学的同时，也将语言活动及语言研究推到新的高度，并反过来助推佛教的发展。而在西方则略有不同。经学完成了从注希腊文学和注希伯来圣经到注基督教文本的转型，在吸收借鉴传统的基础上发展出成熟的基督教释经学，使之成为基督教的学统。两种注疏体式都有较为全面的文化与语言研究内容，诸如解释字词、考订名物、考释语音词源、校勘文字、分析文法、修辞、篇章结构，乃至串讲大意、随文发挥义理等均有涉及，体现了注经作为古代语言研究载体的重要作用。本节将对这两种注经的形态特征及其与文化的互动关系进行比较分析，描述其产生发展过程与形态特征，以及背后的思想文化动因。

一 作为综合性模式的儒经义疏

1. 儒经义疏的缘起

儒学在魏晋南北朝时期没有在汉代时所得到的独尊地位，也不如唐宋经学那么发达与显赫，但在社会动荡的年代，从官方到民间仍有大量学者、家族和群体坚持儒学教育和研究，尤其是儒经注疏活动的不绝如缕，成为儒学继续稳步发展的重要基础。其中兴于两晋、盛于南北朝的"义疏"是这一时期经学发展的主要代表。翻阅《隋书·经籍志》可以发现，各种经书的传注至东晋可告一段落，此后的经典解释便是以音、序以及义疏的名称出现[1]。义疏在唐孔颖达撰《五经正义》时达到一个高峰，期间名为"义疏"或具有类似内涵的儒经注疏达近百种之多[2]，体现了儒家思想及其注疏活动的活力。

义疏产生的内因在于语言发展和释经的需求，因为魏晋人士读经时不但要注先秦的经，还要解读汉人的注。而儒释道会通的文化格局则塑造了义疏的内容和形态特征，三家释经相互作用，共同影响义疏发展，体现出思想文化背景与语言活动的复杂关联。对此，可以从以下三个方面分析。

一者，玄学解经风气的影响。两汉经学的烦琐学风和内在矛盾使传统经学难以为继。魏晋时受玄学思潮影响，更讲究简明、求新和会通，释经更重义理和注家自身的见解。而宣讲经书的对象是学问不如自己的听众，听众文化水平又参差不齐，因而讲解者除疏通文字外，都以求经文大义为主，使义疏作为"一种讲谈经典知识的速成本和通俗本"[3]发展起来，以

---

[1] 张伯伟：《中国古代文学批评方法研究》，中华书局2002年版，第37页。
[2] 刘卫宁：《两晋南北朝儒经义疏书目简表》，载《两晋南北朝儒经义疏研究》，博士学位论文，暨南大学，2008年，第12—19页。
[3] 尚永琪：《六朝义疏的产生问题考略》，载《中国典籍与文化论丛》（第六辑），中华书局2000年版，第411页。

致于"俗间儒士,不涉群书,经纬之外,义疏而已"①。

二者,佛经注疏及其受玄学解经影响的叠加作用。僧徒释经往往受制于经本缺失和佛学水平等问题,讲经读经全赖译本,但早期的译经有很多问题,所以经解时难以细致入微,故而又更多地追求义理疏通,但求能自圆其说。正如道安所言,"若率初以要其终,或忘文以全其质者,则大智玄通,居可知也"(出,263),竺道生亦言"夫象以尽意,得意则象忘;言以诠理,入理则言息。自经典东流,译人重阻,多守滞文,鲜见圆义。若忘筌取鱼,始可与言道矣"②。他们的思想无疑深受当时玄学之风的影响,其中道生的这段话显然是化自庄子和王弼语。而佛教释经讲求明理、追求圆通的做法最终又影响到儒家义疏。

三者,儒经释经传统及其受佛家释经影响的叠加作用。儒经义疏首先是儒家的注经方式,因而承袭两汉经学遗风,受章句影响很大。佛教传入后逐步得到接受,玄佛兼修者甚多,士人与僧侣也交往频繁,因而有很多机会参与释家的讲经,或者讲佛者兼及儒经,使儒释两家在讲经上有交流,其中就包括佛经讲疏的形式与风格对儒家讲经的影响。当时儒生讲经多用当众读经的形式,如设都讲、升坐、开题、与听众之间问答辩难,等等,都与佛教讲经活动有关系。

玄学解经风气基本是从本土文化环境中生发出来的,它影响到了佛家,佛家注疏受影响后又转而影响儒家。儒家义疏作为当时最具影响的经学传统,在吸收其他思想文化的要素后获得进一步发展,反过来影响玄学和佛家学术,初步体现出儒释道三家共存的格局。

2. 义疏与语文研究的发展

两晋南北朝时的义疏先后出现两种体式,即讲疏体与疏注体③。讲疏体义疏起于东晋刘宋之间,盛于南朝。内容上博采众长,崇尚贯通与自由,敢于反对旧说而不拘泥于一家,儒玄释各家的思想内容都会渗透到注解中。讲经记录的性质使得讲疏体能免于烦琐的考证,语言风格上力求准

---

① 颜之推著、王利器撰:《颜氏家训集解》(增补本),中华书局2002年版,第183页。
② (梁)慧皎撰,汤用彤校注:《高僧传》,中华书局1992年版,第256页。
③ 参见刘卫宁《两晋南北朝儒经义疏研究》第27—29页,及冯浩菲《中国训诂学》(上册)第85—86页。

确精当、以理服人。又因讲经问答的需要而观点一致，不存两说。①讲疏体义疏以解释经文大义和阐发思想为主，引前人注而能自成一说，直面听众和受徒，可以说，它是在汉代章句基础上进行的改良。随着历史发展，疏注体义疏逐渐显现，这是一种专宗一家又兼释经文故注的义疏体式。②而疏注体则是基于讲疏体的发展积累，针对后者兼采众长却无所专守的弊病，在形式上专守一家之注，又能引用他说以作疏解，具有相当的开放性，因此疏注体义疏是当时开放与保守、专守与博采两种不同学风交汇的产物③。

义疏为经学实践和语文研究的发展带来了积极变化。从章句、义疏到文章学，可以视为一条稳步前进的历史线索。吴承学指出，汉代章句的发展和繁荣使人们对儒家经典的外在形式、体制特征、组织结构等方面的研究越来越深入，并由章句之学逐渐发展出六朝的文章之学，文学批评出现了从原先的外部批评扩展至内部批评的趋势④，不过他并未提到六朝义疏承上启下的枢纽作用。从注经的角度来说，自章句至义疏，从注经到经注皆注，语言分析手段是越来越细致而严密。同时，六朝文论的繁荣也有促进作用。从曹丕、陆机、挚虞、李充直到刘勰，都讨论文章之学，文体的分类和文学语言批评成为重要的研究内容。注经与文论，一个重解读，一个重创作，两者相辅相成，共同推动了语言研究的发展。

义疏是在儒家学统基础上吸纳佛家和玄学精华而成的综合性释经模式，它是适应时代需要的新语文研究模式。其体例既不同于汉晋的传注或集解，也不同于玄学经学的玄理发挥，而介乎义理与训诂之间⑤。朱自清《经典常谈》的一段话说得非常精到：

> 汉晋人作群经的注，注文简括，时代久了，有些便不易通晓。南北朝人给这些注作解释，也是补充材料，或推演辞意。"义疏"便是这个。无论补充或推演，都得先解剖文义；这种解剖必然的比注文解

---

① 刘卫宁：《两晋南北朝儒经义疏研究》，博士学位论文，暨南大学，2008年，第78页。
② 同上书，第28页。
③ 同上书，第90—91页。
④ 吴承学、何诗海：《从章句之学到文章之学》，《文学评论》2008年第5期。
⑤ 刘剑锋：《论早期中土佛教解经学的转向》，《兰州学刊》2005年第5期。

剖经文更精细一层。这种精细的却不算是破坏的解剖,似乎是佛典翻译的影响。就中推演辞意的有些也只发挥老、庄之学,虽然也是无中生有,却能自称片段,便比汉人的支离破碎进步。这是王弼等人的衣钵,也是魏晋以来哲学发展的变现。这是又一种新文体的分化。到了唐修《五经正义》,削去玄谈,力求切实,只以疏明注义为重。解剖字句的工夫,至此而极详。宋人所谓"注疏"的文体,便成立在这时代。后来清代的精详的考证文,就是从这里变化出来的。[1]

释经活动的兴起与发展,是思想演变的需要,也是语言发展的结果。两晋南北朝出于各种需求发展出义疏这种更复杂精细的释经体式,既明经又疏注,适应了经学发展的时代需求,为学术发展奠定了基础。在从两汉章句到《五经正义》的发展史中,魏晋南北朝于实践和理论均为重要的探索与积累期。其中所产生的科判、合注等方式,体现出语言认知水平与语言操作水平的进步,在形式上超越了两汉经学,而玄学的言意之辨则从思想上为释经灌注了新的灵魂。所谓"解剖字句的工夫,至此而极详",正显示了语言研究与实践操作的进步。

3. 佛教注疏的进一步发展

儒家经学由于其成熟性,在吸收与接纳佛教注疏的成分后可以很快得到发展。而佛家注疏则既基于传统经学,又借重佛教经注传统。当时的佛家是否有专属于自己的释经学,我们不在此进行讨论,但不可否认的是,客观存在的卷帙浩繁的佛经典籍,从事佛典注疏的人员和颇具特色的佛经注疏形态,它们对佛教的传播发展起到了巨大的推动作用。其中有三点是值得一提的。

第一,是合本子注的出现。起初佛经一本本译介进入中国,尚缺乏数量的积累,也就不存在译本间的互参比照,而且译经者零散地分布于不同时间与空间,所译之经在多大程度上与范围内可以传播交流,都是要打个问号的。此外,由于在传教时一度采用格义法,人们更喜欢拿老庄而不是其他佛经来互文参照,由此也很大程度上削弱了佛经文本相互形成合力的机会。随着佛经数量的积累,同本异译现象得到关注,加上对翻译质量的

---

[1] 朱自清:《经典常谈》,生活·读书·新知三联书店 1980 年版,第 126—127 页。

意识有所加强，促进了佛经对比研究的需求，合本研究开始逐步发展起来。如《合首楞严经记》《合维摩诘经序》《合放光光赞略解序》《合微密持经记》①等都是在 4 世纪产生的。其中支敏度的《合首楞严经记》、《合维摩诘经序》提到了具体的操作方法："今以越所定者为母，护所出为子，兰所译者系之，其所无者辄于其位而别之。"（出，270—271）"余是以合两令相附，以明所出为本，以兰所出为子，分章断句，使事类相从。"（出，310）如此操作固然辛苦，好处也是巨大的，可以"令寻之者瞻上视下，读彼案此，足以释乖迂之劳"。（出，310）再如昙无兰的《大比丘二百六十戒三部合异序》（出，414—416）提到了他如何用三部不同经文比对核定经本内容的做法，还留下了具体的事例：

> 比丘大戒二百六十事三部合异二卷
> 欲说戒，维那出堂前唱："不净者出。"次曰："庚跋门怒钵罗鞞处。"然后入，唱："行筹。"说戒者乃曰："僧和集会，未受大戒者出。僧何等作为？"众僧和聚会，悉受无戒，于僧有何事。答："说戒。"僧答言，布萨。"不来者嘱授清净说。"诸人者当说当来之净，答言说净。说已，那春夏冬若干日已过去。

其中的小字部分就是拿异译本放在一起比对，类似的研究在当时是非常普遍的。当然，也不能排除是受中国传统经学尤其是两汉经学的影响。无论如何，它体现出汉语佛经注疏的逐步成熟。

第二，在佛教社团中形成一套讲经制度。比如僧团领袖道安制定"僧尼轨范"（可能即《出三藏记集》卷十二的《安法师法集旧制三科》，已佚），"安既德为物宗，学兼三藏，所制僧尼轨范、佛法宪章，条为三例"，包括"一曰行香定坐上经上讲之法；二曰常日六时行道饮食唱时法；三曰布萨差使悔过等法"②。唐道世的《法苑珠林·呗赞篇》也提到"又昔时晋有道安法师，集制三科，上经、上讲、布萨等。先贤立制，不

---

① 《出三藏记集》标明作者为支恭明（支谦），但注者认为此处作者有误，应为道安后的产物。详见该著第 286 页。

② （梁）慧皎撰、汤用彤校注：《高僧传》，中华书局 1992 年版，第 183 页。

坠于地，天下法则，人皆习行"①。这其中就包括了讲经仪规。据唐代一位日本僧人的记录，当时的讲经仪式包括打钟集众、由唱导僧诵梵呗、讲师根据道安的三分法解释所讲经题、听讲僧众就自己的见解和疑难向讲师提问、论难完毕讲师宣读原文、读完原文后听众共同赞叹佛法并作回向发愿、讲师离去后再有复讲师就讲师昨天所宣读的经文进行谈论、讲师对复讲师的谈论进行疏通解释等一系列步骤。②这些程式显然也不可能在一朝一夕完成，而是自魏晋六朝逐步发展而来的。如此讲解疏通与讨论辩难，温故知新、分工教授等步骤，无疑对宗教的传播发展起到很好的推动作用。

第三，与义疏的相互渗透。注疏因佛经而兴，反过来也适应和促进了佛教的发展。大量佛经注疏的出现，有助于扩大佛教的影响范围和接受程度并发展信徒。佛经的注疏方式，如讲学与注疏的结合、义疏经注一体的体例等，都有助于降低理解佛经的难度，促进佛学的理解和传播。而义疏在内容发挥上的自由度也有助传播义理，这与魏晋玄学援道入儒的做法和"得意忘言"解经法的流行也是相得益彰的。如南北朝时各种不同的经论相继传入，竺道生以义疏形式写出《维摩经义疏》，摆脱了当时盛行的对经文字句逐字解释的倾向，对《维摩经》进行了重新解读，为涅槃佛性学说在中国的发展和传播扫清了道路。③

小结上文，儒家义疏与佛教注疏是属于魏晋六朝时代的新经学，它们顺应了时代的需求，体现为跨文化交流下的复合型阐释法，促进了中国传统经学和汉语佛教经学的发展，更促进了当时的思想文化发展。

二 圣经注疏与基督教释经学的形成

1. 基督教释经学的背景与早期发展

与同期的中国相比，基督教的兴起似乎在表面上并未给注疏带来很大变化，圣经释经学反倒要借鉴积淀更深的希伯来释经学和希腊语文研究。但从文化发展的角度来看，如果基督教释经学没有吸收这两种先进的文

---

① （唐）道世撰、周叔伽、苏晋仁校：《法苑珠林校注》，中华书局2003年版，第1171页。
② 时空：《中国佛教寺院的讲经仪式》，《华夏文化》1994年第11期。
③ 刘剑锋：《论早期中土佛教解经学的转向》，《兰州学刊》2005年第5期。

化，而只发展宗教信仰，或者一味沿着当时盛行的寓意解经的道路发展的话，那么古典文化很可能就此埋没。正是教父与信徒们从语言文字角度进行了基本的文本研究，将传统经学纳入基督教经学中，才很大程度上保留了传统的火种。从基督教自身来说，如果要取代希腊和罗马的文化地位，就必须有自己的学术文化，要有语言学习、阅读、教学和释经等活动。因此，晚期罗马的注经活动实际上也是基督教的文化与学术的积累阶段。注经完成了从注希腊文学和注希伯来圣经到注基督教文本的转型，以神学为体、古典语文研究为用，因而既保留了古典文化，又顺应了基督教的发展。

基督教学习吸收古典语文学首先与教父的教育背景有关。大量教父在年少时接受的都是传统的希腊式语文教育[①]，研习语法、逻辑和修辞，其中奥利金、奥古斯丁等大教父都曾担当过修辞或语法学校的教师。希腊的语法教育通常分为四个阶段：文本批判、阅读、注释、判断；其基本顺序是：首先对文本进行逐字逐句的预习；然后是大声地朗读，理解领会作品，由于著作中的希腊文是小写体，词与词之间缺乏空间与标点，学生需要花很大力气来理解意义，从这一点来看，与中国的语文启蒙教育很像；接着是了解文本的意义以及历史背景；最后是进行道德和伦理上的判断；这种希腊式的训练方式不仅培育了学生的思辨能力和严谨的逻辑能力。[②]其中文本批判、阅读和注释这前三步都与语言问题直接相关，是宗教文人语言能力的来源。

对早期基督教社团而言，他们希望知识分子先接受良好的传统语文教育，然后再转投基督教为教会服务；而随着基督教的发展，围绕着经文展开的活动日益活跃，基督教开始主动吸收希腊语言文化的养分，将其纳入基督文化中来[③]。2世纪末由亚历山大里亚学派创立的基督学校即开展传统的语言和文化教育，教授释经技巧，为教会工作打下了很好的基础。该

[①] 关于早期基督教与希腊教育的话题，可参见 Jaeger 的 "Early Christianity and Greek Paideia"。

[②] Alan Scott, Origen and the Life of the Stars, "The Hellenistic Schoolroom", Oxford University Press, 1976, pp. 53 - 63. 转引自章雪富《圣经和希腊主义的双重视野：奥利金其人及神学思想》，中国社会科学出版社 2004 年版，第 23 页。

[③] Martin Irvine, *The Making of Textual Culture: Grammatica and Literary Theory*, 350 - 1100, Cambridge/New York: Cambridge University Press, 1994, p. 162.

学派的代表克莱门和奥利金的著作表明,在教育与解经、证明基督教文本与文章的合法性以及在修辞意义上推广基督教的护教文三个方面,文法的话语和方法已经得到了基督教社团的运用,说明语文学不仅是一种工具和手段,还进而成为基督教文化的基础。①

比如克莱门接受的就是纯粹的传统希腊教育,包括语法、修辞、音乐、几何与天文等,并且一生爱好哲学,有丰富的希腊和拉丁文学知识。②皈依基督教后,他的古典文化修养也起到了重要作用,其著作多次引用荷马、柏拉图、亚里士多德、索福克勒斯、欧里庇得斯,等等,同时又受斯多亚派(the Stoics)思想影响,以寓意解经法来释读圣经。在克莱门的《杂篇》中,既涉及基督教的信仰问题(Book 3)、圣父和圣子的问题,也涉及对写作问题(Book 1),人的优越性(Book 4),真理、定义与论证(Book 8)等带有希腊文化色彩的内容③。在克莱门看来,每个灵魂都有其支持的养分,有的靠知识与科学,有的靠希腊哲学,运用哲学与其他预备教育的精华并不减损基督教的教义(Book 1)。其著作也体现了接受文法教育和解经风格的影响,如《杂篇》本身就是希腊化时期最流行的一种文体,涉及圣经文本及其疏注、语言问题、解经问题、古典哲学的评价等各方面内容。④因此,古典文化正是通过克莱门这样的希腊—基督两栖文化学者引介进入基督教并逐渐融入其文化的。

克莱门之后的奥利金尽管以寓意解经而著称,但实际上也无法脱离各种具体的语言分析。奥利金受过良好的语文训练,熟悉亚历山大里亚的文本分析技巧以及斯拉克斯(Dionysius Thrax,约公元前170—前90)的《读写技巧》(*Art of Grammar / Tékhnē grammatiké*)⑤。他的注疏留下了很

---

① Martin Irvine, *The Making of Textual Culture: Grammatica and Literary Theory*, 350 – 1100, Cambridge/New York: Cambridge University Press, 1994, p. 163.

② 王晓朝:《信仰与理性:古代基督教教父思想家评传》,东方出版社2001年版,第31页。

③ Clement of Alexandria, *The Stromata, or Miscellanies* (http://www.ccel.org/ccel/schaff/anf02.html).

④ Martin Irvine, *The Making of Textual Culture: Grammatica and Literary Theory*, 350 – 1100, Cambridge/New York: Cambridge University Press, 1994, p. 164.

⑤ Catherine Chin, *Grammar and Christianity in the Late Roman World*, Philadelphia: University of Pennsylvania Press, 2008, p. 74.

多语言分析的印记,即便是其寓意解经的代表作《〈约翰福音〉注疏》也是如此。奥利金在其中也运用字词意义和句法分析,或分析词汇在文本写作时的意义,或进行词源分析,通过词义的纠正或补充将当下义引申到属灵义;有时语言的内在意义涉及希伯来文与希腊文互译而产生的问题,尤其是涉及地名、人名等专有名词,他还通过语言对比进行意义分析。① 而这一对比方法在奥利金分析某些希腊语没法准确表达的希伯来特有词汇或词义时也经常用到②。

到奥古斯丁时代,通过多纳图斯(Aelius Donatus,约4世纪中叶)、戴奥米底斯(Diomedes Grammaticus,约4世纪末)、塞尔维斯(Maurus Servius Honoratus,4世纪末至5世纪初)等人的努力,基本将希腊罗马的语文学变成了基督教的学问,服务于基督教的学习、阅读、教学和释经活动。③ 至此基督教也有了自己的"经学",形成一套治学和教学模式,以圣经为中心建构起有焦点核心又能辐射周边的网络,大大推动了基督教的发展。

2. 奥古斯丁对释经学的贡献

奥古斯丁是早期基督教释经学的集大成者,通过《论基督教教义》、《论辩术》(*De Dialectica*)、《论秩序》(*De Ordine*)、《独语录》(*Soliloquia*)、《论教师》(*De Magistro*)等一系列著作,将语法、修辞、逻辑与神学结合到一起,奠定了早期基督教释经学的基础。

在《独语录》中,奥古斯丁将文法学作为一门显示真理的学科看待,认为文法包含了定义、区分和分割的原理④;"文法是语言的卫士,它负

---

① 词源分析如:"我们不应当轻视名字,因为我们能从中得到指示,有助于解释文本。不过我们不能对眼下大量论述不顾而去专门考察这些名称的学问(philosophy of names)"(CJ, Ⅵ, 216)。双语比较,如"在对名字的诠释中我们可以发现,省略 nes 的 Joa 替换了带 es 的 Joannes,因为《新约》同样是以希腊方式来拼写其他的希伯来名字,使这些名字的发音符合希腊语的发音"(CJ, Ⅱ, 196-197)。语法分析,如(CJ, Ⅱ, 12-18)、(CJ, Ⅱ, 8-9);语词辨析,如(CJ, Ⅱ, 99)等等。Origen, Commentary on John, 缩写为 CJ。中译本参见 [古罗马] 俄里根《属灵的寓意——〈约翰福音〉注疏》([上][下]),柳博赟译,华夏出版社2010年版。

② 李勇:《耶路撒冷与雅典之争:奥利金〈〈约翰福音〉释义〉中两希文化的融合》,博士学位论文,山东大学,2010年,第107页。

③ Martin Irvine, *The Making of Textual Culture: Grammatica and Literary Theory, 350-1100*, Cambridge/New York: Cambridge University Press, 1994, p.169.

④ Augustine, *Soliloquia* Ⅱ, 21 (http://www.ccel.org/ccel/schaff/npnf107.html).

责所有规则,它将所有记忆和书写中人类的语言都收集起来,确保它们不会出错,教授并促使人们以正确的方式进行理解,从而走向真理"①。奥氏认为,尽管文法的名称只有一个,但其内容却是多方面的,历史也是属于其中的,因而文法学家的责任比历史学家更重,他们承担着解释文本的重任②。他深刻地认识到语法的作用,更在于为基督教所用。"异教说得正确的东西,我们必须改造成我们可用的东西"(CD,Ⅱ,40,60)③,"文法,即教导准确言语的技术"(CD,Ⅳ,3,5),所以如何把话说正确、说好,也是为基督教服务的。在《论辩术》这篇文章中,奥古斯丁集中讨论了语言的本质、属性,较为详细地分析了词及词的分类、句及句的分类、语言的符号特征、词语的效力、模糊等各种问题,并进行了简要的论述。④

释经文献的日益增多和教派的争论使释经学也出现分化,话语权争夺日趋白热化,各派都宣称自己的解释才是权威。在此背景下,奥古斯丁经多年思考准备后写下《论基督教教义》,表达了自己对释经及语言各方面问题的看法。他以布道为中心论题,系统论述了从理解到表达的整个语言过程。《教义》全书共四卷。第一卷中奥古斯丁首先出于宗教徒的身份谈圣经与信仰问题。第二卷切入实质性问题时,他高屋建瓴地从理论出发,首先谈符号的问题,探讨了语言的符号性质,并就如何解读语言问题进行了论述,包括提高语言能力、学习百科知识、利用语境,等等。这一卷实际上就是针对如何提高注经能力而言的。第三卷讨论如何解读模糊的符号,也就是象征或有寓意的符号,实际上就是讨论解经的原则和方法。对于圣经释经,奥古斯丁既不偏重字面意义,也不偏重寓意解经,而是兼容并包。他指出圣经语言有两层内涵,一方面,对浅白的语言要仔细阅读领会,根据语言规则理解(CD,Ⅱ,9,14),如果可以从字面上看出意思

---

① Augustine, Soliloquia. Ⅱ, 19.

② Martin Irvine, *The Making of Textual Culture: Grammatica and Literary Theory*, 350—1100, Cambridge/New York: Cambridge University Press, 1994, pp. 173-174.

③ Augustine, *Christian Doctrine* 全文凡引该书处一律简写为 CD,罗马数字表示卷号,阿拉伯数字表示节号。中译本参见〔古罗马〕奥古斯丁《论灵魂及其起源》,石敏敏译,中国社会科学出版社 2004 年版。

④ 英译参见 http://www9.georgetown.edu/faculty/jod/texts/dialecticatrans.html。中译本参见何博超译《论辩术:圣奥古斯丁的辩术之道》,《文化与诗学》2010 年第 1 期。

就不能认为是比喻的（CD，Ⅲ，15，23）；另一方面，凡是按字面意思不符合纯洁的生活或是与正确教义违背的地方就可以判定为是比喻的（CD，Ⅲ，10，14）。根据这种二分的释读方法，奥古斯丁在第三卷谈了几个释经方面的问题，第一是如何借用标点符号理解模糊语言的问题；第二是如何辨别比喻；第三是如何解释归于神和圣徒的邪恶言行；第四是如何解释象征表达法；第五是如何解释命令和禁令；第六是如何解释圣经中所赞同的不合于当时伦理道德的行为；第七是如何解释伟人的罪；第八是如何运用上下文；第九又谈到比喻的问题。①

释经需要解析语篇进行宣教，所以奥古斯丁也讲究篇章的构架和语句组织，在《教义》第四卷第七章，他连续列举了多个长短不一的例子进行详细分析和解释。比如对于"我们就是在患难中也是欢欢喜喜的。因为知道患难生忍耐，忍耐生老练，老练生盼望，盼望不至于羞耻；因此所赐给我们的圣灵将神的爱浇灌在我们心里"（罗马书，Ⅴ，3-5）这样一段话，奥古斯丁结合希腊文法概念进行了分析：

> 我们在这里看到希腊语里称为"krimaks"的比喻，有人用拉丁语称作"gradatio"……先是用同一种音调说几个句子，我们称之为分句和节，希腊语称之为"kora"和"kommata"，然后跟上一句完整的句子，希腊语称为"periodos"，它的各个分句都延留说话者的余音，直到最后一个分句出现，整个句子完成。（CD，Ⅳ，7，11）

接着对具体的句段关系进行分析：

> 在这些陈述中，先是由第一个分句"知道患难生忍耐"；第二个分句"忍耐生老练"；第三个"老练生盼望"构成的前一段。然后是补充的一段，也由三个分句构成，第一个是"盼望不至于羞耻"；第二个"因为神的爱浇灌在我们心里"；第三个"藉所赐给我们的圣

---

① 王晓朝认为奥古斯丁在这里谈了七个方面的内容，并与书中奥氏所引的提科钮的七条规则进行了对比。参见王晓朝《奥古斯丁对基督教释经学的重要贡献》，《圣经文学研究》2009 年第 3 辑。

灵"。(CD，Ⅳ，7，11)

在奥古斯丁看来，希腊文称为"kommata"的那些节、子句和完整句以最优美的类型组合起来，构成了整篇措辞的形式和特点（CD，Ⅳ，7，13），体现出基督教作家对希腊传统语言文化的继承。

在释经著作中，奥古斯丁也实践了细分解析的方法。如他的《论四福音的和谐》①，以四卷内容对四部福音书的异同进行详细的考察，试图说明其中并无矛盾，以捍卫圣经的权威。如该书第二卷，奥古斯丁依次考察《马太福音》从开始到最后晚餐前的内容，并以《马可福音》《路加福音》和《约翰福音》中的相应部分进行比对。尽管《马太福音》有28章，从开始到最后晚餐前的部分为26章，但奥古斯丁并没有按照此分法进行论述，而是根据他对内容的理解划分为80章，如"第一章——解释基督的世系何以写到约瑟为止，基督是从童贞女马利亚所生，而非从约瑟所生"；"第二章——讲解基督在何种意义上是大卫的子孙，尽管他非同寻常人一般为大卫的后裔约瑟所生的人"；"第三章——讲解马太历数的基督祖先何以与路加的不同"；等等。实际上，从四福音书的版本流变来看，释经家们为了解读圣经，不断分割编排和编排经文内容，以显示经文各部分的关系②。这样的经文操纵同样是一种文本篇章的研究，使人们对语篇的特征与功能有了更为深入的认识。

奥古斯丁的做法表明释经学固然以宗教为本，但文本的理解并非全都仰赖神启，而是依靠切实的语言文字解读工夫来注疏圣经文本，因而他才会花费如此大的篇幅来写这部释经指导著作。《教义》前言一开头就指出："解释圣经是有一定的法则的，我想，真诚学习语言的学生学了之后必会受益无穷，他们不仅可以研读别人写的揭示圣书之奥秘的作品，他们自己也可以向别人开启这样的奥秘，由此受益。"（CD，pref，1）这段话说明语言是圣经解读的基础；同时也体现了奥古斯丁不满足于自己释经、更要授人以渔的追求，这才是释经学发展的动力。宗教与神学的发展决定

---

① Augustine, *Harmony of the Gospels*. 中译本参见［古罗马］奥古斯丁《论四福音的和谐》，S. D. F. 萨蒙德英译，许一新译，生活·读书·新知三联书店2010年版。

② ［古罗马］奥古斯丁：《论四福音的和谐》，S. D. F. 萨蒙德英译，许一新译，生活·读书·新知三联书店2010年版，绪论第5—6页。

了建立基督教学术的必要性，基督教不能只"知天命"，还要"尽人事"。奥古斯丁的《教义》是他多年读经、习经、译经和释经的积累，陆续花费三十年时间才写成①，体现出释经学在他心目中的重要性和在当时的重要历史意义。

需要指出的是，由于历史局限，当时的释经者并没有清晰的经学意识，他们还不能像今天这样把释经细化为各种方法，并升华为理论，从一而终地恪守一套模式，而是自觉不自觉地混用。或者说，所谓的不同经学方法是我们在当前学术背景下对前人的解释。在基督教慢慢从希伯来教剥离出来的过程中，很难想象基督教释经学能一下子与希伯来经学区分开来，更难以想象基督教能在短期内就形成一套自己的经学体系。因此，我们需要全面看待基督教与犹太教新旧两种经学传统的关系，既不忽视两者的差异，也应认识到两者千丝万缕的联系。

三 文化发展与注经的互动

佛教注疏活动与基督教注疏活动的共性在于思想文化与语言注疏的关系，即一种相辅相成、相互促进的关系。

社会变迁与思想文化发展造就了经学的演进。就中国而言，外来的佛教及其注疏起到了非常大的催化剂作用，一方面其自身融入整个经学体系成为重要一支；另一方面又在思想、技法和形态等多方面影响和促进了传统经学注疏的发展。其中义疏是最突出的代表，它称得上是魏晋六朝数百年经学积累和酝酿的成果，为唐代正义与音义的发展奠定了基础。而基督教则有所不同，它既不是完全的外来宗教也没有自身的注疏传统，而是从两希文化与罗马文化的土壤中生长出来并依靠传统注疏发展出其自身的经学。教父们从事经文注疏与解释工作，一方面促进了基督教文化的发展；另一方面也将传统希伯来释经学和希腊语文传统纳入基督教的体系。通过上百年的酝酿消化和创新，发展出以神学为内核、以语言注疏为外壳的基督教释经学，成为基督教道统与学统的重要基石，而这也是基督教能最终取代希腊罗马之文化地位的重要原因所在。

具体而言，在魏晋南北朝，儒释（玄）道等多家思想并起的格局一

---

① 孙宝玲：《〈圣经〉诠释的意义和实践》，建道基金会2008年版，第24页。

改两汉时儒家经学的独尊地位。玄学与佛学提供的新鲜血液使学术文化恢复活力，一定程度上再现了先秦百家争鸣的局面。这种宽松的环境为注经、解经、讲经等活动提供了很好的舞台。注疏的内容更为丰富、范围更为广阔，相应的训诂体式也会发展更新。具体而言，首先是魏晋玄学的出现与玄儒两家的联动。玄学借重道家思想，希望能走出儒家经学的危机，其方式是用老庄解释儒经，出现了何晏《论语集解》、王弼注《周易》和郭象注《庄子》等新注。新注贡献了有无之辨、得意忘言等新思想，走出烦琐陈腐的汉学传统，使经学出现重义理、求简约的新风尚。儒家士人为保住儒学地位和顺应时代要求，也根据玄学发展对儒经进行了重新解释，出现杜预《春秋左传集解》、范宁《春秋穀梁传集解》等新注。其次，玄学的出现起到了鲶鱼效应，激活了思想界的动力，于是从《老子》《庄子》和《周易》的注释又蔓延到经以外的子、史、集等各类典籍。从《隋书·经籍志》可知，史部有裴骃《史记集解》、裴松之《三国志注》等，子部中纵横家的皇甫谧《鬼谷子注》、兵家的曹操《孙子兵法注》、小说家的刘孝标《世说新语注》等，乃至天文地理术数等著作都有注疏；而集部同样涌现出郭璞《楚辞注》等一批新注。[①] 最后，佛教的传入进一步影响了儒玄两家的经学，并形成更为复杂的三角关系。佛教传播既要靠译经，又要辅之以注疏。译经和讲经等活动推动了注疏发展，而儒家在汲取释家注疏的形式体例和思想内容后进行融会贯通，发展了义疏类注经研究，为唐代以《五经正义》为代表的正义类研究奠定了基础。

　　反过来，注经与训诂的发展演变适应了思想界的新形式，影响和促进了儒释玄的传播与发展。首先，儒家经学家研究小学，推动了儒家的发展。如训诂有晋郭璞《尔雅注》、文字有晋吕忱《字林》、梁顾野王的《玉篇》等；还出现了一批字书和对前代小学著作的研究，如郭璞的《方言注》等。音韵学也因佛教的刺激而有了很大的突破。这些语言研究有助于解读儒家经典，巩固发展儒家思想。其次，三玄的重新阐释与研究则促进了老庄思想的传播，形成玄学思潮。从何晏、王弼、阮籍、嵇康到郭象，借注三玄阐发自己的观点，推动玄学一路发展。最后，佛经从初入中

[①] 详见王燕《魏晋南北朝训诂与"三教"互促发展研究》，硕士学位论文，曲阜师范大学，2008年。

土时的翻译发展到后来的注经、讲经乃至专著,都离不开以传统训诂方式对佛经进行的训解,正是佛经注疏促进了佛学传播,为佛教融入中土创造了条件。

注疏活动与儒释道思想文化发展的相互作用,也可以从罗马晚期的基督教与宗教注疏活动之间找到对应的关系,但具体情况又有所不同。基督教的发展也带动了释经与语文学的发展。罗马晚期尽管还有一批古典学者固守希腊典籍,但从历史趋势来看古希腊已是风光不再,这与中国儒学求新求变以维护其地位是不同的。新兴的基督教文化吸收整合了古典语文学,从克莱门、奥利金到奥古斯丁等教父都有深厚的希腊语言文化功底,是这种工作能成功的重要保障。基督教宗派斗争激烈,有阿里乌派(Arianism)、反圣灵派(Pneumatomachi)、撒伯里乌派(Sabellianism)、聂斯托理派(Nestorianism)、摩尼派(Manichaeism),等等①,各家的思想和方法不尽相同,但都围绕圣经的注疏来争夺话语权。几乎所有的教父都或多或少开展释经活动,诸如克里索斯托、卡萨里亚的巴西尔(Basil of Caesarea/Saint Basil the Great,329/330—379)、尼斯的格列高利(Gregory of Nyssa/Gregory Nyssen,约335—395)、安布罗斯(Saint Ambrose/Aurelius Ambrosius,约340—397)、哲罗姆、奥古斯丁等都留下了大量释经作品。在对圣经进行注疏、讲演、布道和传教的过程中,教父的语文素养和语言认知水平逐步积累提高。宗教的教义发展和教宗斗争推动着教父深入研究如何通过文法、修辞和逻辑提高语言能力,服务于宗教目的。

圣经释经适应了思想文化的发展,反过来也影响和促进了基督教的传播与发展。亚历山大里亚和安提阿就寓意解经与字面解经这两条路线的斗争反映了吸收借鉴希腊传统文化的不同思路。基督教内部在面对传统的态度上存在两种不同方式,可以相互制约与补充,不至于采取统一的极端措施。这种注疏的多元化反映了基督教早期思想的活跃性与探索性。当教会确定正统思想后,教义解释自然不会再允许多元化的存在,释经活动也就不可能像早期那么活跃了。这也从反面说明释经是基督教思想文化发展的一个重要途径。再者,与注疏相关的其他语言研究,如拉丁文法、翻译、修辞和逻辑等研究

---

① 王晓朝:《教父学研究:文化视野下的教父哲学》,河北大学出版社2003年版,第89—90页。

也都有利于提高基督教的语言水平,推动基督教思想的发展。

本节对比研究了儒家义疏和基督教释经学。前一节研究的佛经注疏与基督教的字面解经派在当时整个释经活动中未必是最有影响的,但从学理上来说它们分别构成之后逐步形成的儒家义疏和基督教释经学的前提和重要组成部分。随着注疏活动的开展,佛经新颖的注疏体系被汉人学习吸纳并借以改造传统经学,形成更具综合性的义疏,并进而发展成为正义,影响远及唐宋。而基督教的注经则是融合希伯来释经学与希腊语言学,尽管有寓意解经思潮的影响,教父们仍然非常重视文本与语言,得以继承传统语言注疏学问,最终形成基督教自己的经学,即一种以神学为目的的释经学。佛经注疏的元素与传统经学的结合体现了注经学的进步。同样,基督教释经学也是希伯来释经学、希腊罗马典籍的注疏以及基督教思想文化相结合的产物。两种综合性的注经与文化发展是互相促进的关系。可以说,当儒经义疏和基督教释经学成熟时,一个适合于思想文化发展的释经体系也就基本落实了。那么,这场声势浩大的注疏活动,尤其是佛教与基督教的注疏活动对于其翻译活动有何具体的影响与作用呢?这就是下一节要讨论的问题。

第三节 注疏的翻译意义

注疏与翻译一样是一种语言文字的操作,所需要的语文能力和实践技巧等有很多相通之处。下文将从六个方面讨论注疏的翻译意义。

一 加强对语言问题的重视

佛教重视语言文字工作,但又不拘泥于此。语言是弘扬佛法的重要工具,传教中则鼓励教徒采取灵活态度,为了让众生皆能领受佛法而用方言俗语,称之为方便法门。如《妙法莲华经·方便品》所言"种种因缘,种种譬喻,广演言教"[1]。佛经中也多有佛陀希望弟子使用各自语言传教的记载。[2]另一方面,印度文化有源远流长的口传文化,佛教同样有重口

---

[1] 《大藏经》,《妙法莲华经·方便品》(http://tripitaka.cbeta.org/T09n0262_001)。
[2] 刘泽亮:《宗说俱通——佛教语言观》,宗教文化出版社2007年版,第7—9页。

语、轻文字的传统,当初佛陀传法就是用口传而未留下文字。即便是唐代玄奘西行时,印度的佛教正值盛期,也是在有发达典籍研究的同时盛行经文口诵与辩法。

当佛经传到中国后,口传模式显然不再适用。翻译实践能提高人们对语言问题的重视,但这需要一个过程,而非一蹴而就。比如早期论者们针对翻译问题所发的一些观点,"其传经者,当令易晓,勿失厥义,是则为善",或是"译所不解,则阙不传。故有脱失,多不出者"(出,273),即表明当时条件有限,初译时只能囫囵吞枣、先翻出来给人读了再说;另一方面也是因为对语言精度的不敏感与不讲究,才没有努力去细究,甚至主观上对佛教不以为然,以格义的方式去曲解附会。直到后来随着佛教的传播,尤其是注疏工作的不断积累,人们对佛经有更深的理解,才对经文提出更高的要求,不再满足于早年粗疏的解释,进而对经文的翻译质量和语言问题进行反思与批判,并为此而编撰经录、从事合本研究、探讨译理,体现了对文本语言问题的重视。

基督教的情况也是类似的。早先的犹太人也倚重口头的传教与宣讲,直到公元初的亡国之痛使他们意识到成文典籍的重要性,于是开始着手圣经的定本工作,逐步形成《他纳赫》(*Tanakh*)。2、3 世纪时,随着拉比们对经典的注释、补充与引申的不断积累,《米示拿》(*Mishnah*)慢慢成形。4、5 世纪时,解释《米示拿》的《革玛拉》(*Gemara*)诞生,两者合称《塔木德》(*Talmud*)。犹太人的这种口传特征对基督教徒而言也并不陌生。由于种种原因,基督教早期传播同样多靠口传。耶稣的事迹、言行,多通过福音书来传递,他未留下著作。耶稣自己也要引用希伯来圣经或者相关的衍生著述,尤其是《托拉》(*Torah*),并将自己的言行与《托拉》联系起来,通过布道方式传递自己的思想。早期的使徒多以"亲眼所见、亲耳所闻"的口述方式来传播耶稣神迹,它包括回忆(reminiscence)、逸事(anecdote)、重述(reconstruction)、证言(testimony)、传奇(saga)、谱系(genealogy)、神话和传说等类型[①]。熟人间的口耳相传

---

① 转引自 David E. Aune, Prolegomena to the Study of Oral Tradition in Hellenistic World, In Wansbrough Henry ed., *Jesus and the Oral Gospel Tradition*, London/New York: T&T Clark International, 2004, p. 64。

适合于基督教这样由零开始的宗教，尤其是考虑到耶稣本人的遭遇，这无疑是一种较为安全的方式。也就是说，对最初的基督教来说，文本和文献研究并非发展的最关键因素。

口传终究受限于记忆，也影响思维的深度与论争的开展，对于教义的进一步体系化、精密化和后续研究都是不利的。当希伯来遇到希腊尤其是拉丁文化时，这种弊病就暴露得更为明显了。为此，教徒们开始学习希伯来和希腊的文本与语文研究。对基督教来说，犹太教的语文和经学是它的天然学术背景。[1]使徒把耶稣神迹与《旧约》记载联系起来，从中为耶稣寻找合法性依据，通过经文的注疏和解释证明耶稣就是弥赛亚，经文中的点滴就是耶稣的"前传"。正是通过上述这些活动，教徒们看到经本语言问题的复杂性，开始重视语言在传教中的巨大作用。

二 加强对"本"的重视

注疏工作的对象是文本，一切围绕文本和语言，因而对语言的重视必然带来对语言之"本"，即经本的重视。这一重视既源自注疏实践工作对认识的不断强化，又反过来促进了实践工作。注疏不同于创作，它需要对原初的、地位更高的"本"的承认，因而注疏的对象就成为整个注疏工作的根本。为了做好注疏工作，人们才会对所注之本提出越来越高的要求，对其研究也会越来越细致入微，其中版本与目录研究就是一项非常关键的内容。

就佛经目录而言，到4世纪时，佛经译传已经有了相当的积累，但由于早期翻译多个体行为，缺乏统一的组织与计划，因而导致流传着各种类型与版本的经本，其中不乏节译、省译、编译，乃至有意无意地掺杂或加塞各种相关或不相关内容的经书，或是彻头彻尾的伪作。有的经本不知其译者，有的不知其翻译年代，有的不知其所据原本，有的存在同本异译、名异实同，等等。这种乱象给注释者，也给后来的译者带来很多困惑。比如道安就面临着"传经之人，名字弗说，后人追寻，莫测

---

[1] Birger Gerhardsson, *Memory and Manuscript: Oral Tradition and Written Transmission in Rabbinic Judaism and Early Christianity*, translated by E. J. Sharpe, Grand Rapids: William B. Eerdmans Publishing, 1998, p.334.

年代"的困境(出,179)。

面临这种局面,道安"总集名目,表其时人,铨品新旧,撰为经录"(出,179),编撰出《综理众经目录》,对当时可见的佛经进行了全面的调查,同时还加强对疑伪经的甄别判断。作为注疏者,道安显然对其研究对象的真实性表现出一种严苛的态度,对伪作绝不宽容,即便是"一字异者"(出,221)也要较真。其判断标准是否合理,在此存而不论①,不过所体现出对原本的高度重视态度,无疑是确凿的。这一对"本"的重视姿态还延续到后来他讨论翻译时提出的著名观点"五失本",体现了对于"本"的一贯追求。不过限于条件,有时根本找不到"本",或是暂时无法读懂原文,因而道安被迫采取合本研究的方式,将他认定的同本异译进行对照阅读。这种方法既有中国经学传统的影响,又体现出译本对比的特征。既然注疏不能容忍对本的背离,那么到后来的翻译论争中,也自然不能容忍。对此,道安自然是心知肚明的,因而曾出现过有外来僧在翻译中擅自根据自己的理解把非原本的内容加进译本,待发现后,道安要求全力返工,以致于校订时间超出初译时间的例子。这种严格的态度相比于早期存在的随意翻译现象自然是一大进步,因为真正意义上的翻译就是要按照原本进行操作,在此基础上才能谈"直译"或"意译"。"直"也好,"意"也罢,都还是"译",而非"述""作""改""编",等等。当后来道安明明看到翻译活动是不可能完全照原文、连词序都不改就能完成时,却还是不愿意直截了当地说有五种情况不能按原本来翻译,而只是谨慎地提出"有"五失本,却非"要"五失本时,这种纠结的态度恰恰体现了对"本"的重视。②

在罗马的圣经注疏活动中,对"本"的重视程度与严格要求也是逐步体现出来的。相比于佛经是在天竺完成经的生产后再向外传播,《新约》是直接在罗马帝国境内诞生并传播开来的,因而早期还存在"经"的建构问题,即哪些典籍可以得到认可而视为基督教典籍,它们又凭借什么可以得到"经"的地位,而这一系列工作又是与人们的注疏和传播工作同时进行的。每个文本的意义与宗教地位何在,很大程度上要靠后天注

---

① 参见李素洁《道安疑伪经判别标准研究》,硕士学位论文,上海师范大学,2007年。
② 详见第四章第二节有关道安的讨论。

疏者的发挥阐释，而不可能完全由文本自己说话，因此对基督教这个成长中的宗教而言，注疏工作与"本"的建构还有塑造宗教本身的作用。对此，我们可以从三个方面来分析。

首先，经的建构，需要将不同的文本视为同一部"圣经"的有机组成部分，它们不再是某人的福音，或某人的书信，而就是"圣经"本身。这种整体建构，将纳入其中的文本都视为耶稣或圣徒言行的记录，共同形成一个神圣的文本场域。单部经书因为能纳入这个整体而获得神圣的宗教魅力，成为信徒的信仰对象。因此，文本的确定与经的建构，对基督教这样的新生宗教而言有利于确定一个凝聚人心与巩固信仰的切实对象，这就是"本"的稳固与凝聚作用。

其次，经本的地位得到落实，才能使文本分析与研究拥有稳固基础。"本"定下后，本的研究方可真正深入。即便是寓意式的解经也不可能完全脱离文本，更何况注重字面意义的注疏传统。文本的稳固使宗教教义有了可靠的基础，才可往系统与精密的方向深化，成为一种成熟的宗教。

最后，"本"的确定可以带给教义一个基本框架，对解经也有重要的影响，因为基本教义决定了解经的大方向。解经脱离严格的文字解释，其实还是为了教义这个最终目的，一切都服务于教义，这是它不再纠缠于某些局部词句解释的前提。因而，解经的自由性有利于给基督教利用《旧约》和建构自己的理论创造空间，否则如果仍然局限在成熟而发达的犹太解经传统内，就不可能出现基督教释经，基督教的注疏就失去了存在的意义。但无论这种解经如何发展，它仍然需要"本"，是"戴着镣铐的舞蹈"。如果没有本的限制，就会最终消解释经活动、消解文本乃至消解基督教。

文本分析的重要性是在发展和争鸣中逐步显现出来的。基督教的崛起引起了其他宗教的攻击，尤其是传统的希伯来教和罗马的多神崇拜。护教者在对手犀利的攻击下，也看清了自身的很多不足，这些不足首先源自早期基督教教义的诸多不完善之处。由于在很多问题上的思考还很不成熟，因而语言表述上就有各种含糊、混乱、矛盾或者语焉不详之处。其次则在于圣经文本的记录不严谨、不精确，因而在论辩时甚至会使各方没有一个共同的可以依据的文本。由此，3世纪的教父奥利金还进一步搜集各种圣经译本，编辑《六文本圣经合参》（*Hexapla*），将希伯来语原本与各种译本整理在一起进行互参,其主要目的就是为注疏解经和研究工作提供可靠的基础。奥利金的这一举动也是基督徒重视文本的一个突出代表。

总之,注疏作为各项语言活动的第一步,起到了确定与固定文本的作用,将文本的地位提到一定高度,也为后续的阐发解释、翻译、论辩、模仿创作等各项工作奠定了根本。

三 提升经本的权威性

当一个文本产生后,作者就要与读者和阐释者共享这个文本。这固然未必是作者所愿意的,但是如果文本产生后就放在那里没人去阅读和解释,那么就不只是"作者死了",更是"文本死了",这恐怕是作者更不愿意见到的了。因此,注疏实际上是扩大文本的生存空间、延续文本生命的重要手段。

在某些条件下,宗教经本往往还在一定程度上取代其他典籍,成为教育的基础。比如在儒家独尊的汉代,就以儒家的典籍为教育和考试的核心文本,使儒经既成为儒家思想的载体,也成为语言教育的载体。这对佛教而言,尚无法在魏晋六朝做到;但在西方,在基督教地位日益上升的4、5世纪,随着希腊罗马文化的没落,《圣经》已开始取代《荷马史诗》和罗马古典作品成为语文教育的基本。如果说教育教学的空间还是有限的,那么学术研究的空间就更为宽广了。释经其实是典籍扩展空间的有效途径。由于人们的注疏和引用,经本的生存与流通空间越来越大,通过引用而成为名副其实的"经"。相比之下,其他文本无法得到足够的引用和关注,远离文人的视野,其生存空间就不断萎缩。

文本还与权力和意识形态密切相关。一个宗教的内部往往有不同派别,在其源发地形成竞争局面。但对一张白纸的汉地来说,传来什么经就只能读到什么经,一律视为"佛经"看待。外来僧选择携带何经、翻译何经、解释何经,翻译与解释中的选择、放弃、过滤,等等,在很大程度上决定了中国能接受到怎样的佛教。从早期安世高的小乘佛学、支谶的大乘佛学,中期鸠摩罗什的中观论,直到后来玄奘有选择地译介瑜伽派学说,等等,都说明主译者是有意识形态标记的。当然,选择传播哪一派固然由传教者决定,但哪些能得到接受还要看中国本土的思想环境。比如早期佛教多为般若学，与谈玄说妙的风气结合起来，以道家学说附会佛学，形成六家七宗的盛况。尽管这不利于国人了解佛教原貌，但正是这种曲线的方式在很大程度上消解了文化隔阂与阻碍，使佛经在文人的阅读、传抄与解释中成为案头与儒道典籍并存的文本。此外，佛教文学也参与进来，影响到汉语的诗词曲赋乃至文学理论，玄言诗、山水诗、佛偈、志怪小说等或明或暗地引用佛学思想或佛经，成为佛经文本的延伸。而到4、5世纪时，出现僧肇这样能直接以汉语撰写佛教理论文章、而不限于解释或翻译佛经的汉僧，则是佛经本土化的一个重要标志，预示着佛经文本的汉语空间已经基本打开。

在基督教中，经典的出现既是释经的前提，又是释经的结果。如果一个宗教共同体对何者为经典无法达成共识，各说各话，当然也就没有对话，甚至消除了释经者去解释和传播其心目中的典籍的必要性。对基督教而言，一开始确实存在这样的问题。因为他们信奉的基督和《新约》文本经历了一个经典化的过程，因而释经与释经的对象并非先后发生的关系，而是互相制约、互相影响的关系。正是通过释经，基督徒对何者是自己可以奉为圣典、从而可以去接受并尽力解释的文本达成共识[①]。当典籍的地位大致确定后，又通过布道、祷文、颂词等应用文体以及教义研究方面的理论文章与这些典籍（也即被基督徒承认为属于《圣经》的文本）形成互文，不断引用信奉的文本，往往一段话就要数次引用，或明确引用原句原段，或在词语和典故情节上指向经本，形成宗教互文网络。这种关系从2、3世纪的初生形态到4、5世纪逐步成熟，愈发稳固、发达而细致入微，体系化和精致化。诸如阿塔纳修（Athanasius of Alexandria/ Athanásios Alexandrías，约296/298—373）、西利尔（Cyril of Alexandria，约376—444）和卡帕多西亚三教父（Cappadocian Fathers，即Basil the Great 329/330—379，Gregory of Nyssa，约335—395，Gregory of Nazianzus，约329—390）等辈的宗教文章在语言上已经越来越成熟，对典籍的运用炉火纯青。正如西方的修辞传统所认为的那样，学习背诵经典作品并以之为效仿的样板，塑造自己的语言风格，包括词汇、修辞、用典，等等，这

[①] Allen Hauser & Duane Watson, *A History of Biblical Interpretation* (Vol. 1), Michigan: W. B. Eerdmans Publishing Co., 2009, p. 409.

往往比言说者自己的语言更能赢得赞许。①这种传统正是很多基督教父从小接受教育时的模式与接受的理念。只不过在基督教文化模式下，模仿引用的对象成了圣经而已。圣经语篇在各类语言活动得到反复引用与引申，其地位不断得到强化与巩固。得引用者，才算得上真经；得不到引用或很少得到引用的，地位就下降，伪经与次经则遭到排斥，最终淡出历史的视野。甚至于到6、7世纪时，文法书开始以基督教作家的例句替代古典作家的内容，进一步挤压异教文学的生存空间，②而那些不实用的理论语言研究，如果不能用于教学或是有助于圣经读解的，基本上也都无法流传下去。③由此可以体现出宗教经本的权威力量。

四　提高理解能力

注疏是接受和理解经文的过程。这种接受和理解也是翻译所必需的，但并不表示整个翻译过程的起点就是阅读理解，因为没有译经者是把经文拿来就埋头翻译的。正如当代翻译理论家斯坦纳（George Steiner）所言，翻译过程要历经"信赖、侵入、吸收、补偿"四步④，即在理解与解释前，必须要相信自身所译是合理的、有价值的，这就有个摸索的过程。从整个宗教传播过程来说，一开始是口耳相传，再辅之以经本。等传播到一定阶段后，开始以翻译经本的形式扩大宗教传播，此时佛教与基督教的地位仍然不高，文本工作者的素质也参差不齐。由于宗教文本的特殊性，无论是在思想内容还是语言水平上，对于原文的理解都无法一下子达到准确而深入的高度。如果连理解都不到位，那翻译水平也就可想而知了。在4、5世纪的翻译高潮出现前，中西方都先历经了百年的释经阶段，其中包括从态度上接受经本、从语言和思想上理解经本、用自己的语言来重述经本的内容，然后再过渡到翻译。在这个过程中，语言文字的理解与解释

---

①　[古罗马] 昆体良：《雄辩术原理》，ii. vii. 3—4，载《昆体良教育论著选》，任钟印译，人民教育出版社1989年版，第88页。

②　Vivien Law, *Grammar and Grammarians in the Early Middle Ages*, London & New York: Addison Wesley Longman Limited, 1997, pp. 56 – 57.

③　Ibid., p. 64.

④　George Steiner, *After Babel：Aspects of Language and Translation* (Third Edition), Shanghai: Shanghai　Foreign Language Education Press, 2001, chap 5.

是一个重要的阶段。而在古代的学术环境下，专门研究文本和语言解读的学问就是传统的语文研究（或称语言学 philology）了：之于中国称之为小学，包含文字、音韵、训诂；之于西方则是文法学（grammatica）。佛教与基督教的发展既借重这种语文研究，又有自身的特点。

佛教传播的起点是边理解边翻译，因为中国不存在西方那种多语言环境。印度和西域的僧侣在汉语水平非常有限的情况下，陆续将经书带到中国，协助翻译的笔受最初多为普通文人，语言水平也难有保障。这种合作翻译实际上是掺杂口译的笔译，由此，理解上既受制于外僧个体的记忆与经本来源的影响（比如经文可能非原译，而是转译本），受制于翻译中的自由发挥，也会受制于笔受的理解水平。但无论如何，佛经的翻译启动了经本的生命，为后续的释经活动提供了空间。实际上，理解就是翻译[1]，很多译经者（如早期的康僧会、支谦等）自身也从事经文解释工作，因为他们也知道把经文翻出来只不过是起点而已，译经传教当然还要辅之以注疏讲解工作，才能使佛法真正传播出去。译者与注者的合一，理解与表达能力上的硬伤，加上早期翻译经验与技巧的不足，使得编译、意译等与注释紧密地结合在一起。以道安为代表的汉人僧侣虽然不懂原文，也在积极研习佛经，不断提高对经书的理解能力，并通过集解、集注等方式进行间接的研究。可以说，正是一大批学者的努力，扩大了佛教的传播空间，并通过注疏活动不断接近佛经本真，这种活动本身也是一种"翻译"行为。

在西方，同样存在这样一个类似的过程。圣经文本涉及多种语言和文化，从意大利到北非再到巴勒斯坦，不同语言区都需要自己的释经者。如果说佛教是把成熟或者发展到一定阶段的佛经传入中国，那么基督教的起点就在彼时彼地，因而经历了边成长、边传播的过程。教父们的解释就是同时在建构基督教本身。因为是边解释、边研究以及边翻译，所以很多教父身兼注释者与简单的翻译者二职，需要较高的语言文字能力。正如中国人习经的第一步就是先断句一样，罗马人的文字也和希腊人一样是连续书写、词与词之间不分的，因而学习拉丁语也要先学标点[2]，读经的第一步

---

[1] George Steiner, *After Babel : Aspects of Language and Translation* (Third Edition), Shanghai: Shanghai Foreign Language Education Press, 2001, chap 1: "Understanding as Translation."

[2] 林穗芳：《标点符号学习与应用》，人民出版社 2000 年版，第 91 页。

就是语言的切分,乃至于语法还被视为一门分词的学科①,语言单位的切分、语音、字母、音节或者词性的分类等语言解读技巧就成为读经必备。鉴于文法水平与读经能力之间的密切联系,罗马晚期文法的不断发展以及注疏活动的积累,自然成为推动基督教发展和圣经翻译不断提高的有利条件。

需要注意的是,注疏者与文法家并非文化的透明人,因为语言是思想文化的基础。佛教与基督教要进行跨语际传播,把异地乃至不同文化圈的思想文化体系移植到新的语言环境下,必然导致语言所承受之重。一方面是古今之重。经书所传递的是佛陀和耶稣的言语,离注疏者和翻译者等语言使用者的时代已经是古今有别了,因而甚至一定程度上必须依靠语言才能建构一个"古典的过去",让它与"当下"区分开来。由此,各种纷争、分歧与利益纠葛的压力,自然也都施加在语言层面上。另一方面是东西之重。通过解释与翻译,人们将当下所在之地与"异域"既区分又联系起来,语言正是这些不同地域的标记。然而历史记载是让语言工作者隐形的,仿佛任何文本都能够自动流传与得到准确的解释一样。这种趋势在一部经典得到官方确认和官方解释的推行出现后会变得更为明显。所以我们要对此引起注意,认识到是大量僧侣和居士一字字、一句句的理解、解释、表达或翻译,将佛经剥丝抽茧般传入汉地;基督教在广大罗马地区的传播同样需要游走于希伯来传统与希腊拉丁传统之间。尽管这些活动很难得到史料的记载,但我们完全可以借此想见语言和文法的学习和传播在思想文化发展中的根基作用。

五 提高语言运用与语言研究能力

注经以理解为主,这对语言能力的提高,尤其是宗教社团内人员的语言能力的提高,具有重要的作用。

佛经译经时虽然以外来僧为主译,但最终执笔的毕竟是笔受,其表达能力直接影响到经本的实际面貌。《高僧传》的前两卷正传和附传所记载的 60 多人中,除了外来的主译僧,也有竺佛念、法度等这样的助手。他

---

① Catherine Chin, *Grammar and Christianity in the Late Roman World*, Philadelphia: University of Pennsylvania Press, 2008, p. 13.

们或与主译僧合作,或跟随其学习佛法,可谓教学与研究的结合。如"耶舍有弟子法度,善梵汉之言,常为译语……度初为耶舍弟子,承受经法"①。而其中优秀者,名声传出后,会得到多人青睐,要求其帮助翻译。如凉州僧人竺佛念,以其"华戎音义,莫不兼解"而著称,协助翻译有《增一阿含》、《阿含经》等多部经书。②

译经亦是集体智慧的结晶。佛经从初译到复译,对译文的要求越来越高,很难仅凭一己之力或少数人就能完成,诸如术语上的讨论、佛经的声律与配乐问题、表达语句的风格等各种问题,都需要仔细揣摩和讨论。早期没有译场时,自然是在僧侣团体内部共同探讨完成。比如昙无谶译经时,得到慧嵩的帮助由其做笔受,当时"道俗数百人,疑难纵横"。③讲经作为一种教学与研究,也需要讨论与互动。如《高僧传》记载到,慧远在道安手下用《庄子》来解释佛经,这本来是批判格义的道安所不允许的,但因为知道慧远本人不会有所误解,只是方便教学,因而特许他用"连类"法解经④。诸如此类,正说明研究与解释工作往往结合在一起。后来随着译场制度的逐步形成,僧侣常年在一起研习佛经,语言能力通过释经得到充分的锻炼。再加上译场中既有梵汉兼通的语言高手,也不乏兼通内外典的学者,还有信佛的居士和政府层面的赞助,因而在各方面条件配合下,才能大量译出较高质量的经本。当然,人数上的保障也很重要。当时很多僧团都可以达到数百上千人,甚至如道安将弟子派至各地传法,形成的分支机构都能达到很大的规模,如竺法汰在建康讲经时达到"三吴负裹至者千数"⑤的地步。像道安编著经录这样的工作,在古代书写与办公工具落后的情况下,显然是需要靠人数来弥补技术劣势。同时,庞大的人数基数也给人才的选拔与培养提供了有利条件。

进一步而言,译场与佛教团体甚至还可能具有语言教学的功能。很多外来僧在中国学习汉语,那么当他们进行释经时,不可能完全不讲解梵文或胡语,诸如词源讲解与梵汉对比等会很自然地开展,因而佛教团体中的

---

① (梁)慧皎撰、汤用彤校注:《高僧传》,中华书局1992年版,第35页。
② 同上书,第33页。
③ 同上书,第64页。
④ 同上书,第172页。
⑤ 同上书,第193页。

第二章 注经：理解与传承

汉人能接触到外语知识是肯定的。不过是否有系统的教授，限于资料有限，还不能肯定，但至少不能排除其可能性。至少在隋代的译场，如彦琮所在的上林园，就有梵语学①，而一些西行求法的僧人也可以先在国内学习梵语，然后出国，如玄奘在长安"广就诸藩，遍学书语，坐行寻授，数日便通"。②要培养翻译人才就不可能不教授和研习外语，这完全可以通过释经活动开展，这是我们在研究翻译史时容易忽略的一点。

在西方，犹太人时期就已经对语文能力有了相当高的重视程度。对于这个"经本"的民族，经文的传承解读一直是日常活动的重要部分。由于早期经文多靠记忆，其中又掺杂着自己的理解，加上对一个非印刷时代来说，没有两部手稿是完全一样的，因而教师在教学时就要确保学生所读之经的一致性，更何况从口头背诵到书面写定也存在很多自由空间，甚至于在引用时每个人都有自己的一套做法。③犹太人对文本的态度随着历史发展而有所变化，到后来出现七十士本这样的译本，正体现出人们对文本的高度重视。到罗马时代，多语言的社会环境和不同语言版本的《旧约》与《新约》的陆续出现，使外语问题开始受到关注。我们可以推测，当时掌握多种语言的教徒（包括犹太教和基督教徒）应该不会是非常罕见的。比如后来到教义发展的重要阶段，一些在理论上很有造诣的大教父如奥利金、哲罗姆、奥古斯丁等在外语能力上有欠缺，他们都能认识到自己的不足，但又都能比较容易地找到外语助手和外语老师。比如奥利金编撰《六经本合参》时就有大量助手，哲罗姆在翻译圣经前专门补习了希伯来语，翻译时也有很多语言人才的协助。在基督教学术兴起之前，文本和文法分析只是零碎不成体系的。但专业化释经时代的到来，使得文本的语言问题得到了重视，而不再是可有可无的小问题了。文本的理解、具体词义的分析、意义的引申、修辞分析等，都成为关注和讨论的话题。所以基督徒对语言能力的重视一定是从释经活动就开始的，而不可能等到要去翻译了，再寻找和培养这样的人才。如安提阿等学派本身就是宗教团体与学校

---

① 汤用彤：《汤用彤全集》（第二卷），河北人民出版社1996年版，第71页。
② （唐）道宣撰：《广弘明集》，上海古籍出版社1991年版，第128页。
③ Christopher Stanley, The Social Environment of "Free" Biblical Quotations in the New Testament, In Craig A. Evans, & James A. Sanders, *Early Christian Interpretation of the Scriptures of Israel: Investigations and Proposal*, Sheffield, England: Sheffield Academic Press Ltd., pp. 20–27.

的结合,不同程度地保留了希腊修辞的传统。所以在一定意义上来说,释经起的作用就是将有着百年积淀的希腊罗马语言学术能力专用于宗教领域,同时也给翻译活动打下坚实的基础。

六　语言研究的进步及其思想史意义

思想文化的发展促进了注经活动的发展,而注疏涉及的语言释读和解析工作往往需要更为专业的技术知识,使一部分人进行专门的语文研究。语文研究者都有思想文化背景,比如在中国有的尊儒、有的谈玄、有的信佛,也有兼备兼修的情况;同样在西方,有的是传统希腊式文人,有的信奉基督教,有的也许没有明确表明自己的立场,但与基督教有不同程度的联系。他们的语言研究既受思想文化影响,又受语言规律的制约。他们借重语言来通经致用,其中的一部分人就会走上为语言而语言的道路。

从时代背景与语文学发展的关系来看,中西有几点共性。从表面上看,两种研究在发展动力、研究方法和内容,以及语言目的和作用上都有共性。一是语言研究的发展动力都来自于语言的重大变化。魏晋六朝与晚期罗马时期的社会动荡造成不同地域人口的大流动,周边少数民族乃至外族的进入加速了不同语言和方言的交流,对原本较为雅正规范的文人共同语造成了极大的冲击,对语言研究提出了新的要求。二是两种研究的进步都表现为研究方法的多样化,以及研究对象的深化和细化。比如汉语音韵学对汉字韵律和声律的分析越来越精细;拉丁语法由词法到句法,研究对象与范畴也越分越细。而佛经与圣经的多语背景还促进了语言的比较研究。这些点滴的积累是语言学继承与发展的基础。三是语言目的和作用的一致。一方面都重视教学。中国的字书和正义等虽然名义上不是教科书,但实际相当于辞书,也有教学示范作用。而西方文法研究往往有明确的教学目的。另一方面也都重视统一规范的作用。汉语研究的正音、正义,与拉丁语的文法规范,都体现为一种人为的操作;中国的字书、韵书和西方的文法书都有辞典的性质,体现为以庞大的语言工程来规约语言实践的努力。

上述三点都受"通经致用"目的的影响,服务于思想文化的发展。语言教学和语言规范都是为了典籍阅读,而典籍阅读的本质是为了理解和研究并进而宣传和传播其中的思想文化。比如中国的士人和僧侣基本都是为读经和注经才去专门研究小学的。通经目的又影响到语言研究。梵语的语法没有影响汉语，其音韵却大放异彩，这除了汉语本质特性的因素外，与当时读经、释经乃至文学的需求都有极大关联。

进一步而言，语言研究与思想文化的认同也有紧密联系。语文不仅是语言学习，也具有传达思想文化的功能。

一方面，语言是理解与沟通的工具，文法分析帮助理解经文的语言及其思想，从教授语言知识到背诵、写作等语言实践，使读经者能得到大致相同的理解，从而保证经文的文本可以传承文字背后的思想。具有读写能力的文人则通过经的纽带联系成一个共同体。因为句读不同，理解也就不同。语言的规范化能保证释经的相对稳定性，更有利于思想文化权威的塑造，保证学统与道统的一致。

另一方面，文法学家讨论问题时总要引用例句，而例句则往往引经据典。比如中国的字书和训诂引用的例句通常是儒道经典，佛家的音义则是专门解释佛经的。同样，多纳图斯、普利西安等文法学家用的例句还是以传统典籍为主，当他们用典籍里的句子来证明某个语法的用法时，不仅是在讲语法，也是在无形中强调所引典籍的文化和历史地位。语言研究论著所讲的规则是权威的，其例句自然也是权威的，这样例句的思想内容就借助其语言形式的规范性而巩固和加强其自身的权威性，也同时巩固了典籍文本的地位及其作者的地位。既然在学习语言时就把这些作家作品当作语言的典范，那么无形中也是这些引文作为文章典范，也就转化为思想文化的典范。同时可以看到，由于语文研究著作引用典籍的例句不会是专门分析一个作者，也不是只引用一篇文章，而是不规则、不连续地引用，因而这些作家作品无疑构成了一个语言和意义网络，形成文人共同体的文本背景。反过来说，那些没能列入语言研究著作成为例句的作家作品，相比于被引用的作品就显得不那么重要了。从这个角度来说，思想文化传统的传承与发展不仅仅靠哲学与文学，同时也需要语言研究的辅佐。对于魏晋的儒家典籍和罗马的拉丁语典籍，由于语言的变化而需要解释与规范，对于佛家、希腊与希伯来典籍，则更需要隔着一层语言的解释。因而文献研究看似不是经学，实则已经与经学紧密地联系在一起了。所谓"小学"实则不"小"，其用"大"矣！

小结

本章从思想文化发展的视角研究注疏活动的发展，展示了语言注疏活动中所体现的语言实践操作与语言研究水平的提高及其与翻译的关联。

从整个注经活动来看，新的历史环境引起了注疏的变化，在形态、范围、方式、内容等各方面都有发展。魏晋六朝与晚期罗马的释经都涉及词源、词义、句义、修辞等各个语文学要素，是语言研究历史的延续和发展。从注释到释经学再到语文研究，三层从逻辑上看是递进关系，前一层积累到一定程度，才会有后者的出现。但它们又并非排斥关系，后一层活动出现后前一层的活动还在继续，共同发展。注疏与思想文化的发展是互动互促的，在"小学明而经学明"这层体用关系上，中西方是一致的。当然，注经发展未必要产生新的语言理论。作为古代语言文字研究的应用载体，注经活动的发展体现为在思想文化的激励下，语言活动更为活跃、语言研究取得进步、语言注释的应用操作水平得到提升。

注经对思想文化发展的作用不言而喻。然而如果只囿于字面意思的解读，新思想的发展难免受到局限。尤其是从注释发展而来的语文研究只是一条分支道路而已。在浩大的释经活动中始终有一股超越文字的潮流在涌动，这就是解经。相比于注经，解经与文化思想活动的关系更为紧密，它如何影响当时的语言活动、翻译活动以及宗教发展，就是下一章所要探讨的内容。

第三章 解经：阐释与接纳

> 因为那字句是叫人死，精意是叫人活
> ——《圣经》（林后 3：6）

2—4世纪的中西释经活动有一股充满活力的解经思潮，使释经活动的形态、方法和语言等方面都发生了很大变化，对当时佛教与基督教的传播发展具有深远影响。如果说注经在语言与文化的界面上偏向于语言形式的解释说明，那么解经就更偏向内容的阐释。解经的发展可视为思想文化发展的体现和结果，因为往往是在历史巨变的时代，既有的思想文化体系受到极大冲击、原有的典籍解释不足以应对新环境时，才有需要、有可能乃至有必要改变原来的释经策略，使解经活动活跃起来。解经既是文化发展的表征，又体现为语言观以及语言理解和表达水平的进步，因而解经研究既与翻译研究紧密相关，又是从文化角度切入语言研究的一个重要途径。

从文化背景来看，公元2世纪的汉朝与罗马都遇到了严重的社会政治和伦理道德的危机，新的思想文化开始登上历史舞台，与传统思想文化既互相冲突，又互相学习借鉴。在中国，这种思想文化形态首先表现为儒道融合而产生的玄学，之后玄学又与外来的佛教互相借鉴、斗争并融合，在魏晋六朝初步形成了儒释道合流的文化格局。而在西方，基督教自脱离于犹太教后，逐步从希腊罗马文化中吸收借鉴其精髓，在晚期罗马和中世纪之际将自身发展成为一种综合型的宗教文化形态。文化发展和创新不可能是无源之水，新学说和新思想无法完全抛弃旧的典籍，它们要借助新视角和新方法来理解和解释旧的典籍，达到文化继承和发展的目的，这种理解和解释就是解经活动。

具体而言，在中国，两汉以来已经形成了成熟的注疏传统，而作为研究对象的先秦典籍，其思想文化地位也是难以撼动的，因而魏晋时代的知识分子基本继承了先秦两汉的典籍和"代圣人立言"的释经方法。他们的创新处在于发展了"言意之辨"，通过"得意忘言"的方式，在作为文人群体共同基础的儒家经典中解读出符合时代需求的新思想，既维护了传统的文化心理和实际利益，又顺应了求新求变的历史趋势。"言意之辨"塑造了玄学解经活动，也深刻地影响了佛教传播的进程。而在西方，圣经的文本语言处于不可撼动的地位。教父们既要围绕圣经的分析、解释和阐发来捍卫基督教和传播教义，又要发展乃至改造基督教的教义，使它区别于传统的犹太教和各种多神教。他们的方法在于根据基督的神人二元性指出语言和文本也有二元性，圣经不能仅从字面意义来理解，还要超越字面意义，从而将"寓意解经"的方法发扬光大，成为重要的乃至根本的治学方式。寓意解经在思想解读、学术发展和政治道德教化上都有独特优势，有助于将希腊哲学等先进文化注入圣经文本，将基督教教义发展成综合性的文化形态。

尽管与注经相比，解经往往不重视直接的语言解读，而与阐释学的关系更为紧密；但即便阐释学也是以语言学、语文学和修辞学为源头的[①]。因为阐释本就是一种语言理解与表达的过程，因而解经也是语言观和语言认知水平的体现。如果从翻译的角度来看，解经是一种主动性的理解和"语内翻译"，翻译则是跨语言的解经。因此，中西方解经活动的发展也与当时的宗教译介活动有千丝万缕的联系。解经活动中对语言与思想的探索、对语言的哲学思考，以及与解经相关的注疏、修辞、传道等活动，都能影响到翻译。

本章以解经为主题，研究文化发展对语言解释和语言发展的影响。首先在第一节分别概述2—4世纪的玄学解经和圣经解经学的发展并进行比较研究。第二节以王弼和奥利金两个代表为例，比较中西解经观的异同，说明当时解经思想的发展特征。第三节则从翻译角度分析解经与翻译的各种关联，从新的角度解释当时的宗教译介活动，同时也为第四章关于翻译活动的讨论进行铺垫。

[①] 潘德荣：《从神迹到智慧——诠释学探源》，《世界哲学》2006年第3期，第50页。

第一节　中西解经活动与解经观的发展线索

魏晋思想界的最大亮点在于玄学。从何晏王弼、阮籍嵇康到向秀郭象，玄学思想的发展过程始终离不开解经活动。同样在西方，从希腊化时期的斐洛到克莱门、奥利金等亚历山大里亚学派的学者，都担负着阐释圣经以解释和传播教义的重任，并出于此目的发展了释经学。解经活动的活跃主要在公元2—4世纪，代表性人物和思想基本都在这一阶段出现，因此本节将对这一时期的解经活动及解经观进行概述。

一　玄学解经观的演变与解经语言的发展

玄学的缘起要从经学危机说起。两汉时期国家实现了大一统，因而也相当重视学统与道统的问题，统治者以经学为官学进行思想统治，出现发达的经学。汉代独尊儒术而压抑了思想的活力，以致弊端日滋，之后又陷入谶纬和方术的泥潭，经学危机日益严重。汉末王纲解纽，社会政治巨变，在物质上破坏了两汉经学赖以生存的根基，纲常名教的精神吸引力也就愈加不堪。思想文化受制的压力一旦去除，就给学术自由留出空间。面对名教危机与思想真空，长期潜伏的道家思想又重新进入人们的视野。从援道入儒到儒道互补，最终演化出精彩的儒道玄思想流变史。而从两汉经学来看，古文经学往往拘泥于逐字逐句的名物训诂，又受制师法家法，乃至只专注文字形义而忽视基本的义理。今文经学则有浓厚的神学色彩，其经文解释极尽穿凿附会之致，流于谶纬之弊。物极必反的规律和喜新厌旧的心态，都促使魏晋士人从儒家的通经治世转向道家的玄远尚虚风气，同时摆脱荒诞的谶纬和神学化的经学，而代之以理性的玄思与思辨。

魏晋思想的发展与转型虽然离不开道家的思想资源，但士人并非要完全抛弃儒家。传统要扬弃才能获得新生，所以既要保留传统典籍以免过大的动荡，又要吸收道家养分进行创新。因此，重新解释道统和学统就成为士人的紧迫任务，而改变解经观并重新进行经学阐释就成为当时的文人最看重的语言活动之一。

魏晋解经在材料、方法和路径等各个方面都不同于两汉。号为"三玄"的《周易》、《老子》和《庄子》取代儒家的五经成为基本材料，治学方法上不再唯经文原义是从，而是信奉"言不尽意"，所以要追求"得意忘言"，达到以道解儒和儒道融合的目的。从阐释学的角度来看，魏晋解经的理论与实践意义都要超越两汉，"作为一个整体的魏晋思想是以言意之辩为基础和核心的，而魏晋玄学之所以能够超越汉代经学的烦琐，除了在诠释形式上的不同外，更为重要的是在语言以及言说方式上的超越。魏晋的言意之辩由'言尽意'与'言不尽意'之争，到'得意忘言'，再到清谈中的玄远之思，莫不以语言为前提。在语言的纬度上，我们可以深入到魏晋玄学的核心：思与诗的交融。"[1]一方面，语言问题在玄学思想体系中占据重要位置。另一方面，玄学发展的重要手段就是解经，而解经的文本是与解释行为都是语言性的。所以玄学发展推动了解经的进步，以及相关语言观和语言活动的发展，这就是解经的文化——语言逻辑。

魏晋解经的内容形式和语言特征是一个不断发展的过程。以3世纪的何晏与王弼为代表的正始名士首开先河。何晏创立了"集解"的诠释方式，他既保留前人的注解，又融入自己的理解，并且将注释与经文合在一起，可以说这种方式与两汉经学的治学方式还是很接近的。但何晏的保留又不同于汉代遵循师承家法的方式，一方面，他能容忍解释多样性的存在，并非一个文本就只有一个理解；另一方面，何晏又有自己的理解，他的保留是有选择的保留，并会根据自己的理解进行改动。从思想内容来说，何晏的《论语集解》中有大量属于老庄和《周易》思想的用词，说明何晏的集解是集各家之思，其视野是兼容儒道的。何晏之后的王弼，进而做到儒道互补，解经的主体性也大为增强。王弼完全将前人的理解融入自己的解释中，使经本为自己的思想服务，突出解经者自身的诠释作用。

何晏与王弼尽管将道家思想引入儒家思想，希望能调和两家，但他们无法解决有与无、自然与名教等一系列理论问题。而儒家名教危机则随着魏晋政治的发展与司马代曹等政治事件的发生而进一步加剧。既然儒道融合仍未能解决问题，那么思想逻辑的进一步发展，就导向了对道家思想的进一步强调。因而到竹林七贤时期，阮籍、嵇康等士人的视域就愈发向道家倾斜。在他们看来，出世之"有"已无可挽救，传统理想难以实现，

---

[1] 臧要科：《三玄与诠释——诠释学视域下的魏晋玄学研究》，河南大学出版社2009年版，第33页。

所以要转向"无"之本,提出越"名教而任自然"的观点。竹林七贤时期的政治高压使士人的境遇每况愈下,这反而激起了他们的自我意识,这与本就非常强调个体生命意识的老庄思想是非常契合的。因此,这个时期的经学阐释思想具有很强的主体性,士人的思想往往不直接依附于经典文本,而是著书立说。以阮籍和嵇康为代表的竹林士人具有诗人的气质,他们用自己的生命体验和实际行为来演绎玄学之思,以"师心以遣"和"使气以命"为话语方式演绎了玄学的精神[1]。相比于传统经学与早期的何晏、王弼,阮籍和嵇康不以注释而用专文解老庄,甚至付诸于一些放诞的行为。然而其诗化的思想与语言毕竟过于超越现实又过于逍遥,最终嵇康等人也以悲剧方式终结了这种脱离实际的道路。因为他们的阐释更多地是在阐释者自身及其思想前见之间发生,而缺乏有效的文本依托,其解释表现出太多的个人主观体验,这样的结果只会导向经的消解,切断解经的路径,思想发展也就难以为继。

玄学发展到郭象时期进入了综合阶段。从"贵无""崇有"到"独化",从"名教出于自然""越名教而任自然"到"名教即自然",郭象的综合使玄学走到了顶峰。其解经在形式上回归王弼式的注解形式,思想上则继承了阮籍与嵇康的"六经注我"[2]的精神。郭象将自己的哲学依附于经典的注解中,以注《庄子》的形式达成了《庄子》注郭象的目的。从魏晋经典诠释的发展来看,先是王弼开启了对本体问题的关注并革新了阐释方法;阮籍、嵇康虽不依托于经文,但以诗文和实际行动诠释了老庄思想;到郭象时[3],他不仅对《庄子》进行了详细的注释,而且在儒道会通上更为圆融,在诠释的方法和思想上都达到了玄学的高峰。

郭象首先继承了王弼的"得意忘言",提出"不能忘言而存意,则不

---

[1] 臧要科:《三玄与诠释——诠释学视域下的魏晋玄学研究》,河南大学出版社2009年版,第157页。

[2] 借陆九渊语,这里采用最一般的理解。关于"六经注我"与"我注六经"的本义和学界争论,可参见刘化兵《陆九渊"六经注我,我注六经"本义辨析》,《中国文学研究》2008年第2期。

[3] 郭象的《庄子注》是否抄袭向秀是学界的一桩公案。本著是从整个历史的宏观角度看解经活动与观念的特点,因而相关论述不受这一问题的影响。

足"(《则阳》)①,"得彼情,忘言遗书者也"(《天道》)。但他又发展了自己的"寄言出意"法,"夫庄子推平于天下,故每寄言出意,乃毁仲尼,贱老聃,上掊击乎三皇,下痛病其一身也"(《山木》)。郭象是要说明"有"之外再无"本体之无",可问题在于王弼的"得意忘言"论证的是"以无为本",而且《庄子》里也有那么多"无",因而郭象虽托言庄子,实际上却要改造乃至否定庄子的观点②。如果说"得意忘言"是从文本中阐释出原文本无的观点,那么"寄言出意"则是逆文本而行。因此郭象的解经方法是抓大放小,不就具体字句和名物进行解释,以规避与《庄子》文本的冲突。比如郭象对《逍遥游》"化而为鸟,其名为鹏"的解释,他说"夫庄子之大意,在乎逍遥游放,无为而自得。故极小大之致,以明性分之适。达观之士,宜要其会归,而遗其所寄,不足事事曲与生说。自不害其弘旨,皆可略之耳"。"宜要其会归,而遗其所寄"即要把握语言表达的"意",而"所寄"的语言本身则是"不害其宏旨"而可以忽略的。对《庄子》之意,把握住"逍遥游放"的主旨即可。

郭象在解经的方法、思想和语言上都能汇总前人之长并凸显自己的特色。他把王弼开创和后人发展的解经方法发展到了圆融的体系,成为"魏晋阐释思想的集大成者"。③可以说,郭象既是魏晋玄学的高峰,也是这一时期解经活动的高峰。而随着玄学的式微和佛学影响的日益扩大,解经作为一种方法就逐步融入整个释经活动,解经的新热点也逐步转向佛学与围绕佛经而起的解释活动了。

总结玄学的发展历程,王弼的哲学观是贵无论,致力于结合本体与现象、自然与名教,代表了玄学思潮的正题;阮籍和嵇康的自然论和裴頠的崇有论分别从两个相反方向反对王弼,构成反题;郭象系统总结了玄学理论,以独化论构成综合体系,是为合题。在这种思想流变中,魏晋哲学的思辨性和解放性使人们的观念为之大变,摆脱了两汉经学死气沉沉的氛

---

① 本小段引用郭象处参见(晋)郭象注、(唐)成玄英疏《南华真经注疏》,中华书局1998年版。
② 汤一介:《郭象与魏晋玄学》(增订本),北京大学出版社2000年版,第203页。
③ 臧要科:《三玄与诠释——诠释学视域下的魏晋玄学研究》,河南大学出版社2009年版,第194页。

围。尽管玄学解经与佛教没有过多直接的交集，但其精神与方法却被儒家和佛家的注疏所吸收，最终融入整个经学体系中。

二 圣经阐释与解经学的发展

一般而言，教义的形成有几个因素，第一是圣经，它代表上帝的语言；第二是属灵的经历，它不仅仅属于个人，更属于教会；第三是理智，将前两者整合起来表达对教义的理解与体会。如果三者结合得不好，就容易出现偏激的观点；如过于执着于圣经字词的含义而忽视语境与整个圣经的教义，就太过死板；过于偏重主观体验，就会形成神秘主义；而过于相信自己的理智与推理，就容易陷入主观[1]。这正体现出教义与文本读解姿态之间的关联，或者说是语言活动与宗教思想的紧密联系。

1. 解经发展的背景

解经在西方有悠久的历史，"Hermeneutics"一词即源自古希腊对《荷马史诗》的解释与研究，希伯来文化同样孕育出相当发达的解经传统。公元70年圣殿被毁，犹太人开始漫长的散居时代，犹太教进入拉比时期，释经传统随之形成[2]。到公元1世纪时，已大致发展出字面解经、拉比解经、预表解经和寓意解经等释经法。[3]

随着基督教的兴起，神学逐步取代哲学的地位，因而释经的精神面貌与导向也发生根本的变化。教父尽管在阐释中运用希腊的理性来研究和解读圣经，但其宗旨和根本目的却指向神学，所有探讨都是笼罩在神性光辉下的。基督教要围绕圣经建构一个不同于犹太教、也不同于各种多神教的神学体系，就需要吸收两希文化的成分，所以其解经学既要继承犹太释经传统，又要发展适应时代需求的解经法，寓意解经也就应运而兴。尽管这一方法遭到很大非议，但它在公元2—3世纪是希腊罗马知识分子通用的

---

[1] George P. Fisher, *History of Christian Doctrine*, New York, 1911, pp. 10-13，转引自林荣洪《基督教神学发展史》（一），中国神学研究院1990年版，第3—4页。

[2] 傅有德：《犹太释经传统及思维方式探究》，《文史哲》2007年第6期。

[3] Longenecker, Richard N, *Biblical Exegesis in the Apostolic Period*, W. B. Eerdmans Publishing Company, 1977, p. 28.

方法，此后还持续了1000多年①。

寓意解经的兴盛与圣经的文本特征有很大关联。首先圣经各篇不是出自同一时期、同一作者之手，《旧约》与《新约》在语言、来源、思想观念等各方面都有不小的差异，各文本之间多有前后重复、不一致乃至矛盾的地方，却又要作为"一部"圣经来看待。其次，某些文本的作者有意利用寓言、启示等形式，将神学奥义和道德教诲隐含在文字中。再次，圣经文本生成年代不一，语言和文化的隔阂随着时代变化而加大，造成阅读和理解的困难。最后，基督教受众具有多样性，内部各教派和团体又都希望自己信奉的教义能获得认可，那么超越语言文本的解读方法与字面意义的解读相比就能提供更多的操作空间。

圣经的整合及其在晚期罗马的解读，实际上是希伯来文化、希腊文化和罗马文化的融合过程。基督教的发展必须要整编和消化不同思想文化，将其化为己有，这就考验着解经家的智慧。他们的难题在于，圣经正典化在公元2世纪时已基本完成，文本既已成"经"，就不能再轻易地进行文字的增补、删改或是修订了。因而圣经解读就有双重任务，一方面要从文字上疏通解文本意义；另一方面又要超越语言解读意义。通过探索，教父们发展出较为完善的解经法，从而初步将两希文化融合起来形成综合形态的基督教文化，使拉丁语和希腊语成为适应新的宗教文化的语言，这就是圣经解经的文化——语言逻辑。

2. 斐洛与寓意解经

从历史上看，古希腊的斯多亚学派就已经用寓意解经来解读希腊神话和史诗了。希腊化时期的斐洛等人将这一方法引入圣经研究，对后世产生了巨大影响。尽管斐洛的活动时间为公元1世纪，但从解经思想的历史发展逻辑来看，我们是无法绕开他的。斐洛是犹太教希腊化的代表，在他所生活的时代，犹太人离开祖居之地已久，很多犹太人后裔甚至连希伯来语都不会说了，这使得圣经的理解与宣教工作遭遇很大的困难，如何使传统适应新环境成为一个紧迫的问题。如果没有斐洛的大胆探索，已经扎根于罗马—亚历山大里亚社会的犹太人很可能会迷失于希腊文化中而湮没自己

---

① 章雪富：《圣经和希腊主义的双重视野：奥利金其人及神学思想》，中国社会科学出版社2004年版，第121页。

的传统。正是斐洛的释经很好地解决了圣经的传承发展问题，使圣经在1世纪的犹太人中始终保持权威性①。

斐洛面临的问题，首先在于处理好圣经文本浓郁的犹太特质，避免与其他文化尤其是希腊化世界产生直接冲突，以更普世的眼光来解释圣经。他的解决方案是一分为二，认定圣经文本有双重意义，一种是字面的或显明的意义；另一种是潜在的意义②。"对于圣经上所说的话，我们不可不经思考就轻率地接受它的字面意思，如果这样做，律法就会显得极为荒谬。我们要仔细考察它从比喻意义上所传达的意思，字面后面的深刻含义，这样才能获得某种知识。"③斐洛采用问答法和二分法这两种方式进行具体的解经阐述，其阐释过程基本分为四个步骤，即引用主要的圣经母题、对经文进行初步解释、采用其他经文进行例证和深化、再次回归主题圣经文本。④通过这种方式，解经者可以超越文字表面达到灵性的诉求，突出信仰本质。

斐洛的寓意解经使圣经文本进入哲学和伦理领域，以理性方式阐述神秘的信仰，这样既能通过隐喻解释将所需思想融入经文语言，又能借助圣经文本的权威使自己的解读获得合法性。事实上，他几乎对《旧约》中出现的每一项内容，所涉及的每一件事，都进行了隐喻性的诠释⑤。其文化意义在于从希腊文化中寻求希伯来哲学意义的方法。尽管后来犹太教仍然退出历史舞台的中心，但斐洛的方法却得到基督教父的发扬光大，其解经作品成为后人深入研究的对象。教父们借鉴斐洛的解经法，以超越文字表面的方式诉求灵性，摆脱圣经文本字面上带有的民族性和局限性，形成对纯粹智慧的关注，对之后亚历山大里亚学派的形成有很大的影响⑥。

---

① 温司卡：《斐罗的解经思想及其传统》，载陈村富《宗教与文化——早期基督教与教父哲学研究》，东方出版社2001年版，第163页。
② 章雪富：《基督教的柏拉图主义：亚历山大里亚学派的逻各斯基督论》，上海人民出版社2001年版，第47页。
③ ［古罗马］斐洛：《论凝思的生活》，石敏敏译，中国社会科学出版社2004年版，第83页。
④ 李勇：《耶路撒冷与雅典之争：奥利金〈约翰福音释义〉中两希文化的融合》，博士学位论文，山东大学，2010年，第47页。
⑤ 潘德荣：《从叙事到隐喻：斐洛的诠释思想》，《安徽师范大学学报》（人文社会科学版）2006年第5期，第268页。
⑥ 章雪富：《基督教的柏拉图主义：亚历山大里亚学派的逻各斯基督论》，上海人民出版社2001年版，第48页。

3. 亚历山大里亚学派的解经活动

基督教发展到 3 世纪的教父时代，各级教会组织和教会制度的发展逐步走上正轨，教义也开始向正规化和系统化的方向发展，各种教义学校和教派开始出现。教父们开始着手解决教义的统一和标准化问题，而解经则是他们的主要手段。

教父们采取的解经策略与时代背景有很大关联。公元 3 世纪的基督教教父不仅要像 2 世纪的教父那样承担护教和反异端的任务，还要运用哲学思辨使基督信仰具有学术性的神学形式以吸引有教养的社会中上层[①]。但早期护教士的解经并不够成熟和精致，也没有一定规则，解经家既不能机械地以字面意义来解释圣经，又要与刻意歪曲字面意义的灵知派作斗争，因而陷入两难的解经境地[②]。在此背景下，出现了以奥列金为代表的亚历山大里亚学派。他们发展了释经技巧，尤其是传承和发展了寓意解经法，使之在当时的释经方法中占据了主导地位。

亚历山大里亚地处亚欧交会的尼罗河畔，商业发达、各种文化交汇，思想文化上也呈现多元格局，柏拉图哲学、斯多亚学派、犹太的拉比文化以及基督教神学都活跃于此。这里的图书馆保留着大量古代文献，基督教会则设立了教理学校（Catechetical School），这所教理学校的活动人物也被称为亚历山大里亚学派。其思想与斐洛的哲学化神学思想有很大渊源，旨在调和基督教和哲学、调和理性和信仰。这恐怕与学派人物的背景不无关系，学校的几任校长潘代努斯（Pantaenus the Philosopher 公元 2 世纪）、克莱门和奥利金都有异教哲学背景。[③]

如果说当时的罗马是基督教世界的心脏，那么亚历山大里亚就是它的头脑，而克莱门就是该学派的第一位代表[④]。克莱门继承了希腊式的护教传统，其著作拥有浓厚的理性思辨特征，他大量引用希腊哲学的观点，认

[①] 王晓朝：《教父学研究：文化视野下的教父哲学》，河北大学出版社 2003 年版，第 368 页。

[②] Manlio Simonetti, *Biblical Interpretation in the Early Church: An Historical Introduction to Patristic Exegesis*, T&T Clark Ltd., 1994, chap 1.

[③] 王晓朝：《信仰与理性：古代基督教教父思想家评传》，东方出版社 2001 年版，第 33—34 页。

[④] 王晓朝：《教父学研究：文化视野下的教父哲学》，河北大学出版社 2003 年版，第 69 页。

为希腊哲学可以补充基督信仰,哲学是联结知识与信仰的纽带;但从主从地位来看,哲学只是为基督教做好准备工作,因而持有信仰先于知识且高于哲学,哲学是神学的婢女的观点[①]。

就圣经诠释而言,克莱门提出经文的意义可能有五种,即历史意义(把圣经中的故事当作历史上的实际事件)、教义意义(圣经中明显的道德和神学教训)、预言意义(圣经中的预言和预表)、哲学意义(从自然物和历史人物身上找出其代表的宇宙和精神的意义)和奥秘意义(人物或事件所象征的深层的道德和灵性方面的意义)[②]。其中历史意义可以认为是字面意义的延伸,是经文实际要表达的含义,预言意义则是预表解经的主要内容;而教义意义和奥秘意义都是寓意解经的主要内容,并可以进一步引申为哲学意义。因此,克莱门的解经策略是一种寓意解经。克莱门之后,奥利金继承了他的文化综合主义传统,推进了亚历山大里亚学派神学的系统化。[③]奥利金的寓意解经法主要有四种资源:第一是在希腊哲学中流传了几百年的寓意解经传统;第二是犹太教的释经传统;第三是希腊化时期在整个希腊罗马社会中发展起来的寓意解经传统,其中以斐洛为代表;第四是新约本身大量使用的隐喻。通过这些资源,奥利金将寓意解经发挥到新的高峰,圣经的重要篇章都有他的注疏,可谓遍注群经。而且他的独特解经方法奠定了后世解经传统的基本方向,甚至可以说,一直到16世纪,基督教解经传统基本是由奥利金一手确立的[④]。

奥氏寓意解经的成就在于它形成了基督教史上第一个具体的系统神学,很好地回应了当时希腊哲学所面临的困境,使基督教得到了越来越多希腊人的接受,使希腊主义和希伯来传统第一次实现真正意义上的融合[⑤]。由于奥利金解决了解经的方法论问题,因而圣经文本的解读有了更

---

① 赵敦华:《基督教哲学1500年》,中国社会科学出版社1994年版,第96页。
② 王晓朝:《奥古斯丁对基督教释经学的重要贡献》,《圣经文学研究》(第3辑),2009年,第62页。
③ 章雪富:《基督教的柏拉图主义:亚历山大里亚学派的逻各斯基督论》,上海人民出版社2001年版,第252页。
④ 高峰枫:《奥利金论圣经三重义》,载《欧美文学论丛》(第3辑),人民文学出版社2004年版。
⑤ 同上。

多自由，推动了思想文化的融合。他以基督教神学为纲，以圣经文本为媒介，通过解经把其他文化资源吸收纳入神学体系中，从而发展和积淀了基督教的经学传统。奥利金的解经还更新了人们的语言观，其语言解放的作用有助于消除长期受制于文本的思想枷锁，他的大量解经实践起到了启示和示范的作用。

从恪守原本的注疏到解经的出现，说明基督教会已经把犹太人的圣经变成了基督教的圣经，甚至转而指责犹太教徒对《旧约》有曲解和误会，这展示出基督教神学的自信。之后，基督教日渐摒弃与犹太主义的纠缠，评论犹太教的文章或直接与其对话的活动也逐步减少①，体现出基督教的独立性。解经作为一种既基于文本又不拘泥于文本的释经法，正契合了基督教保留圣经但脱离于犹太教的需要，因此，解经的出现与发展是基督教成长到一定阶段后的必然选择。

第二节 解经的文化会通性："得意忘言"与"寓意解经"②

在2—4世纪的解经浪潮中，王弼和奥利金分别是中西方的代表人物，在解经观与解经活动中独领风骚。王弼少年天才，其贵无论引领玄学思想的发展，提出的"得意忘言"解经法则为玄学奠定了方法论基础。奥利金则广泛注经，完善了"寓意解经"法，以哲学方式解读圣经文本。两人的思想在各自历史上都有较大的争议，这种争议本身就是思想文化巨变与融合的体现。其中"得意忘言"与"寓意解经"③两种解经法都是体现时代特征的语言观，为当时的思想文化转型作出了突出贡献，并在之后很长的历史中被视为重要的释经方式。两者既有很多相似处，又因不同的文化传统、时代背景等原因而有很大不同，本节将就此进行具体的分析和比

---

① 林荣洪：《基督教神学发展史（一）》，中国神学研究院1990年版，第23页。

② 本节部分内容以《从文化会通看王弼的"得意忘言"与奥利金的"寓意解经"》为题发表于《理论月刊》2013年第4期，在此有大幅度的改动。

③ 早期基督教文献中很难区分预表解经和寓意解经，美国学者Frances Young认为尽管预表解经是很实用的解经方式，但对我们分析解经方法而言却无助益，可参见其"History of Biblical Interpretation"（W. B. Eerdmans Publishing Co., 2009）第一卷，第337页。另一方面，这里的"寓意解经"更多的是作为我们在绪论第三节中定义的"解经"的代表，因此本著所举例子可能会涉及预表解经的内容，但在此一律不作区分。

较，希望能借此深入对文化环境、解经思想与语言活动之间种种联系的认识。

一　两种解经法的共性

王弼与奥利金的解经方式有很多共性。首先，他们都处于思想转型的时代，社会需要他们发展解构式的解经方法，以新的方式解读传统典籍，实现文化创新。其次，无论是"得意忘言"还是"寓意解经"，都是在保留原典文本的基础上依靠注释实现创新。再次，由于解经的需要，他们无法拘泥于文本的语言，因而一定程度上都持有神秘主义语言观。最后，王弼和奥利金的方法都具有范式作用，对当时及之后的解经活动都有深远影响。下面分而述之。

1. 背景：思想转型与对解构方法的渴望

王弼生活的时代正值玄学方兴未艾之际。玄学的兴起直接源自传统经学的危机。汉末的政治腐败和党锢之祸对文人的打击，以及经学自身的烦琐化治学风气和谶纬的愈演愈烈，都使经学逐渐失去了对士人的束缚力和吸引力，由此造成名教危机。士人开始把目光投到了老庄学说上，期望能以此挽救道统和学统。他们当然不希望彻底抛弃儒家，所以实际上是要以道补儒，走融合的道路。不过儒道的差异是显见的，正所谓"子不语怪力乱神"，以孔子为代表的儒家典籍几乎很少谈本体、天命之类的玄远话题，这与道家的做法大相径庭。这就决定了只靠字面意义的解释是很难从儒家文本中读出道家思想的。另一方面，王弼所处的时代，两汉经学已有很长的发展历史，要跳出烦琐的注经传统和门派之见，要脱离于以汉代易学为代表的神秘主义与谶纬之风，也必须摆脱经文字义的纠缠。唯有以新思维"快刀斩乱麻"，才可能跳出传统实现创新。因此，借助言意之辨得出"得意忘言"的解经方法就很自然了。

在西方，奥利金出生的 2 世纪末年，基督教还只是罗马帝国中少数人之事[①]。2 世纪的基督教与罗马国家社会有多方面的矛盾而备受打压，而且此时也还没有形成一套完备的神学体系，奥利金等教父既要对外回应希

---

① ［德］汉斯·昆：《基督教大思想家》，包利民译，社会科学文献出版社 2001 年版，第 30 页。

腊知识分子和异教的攻击，又要对内建立自身的神学体系，那么解决《新约》与《旧约》间的矛盾以及基督教与希腊罗马等文化之间的种种矛盾就是必须要面对的问题。然而犹太人的释经学基本是围绕《旧约》进行法规、训诫和释义的讨论和疏义①。如果还是只从字面来理解圣经，经文中的种种自相矛盾和不符罗马传统伦理道德规范的言辞定会备受非议，不利于教义宣传，还容易引来教外的攻击。正如奥利金所说，"为了解决这几部福音书之间矛盾性的记述，就无法用字义解经来调和，必须使用属灵的含义来诠释。这些记述的真实性在于它们的属灵含义，如果这些记载内容的出入没有得到解决的话，我们就会摈弃对福音书的信任，认为它们的记载不是真实的、并不是由圣灵写成的，或记录中出了差错"②（CJ，Ⅹ，10）。"因此，我们或者坚持字面意义，接受众多荒谬和渎神的事情；或者，就像我们在很多其他例子中所做的那样，当读到上帝是灵、火或光的时候，就去考察并寻求其中的真正含义。"（CJ，XIII，130）奥利金的话反映出基督教解经的需求，即以寓意解经来回避自身既有的矛盾，同时为引入新的思想文化铺平道路。

总之，无论是中国还是西方，此时都面临思想危机而产生求新求变的需求，同时又都有在不完全抛弃传统的前提下发展新思想的诉求。在此情况下，就需要对传世典籍进行解构与重新释读，弥合当下与传统的差距，在维护传统的基础上稳步实现转型创新。这样，玄学的"得意忘象"与基督教的"寓意解经"自然进入人们的视野。王弼一扫两汉经学的烦琐化和谶纬化理论，采用"执一统众"的方法以简驭繁，为摆脱"唯经是从"的传统奠定了方法基础。西方则继承发扬斐洛以来的以希腊哲学解释圣经的传统，使寓意解经成为主流解经方法。两种超越字面意义的释经法终于在此时又重新占据了历史舞台的中心。

2. 方法：核变形不变的解经法

注疏对中西学术史而言都有重要意义。轴心时代井喷而出的大量典籍

---

① 傅有德：《犹太释经传统及思维方式探究》，《文史哲》2007年第6期。

② Origen, Commentary on John, Books 1-10. 本章一律缩写为CJ并随文标注，译文在中译本基础上根据英译本改动。为便于查询，按中译本标注，罗马数字表卷名，阿拉伯数字表节名。中译本参见［古罗马］俄里根《属灵的寓意——〈约翰福音〉注疏》（［上］［下］），柳博赟译，华夏出版社2010年版。

要在漫长历史中消化,不断进行深化、细化、具体化和丰富化。在中国,经学在两汉时已经发展得比较成熟了,使注疏成为学术思想的主要形态。在西方,罗马时期就大规模学习希腊文化,而基督教的兴起则奠定了圣经文本的至尊地位。尽管汉末与罗马晚期都需要进行思想革新,但要完全抛弃传统再来一次先秦与古希腊那样的百家争鸣,似乎又不可行。解经既继承"经",又对经进行"解",是稳定与创新的折中。它首先继承了为经作注的学术形态,保留原典文字形式而不另起炉灶。但注疏一般不能脱离文本,要一个章节一个章节乃至一个字词一个字词地解读,所以解经家又不纯粹用语言解释,而是借机将自己的观点融入经解的字里行间。一方面,注疏的基本面貌没有变化,看上去注的还是传统的那几本经;但另一方面,注解又把原典内容置换成新思想,这就是我们所谓的"核变形不变"。

　　解经既然保留经文文本,就不可能完全不顾字面含义,而是在字面意义无法说通时根据需要把符合自己观点的内容嵌入经文的字里行间。以王弼注《老子》为例。他在语言解释上同时使用"辨名析理"与"得意忘言"的方法①,"辨名析理"说明王弼重视语言符号的作用,希望通过语言对思想内容进行尽可能准确的解释。在实践中,王弼解《老子》时主要是诠释原义,包括诠释个别字词的意义、串讲文句大意,等等,绝大多数注释基本上没有超越《老子》的思想,也没有提出新概念或发展《老子》本有的概念,可以说王弼注《老子》的目的就是解释其意思,而不是借《老子》阐发自己的理论②。即使是注《周易》,王弼也并非完全脱离周易的卦爻辞体系。他继承了《易传》的部分思想,兼用取象法和取义法,力图使自己的解释符合卦爻辞的字面意思③。王弼"言—象—意"体系的终点是"意",但出发点是"言",它是"意"的必由之路,也说明王弼没有放弃语言(详见本章第三节)。从表面上看,"得意忘言"着眼于超越文本的字面含义,而"言—象—意"的层次又体现了文本对解释的重要性或者说解释对文本的依赖。解释固然可以对文本的理解产生影响和干扰,但解释的成功与否却离不开文本。实际上,如果只是一味引申而脱离原文,王弼的

---

① 周光庆:《王弼的〈老子〉解释方法论》,《中国社会科学》1998年第3期,第78页。
② 田永胜:《王弼思想与诠释文本》,光明日报出版社2003年版,第70—91页。
③ 田永胜:《论王弼易学与易传的关系》,《人文杂志》1999年第3期,第27页。

注本也不会在之后如此流行。他的成功在于该忘则忘、该得则得，使儒道思想能够较融洽地整合在文本中。相比之下，古文经学虽然出发点是重训诂考证，但受制于严格的家承和师承，只立不破，不断地在原有解释的基础上发挥而失之于烦琐和牵强附会，反而是脱离了原本。因而王弼提倡"得意忘言"，出发点是超越文本，却能跳出思维牢笼，摆脱两汉繁重的传统解释，最终反而有利于回归原本的经文，也就保留了传统的精髓。

寓意解经同样没有完全忽视圣经的字面意义。斐洛就已意识到寓意解经在希腊文化中的强烈目的性所带来的缺陷，即找出寓言里的微言大义为诸神和英雄的荒诞行径做辩护，因而对他来说要废弃圣经的字面意思是一件不可想象的事情[1]。奥利金也说过：

> 没有人可以假定说，因为我们断言圣经经文中的某些历史记载是不真实的，所以就得把整部圣经的历史记载都看成是不真实的；也不可假定说，某条律法照着它的字面意思去遵循是荒谬的，或者是不可能的，所以我们就认为，凡律法皆不能按字面意义去遵守；或者认为，论到救主的话，在一种看得见的方式上是不真实的；或者主的命令和诫命都不应该受到遵守——关于这些事，历史性的解释是真实的，这一点对我们来说非常清楚。[2]

解经要从字面意义向属灵意义过渡，经文的字面意义就是经文深藏的隐微大义的外显，因而不能摒弃经文的字面意义。奥利金坚持经文显白的字面意思，批判和反对将圣经经文全部灵性化解释、抹杀经文历史真实性的倾向，他认为经过文法分析，不仅可以确定圣经文本的字面意义，也可以确定哪些经文是需要寓意解经的，只有不能以字面意义来解释的经文才需要用寓意解经[3]。

---

[1] 李勇：《耶路撒冷与雅典之争：奥利金〈《约翰福音》释义〉中两希文化的融合》，博士学位论文，山东大学，2010年，第116页。

[2] Origen, *De Principiis* (http://www.ccel.org/ccel/schaff/anf04.html). 参考译本：奥利金《论首要原理》，石敏敏译，道风书社2002年版，第303页。

[3] 李勇：《耶路撒冷与雅典之争：奥利金〈《约翰福音》释义〉中两希文化的融合》，博士学位论文，山东大学，2010年，第116页。

3. 特征：神秘主义语言观

在解经者看来，他们尊重经文的字面意义，但在很多情况下超越字面含义又是释经的必然选择。因为语言是有缺陷的，不能仅靠语言完成义理的论述。这种语言的缺陷又与语言的神秘性有很大关联。在魏晋士人看来，神秘性体现为圣人思想的不可言说性；而在基督徒看来，则体现为上帝和神言的全知全能，以及相对低下的人与人言。

就中国而言，早在春秋时就有对语言缺陷的论述。从孔子的"书不尽言，言不尽意"（《周易·系辞上》），到老子的"道可道，非常道"（《老子·第一章》），再到庄子的"筌者所以在鱼，得鱼而忘筌；蹄者所以在兔，得兔而忘蹄；言者所以在意，得意而忘言"（《庄子·外物》），已经形成言意之辨。魏晋时，"言尽意"与"言不尽意"成为玄谈的热门议题。除了哲学探讨，有些人还运用玄言诗、绘画、书法、音乐或手工艺作为哲学探索的方式，甚至出现"啸"这样一种最终极、最简约的哲学表达方式，用以否认"微言"得以阐发的可能①。

对言与意的问题，王弼有着较为辩证的看法。针对《论语》中说的"天何言哉？四时行焉，百物生焉。天何言哉"，王弼注道：

> 予欲无言，盖欲明本。举本统末，而示物于极者也。夫立言垂教，将以通性，而弊至于湮；寄意传辞，将以正邪，而势至于繁。既求道中，不可胜御，是以修本废言，则天而行化。以淳而观，则天地之心见于不言；寒暑代序，则不言之令行乎四时，天其谆谆者哉。②

王弼指出汉儒解经的弊端是脱离了解经的初衷，"垂教"是"立言"的目的，不可陷入其中"弊至于湮"，而"天地之心见于不言"又表明他对语言缺陷的认识。王弼的成功在于他不是简单讨论言意关系，而是指出意义的多层性，最表层的文字与最深层的意义有多重阻隔，语言无法直接表达乃至根本无法表达圣人之意，这一思想在他的《周易略例·明象》

---

① [德] 瓦格纳：《王弼〈老子注〉研究》，杨立华译，江苏人民出版社2008年版，第764页。
② （魏）王弼著、楼宇烈校释：《王弼集校释》，中华书局1980年版，第633—634页。

中有集中讨论。

语言的神秘性在基督教文化中则体现为圣经是全知全能上帝的语言,理解圣经必须依靠上帝的恩赐,无法仅仅以字面意义来理解圣经。在神学理论下,人的思维、意念等和实物一样也都是上帝的造物,唯其如此才能解释人何以能够认识万物。正是从这种语言观出发,才有了斐洛和奥利金的寓意解经。在奥利金看来,思想的最高本质是信仰,这一认知将人类理性从思想的最高本质的宝座上拉了下来,是对希腊主义所崇尚的理性的一个根本翻转,哲学在奥利金那里不再是最高知识,而是隶属于"第二重智慧"[1]。因此,奥利金把语言意义分成体魂灵三个层面,认为依托上帝的灵性方可深入到最深层的灵性层面,体会到真正的经文奥义。"所有通过圣经而进入基督宗教的灵魂都是从感官可以认知的事物起始,这些事物被称为'属体'的事物。……当灵魂与感官所认知的事物相交之后,就要超乎其上,直抵以灵才能认知的事物。"(CJ,XIII,51)

要领会语言的属灵意义,只能靠上帝恩赐的灵性,而无法完全依赖人的智慧。"我们祈求上帝让我们能够让我们借着查考这些事而将福音显明出来……因此,愿上帝差遣这'道'到我们这里并彰显自身。若圣父允许,我们就能看到他之深邃。"(CJ,XX,1)"求上帝透过基督在圣灵里与我们同工,来解释这话语中奥秘的含义。这些含义乃是隐身在话语之中,仿佛宝藏一样。"(CJ,I,89)理解深奥的神意需要与神进行沟通获得其帮助,因此发掘圣经的隐秘意义与解经者的才智没什么关系,要提升自己的解经能力,人们应当向上帝求告,请求上帝允许他们能理解和领悟圣言。既然解读圣经文本奥义要借助上帝的力量,那么一旦得到这种力量,基督徒就能将个人灵性置于教会教诲之上,通过回到真理源头的圣经,寻找文字表达下的意义以及与圣经的内在意义关联[2]。通过这种方式,解经者为自己找到了合法性基础。

---

[1] 李勇:《耶路撒冷与雅典之争:奥利金〈《约翰福音》释义〉中两希文化的融合》,博士学位论文,山东大学,2010年,第83页。

[2] 章雪富:《圣经和希腊主义的双重视野:奥利金其人及神学思想》,中国社会科学出版社2004年版,第119—120页。

第三章 解经：阐释与接纳

4. 影响：范式作用

"得意忘言"与"寓意解经"都不是全新的发明。中国在先秦时就有"言尽意"与"言不尽意"的讨论，西方的寓意解经也早在希腊时就用于解释《荷马史诗》。但两种方法的广泛应用并产生巨大影响都要归功于王弼与奥利金。

王弼为了阐发他的解经思想，在《老子》和《周易》的注解中以《老子指略》和《周易略例》等专文形式探讨了"得意忘言"的方法，达到了哲学理论的高度。这些方法专论与注疏文本共同建构起一个理论与实践相结合的体系，有利于扩大影响。再加上魏晋活跃而自由的学术气氛和清谈、论辩等环境，也加速了王弼思想的推广。王弼后的士人（包括竺道生等佛教徒）都借用此思想注解儒道经典或阐发自己的思想，使"得意忘言"从解经扩展到了整个思想界，甚至有学者认为是王弼将解释学从训诂和逻辑分析中解放出来的[①]。之后魏晋文献中的"寄言出意"、"忘言寻其说""善会其意""假言""权教""假数"等术语，都是"得意忘言"的变种和发展延伸，魏晋玄学也正是通过这一方法重新解释儒释道经典，使新思想层出不穷，推动了学术和文化的发展[②]。

王弼的解经不但在思想方法上有很大影响，而且也是注经文体的一场变革。刘师培认为王弼注经"其文体亦与汉人迥异……厥后郭象注《庄子》，张湛注《列子》，李轨注《法言》，范宁注《穀梁》，其文体并出于此，而汉人笺注文体无复存矣。"[③]朱熹也认为晋人注经已不是汉代章句训诂之学，而是"自作子书"[④]。正所谓一代有一代的文学，王弼的注疏文章拥有清新雅丽的文风，不但在思想上也在语言风格上影响了当时的注疏活动，具有一定的文学价值。他的《周易》注本在魏晋时就有巨大影响，南朝时与郑玄的注本并列于国学[⑤]，至唐朝更是名列《五经正义》之列，成为官方意识形态的范本，足见其影响之深远。而"得意忘言"则逐步

[①] 陈荣灼：《王弼解释学思想之特质》，载杨儒宾《中国经典诠释传统（三）：文学与道家经典篇》，华东师范大学出版社 2008 年版，第 293 页。
[②] 王晓毅：《魏晋言意之辨的形成及其意义》，《山东社会科学》1989 年第 5 期，第 84 页。
[③] 刘师培：《中国中古文学史 论文杂记》，人民文学出版社 1984 年版，第 41 页。
[④] 杨鉴生：《王弼及其文学研究》，博士学位论文，复旦大学，2005 年，第 53 页。
[⑤] 许道勋、徐洪兴：《中国经学史》，上海人民出版社 2006 年版，第 146—147 页。

发展成为古典文论的重要主题，对书画等各种文艺理论都有深远影响，甚至成为中国人的一种思维模式。因此，尽管王弼与佛教没有直接联系，但鉴于他对中国思想文化界的巨大影响，仍是我们研究魏晋六朝佛家语言文化活动时所绕不开的话题。

再看奥利金，作为奥古斯丁前最重要的神学家，他的理论几乎涉及基督教理论的各个方面，在教学、布道和神学学术等活动中都贯彻了他的寓意解经法。奥利金首先是个多产的作家。《论首要原理》较为系统地讨论了他的释经理论，其解经实践在广度上遍及圣经各书，深度上则有32卷本的《〈约翰福音〉注疏》这样的巨著。[1]他几乎对圣经的各个章节都进行了细致的解析，使寓意解经法得到充分展示，为神学理论的发展和基督教理论的系统化奠定了很好的基础，也扩大了哲学思维方式解读宗教文本的影响。此外，奥利金还有两百多篇布道书，并主持读经小组以教义问答的方式解释圣经。[2]通过布道，奥利金可以更自由地针对具体问题进行讨论，在更广泛的问题上阐述自己的观点，而且其数量和推广形式都有助于扩大解经的影响力。除了理论研究和著说，奥利金还密切关注神学动向、参加神学会议，为自己的做法辩护，认为一些错误的观点之所以产生是因死守圣经的字面意思而导致的[3]。

奥利金名声远播后，很多人云集于亚历山大，想要测试他的解经能力，为数众多的异端和不少杰出的哲学家来向他讨教神学问题乃至成为他的学生，结果连希腊人也承认，他是一位伟大的哲学家[4]。这种深厚的哲学素养既是奥利金能以寓意来解经的学识能力基础，也是其解经能有足够深厚的哲学特质、理论深度和说服力的原因，并因为奥利金的声望而扩大了解经的影响。奥利金的地位和影响也离不开学派和学校的影响。当奥利金在凯撒利亚讲学时，许多本地和外国学生都到他门下求学，在其指导下

---

[1] 王晓朝：《信仰与理性：古代基督教教父思想家评传》，东方出版社2001年版，第48页。

[2] 章雪富：《圣经和希腊主义的双重视野：奥利金其人及神学思想》，中国社会科学出版社2004年版，第92页。

[3] 同上书，第91页。

[4] [古罗马]尤西比乌：《教会史》，[美]保罗·L.梅尔英译评注、瞿旭彤译，生活·读书·新知三联书店2009年版，第281页。

学习哲学和研究神学，有的后来还当选为主教①，这都有利于扩大奥利金的影响。

总之，由于著述颇丰，再加上整个亚历山大里亚学派及其教理问答学校的规模化影响，奥利金的思想在其身后不断发展，包括《教会史》(*Church History/Historia Ecclesiastica*)的作者尤西比乌、翻译家鲁菲努斯(Tyrannius Rufinus/Rufinus of Aquileia 340/345—410)和哲罗姆、奥古斯丁，等等，都受到其神学观和解经法的影响。汉斯·昆认为奥利金是基督教中第一个作系统研究的学者，是科学神学的第一个范例②，这其中都离不开"寓意解经"的作用。

二 两种解经法的差异

解经是一种文化阐释行为，因而解经者的语言观和语言实践都要受到其文化视域的影响，因此尽管"得意忘言"与"寓意解经"都是超越字面含义的阐释方法，但在具体内容、风格和影响等方面都有不同，从而对解经文本语言与之后的解经发展都造成了不同影响。下面试从四点进行分析。

第一，"意"的终极意义不同，即"意"最终是否是可知的，两者的看法是不同的。王弼的"得意忘言"与先秦的言意之辨有密切联系，他希望通过"言"与"象"得"意"，但这个"意"是圣人之意，而非最终的道。③也就是说，圣人是可以"尽意"和"体道"的，但普通人不行，而要通过言和象来体会圣人体会到的道。这样，圣人的地位和圣人的理解就很重要了。而对基督教来说，始终都有且只有一个全知全能的上帝。无论是教父还是圣徒，要理解圣经都必须得到上帝的恩赐，因而这个

---

① [古罗马]尤西比乌：《教会史》，[美]保罗·L.梅尔英译评注、瞿旭彤译，生活·读书·新知三联书店2009年版，第295页。

② [德]汉斯·昆：《基督教大思想家》，包利民译，社会科学文献出版社2001年版，第36—37页。

③ 言意之辨是个非常复杂的问题，研究论著也极多。根据我们的理解，简而言之，如《周易·系辞上》"'子曰：书不尽言，言不尽意。'然则圣人之意，其不可见乎？子曰：'圣人立象以尽意，设卦以尽情伪，系辞焉以尽其言，变而通之以尽利，鼓之舞之以尽神'"，讲的是"圣人"通过"立象"等方式可以"尽意"，即天意和天道，但这种"意"对普通人来说就只能是"书不尽言，言不尽意"了，由此可见圣人与一般人在能否"尽意"上的差异。

时期的解经者一般都比较强调上帝对人的智慧启示。

第二,解经家的生存环境不同。魏晋时代整体的思想环境是自由的,诸如竹林七贤时期对文人实施高压政策的情况更多是出于政治因素。士人崇尚清谈,可自由讨论与交流,即使无法仕途得意也可以退隐山外、著书立说。西方的基督教却面临极大的生存危机,对外要为教会求生存,对内要与异端思想作斗争,有时甚至连人身安全都难以自保。各教派又很注重自己的权威性和思想的正统性,因而西方的解经者面临极大的压力,也需要更大的勇气和战斗精神。表现在文字上,魏晋解经往往更潇洒飘逸,有时更显轻松与写意,基督教的解经则更注重逻辑性和思想,更注重语用效果。

第三,后继发展的不同。这种差异来自其背景思想的不同。"得意忘言"的背景是玄学的兴起,因儒学危机而需要引入道家思想,但儒家的地位并未被道家和之后的佛家取代,最终结果是儒释道互补。"得意忘言"是以新方式读解旧典,却不是要完全取代旧说,所以"得意忘言"不是无节制的,当儒道思想的融合达到一定阶段后,这种解经方法又延伸到文学、书画等艺术领域并在此找到了更多的发展空间。而在西方,寓意解经是在罗马文化中用希腊的方法解读希伯来经典,最终使基督教在整个文化系统获得独尊地位,信仰压过了理性,哲学则沦为神学的奴婢。基督教成为统治思想后,寓意解经又进一步成为教会巩固统治地位的工具,在整个中世纪都占有重要地位。

第四,解经特征的不同。玄学解经从王弼到郭象,解释原文的比例似乎越来越少,阐释自己观点的比重越来越多。王弼采取的是趋简的方法,他解《老子》是"举本息末",解《周易》是"举一以明",都有以简驭繁的特点。以注解经与章句形式相似,却没有那样烦琐,而是融入了魏晋玄思的简约特点[①]。从何晏王弼、阮籍嵇康到以庄子注自我的郭象,解经文本的思想性越来越明显,可以说是逐渐外向化。而且解经在很大程度上是针对知识分子的,具有强烈的学术性和思想性,因而往往会讲究作者的点到即止与读者的自我领悟。而以奥利金为代表的寓意解经法,无论其文

---

① 臧要科:《三玄与诠释——诠释学视域下的魏晋玄学研究》,河南大学出版社2009年版,第94页。

字如何运用，目的始终是维护圣经的神圣地位和宣扬教义。正如汉斯·昆对奥利金的评价，"他的著作并非学术性的，而是牧养性的，是为信徒而写的。他的主要兴趣并非一种方法或一个体系，而是人在上帝面前的基本态度及基督教精神中的生活。"①教会发展的实际需要使得解经者常常要根据不同情形解释圣经，对象又多为各层教众，因而一次次地解读，越来越烦琐。而且当时的基督教理论还很不成熟，教父们也需要通过不断解释来探索理论发展的可能，由此留下卷帙浩繁的释经著作。

第三节 解经的翻译意义

解经作为一种阐释性的注疏，可视为一种广义的语内翻译，兼具注疏与翻译的特征，也可视为两者的一种中间状态。解经与译经的关联大致有几个方面，首先是同一个人物同时进行不同类型的活动，如既注经解经、又从事文本研究乃至直接作翻译；其次是语言操作技巧和资料的互通性；最后则是语言观和文本观的相互影响。因此，解经工作中已经蕴含了翻译成分。本节将对佛教与基督教的跨文化发展过程中所出现的与翻译相关的解经活动进行具体的论述与研究，深入剖析两者的关联。

一 佛教解经的翻译意义

解经工作也离不开文本，其活动开展对经本材料的收集整理、对经本的理解包括思想内容和语言的表达，都是大有裨益的，这点与注疏非常类似。而不同于文字注疏，我们还需要强调两点与解经工作密切相关的活动，那就是合本研究与僧俗交游活动。

首先，在各项注疏活动中，合本研究之于翻译而言具有突出的意义。合本始于注疏，不少译经僧在翻译的同时留下了相关的注解，如安世高翻译时就会口述自己对经文的理解，由他人执笔成书，再如道安目录里著录的《阿含口解》（《十二因缘经》）一卷便是此类。②随着佛经翻译经本的

---

① ［德］汉斯·昆：《基督教大思想家》，包利民译，社会科学文献出版社2001年版，第36页。

② 吕澂：《中国佛学源流略讲》，中华书局1979年版，第284页。

复杂化，出现了将不同文本合在一起研究的情况。道安谈道，"昔严浮调撰《十慧章句》，康僧会集《六度要目》，每寻其迹，欣有寤焉。然犹有阙，文行未录者，今钞而第之，名曰《十法句义》。若其常行之注解，若昔未集之贻后，同我之伦，傥可察焉"（出，370）。再如当时有以小品般若经与大品般若经互证的研究方式，虽然两者实际上是不同的经本，集结定本的时代也不同，①但古人自身是认为在做合本研究的，如支遁"尝闻先学共传云，佛去世后，从大品之中抄出小品"（出，299）。这种认识反过来证实了合本研究在当时的通行度。

合本研究把手头的同本异译合在一起研究，以品质最佳者为母，其他不同译本为子，分章断句，上下排列，以注疏形式将子本与母本有差异的地方合入母本，重编新的综合版本②。这一做法方便对照互参，有利于更经济地保存各个译本和便利后人的进一步研究，同时也方便查遗补漏，解决一些阅读单本时存在的问题。合本研究讲究文字词句的细致比较，而且它不是将佛经与儒道典籍进行比附，而是佛经与佛经的比较，可以最大限度地利用现有的经本，发挥"互文"的作用。合本研究需要足够的经本以及对经本之语言版本问题的敏感意识。比如支愍度的《合维摩诘经序》谈道，"同本、人殊、出异。或辞句出入，先后不同；或有无离合，多少各异；或方言训古，字乖趣同；或其文胡越，其趣亦乖；或文义混杂，在疑似之间。若此之比，其涂非一。若其偏执一经，则失兼通之功；广披其三，则文烦难究。余是以合两令相附，以明所出为本，以兰所出为子，分章断句，使事类相从。令寻之者瞻上视下，读彼案此，足以释乖迁之劳，易则易知矣"（出，310—311）。这样的工作，在与支愍度同时代的道安手中，更是发挥得淋漓尽致，将经本资料的收集整理工作推到一个新的高度。

合本研究与合本子注形式上都是把文本合起来，但目的与内容的不同导致了性质的不同。同样是"合"，从文字比对的注疏发展到偏重于义理的研究，类似于注经和解经的差异，也体现了聚焦文字还是聚焦义理的不同取向。其进一步发展，则是两者兼备的合译活动。当翻译水平不断提

---

① 印顺：《初期大乘佛教之起源与开展》，中华书局 2009 年版，第 591—599 页。
② 吕澂：《中国佛学源流略讲》，中华书局 1979 年版，第 293 页。

升，出现可以为众人都接受的善本时，那么合本的需求也就大为下降，而回归为版本与校勘研究。因此，合本研究可谓佛经传译活动中的一个非常重要的阶段性环节。

其次，佛教解经与僧俗交游有密切的联系，这在很大程度上有利于佛教汉语的发展。佛经从初译草创至再译求精，离不开文人间的文学切磋和文化交流，尤其是僧士间的交融。[1]而解经作为一种学术活动正是人们谈玄说佛、品评论道的纽带。当时的玄佛交流活动包括对时事人物的品评、语言上的辩难、共同的文学创作，也有僧俗共行佛事，研讨佛学问题，尤其是讲解佛经、谈玄论道。[2]在此过程中，佛教的思想文化被更多士人了解与接受。僧人在讲解和翻译时会考虑汉语读者和听众的接受，一方面以佛理的精奥与高深吸引喜欢玄学的士人；另一方面也将佛经以适当的语言形式引入汉语，由此，佛典本身的表现形式与语言手法也逐步融入文人的文化活动中。这种间接与渐进的方法，不打着"传教"旗号，而是以交友、学术交流形式进行的语言文化传播，自然更容易接受，也能最大限度地降低文化差异带来的不适。同时，既然僧人与当时的文人名士的交往如此之多，僧侣获得名士身份并创作大量文学作品，其自身的语言文学能力自然得到提高。僧人在与士人的交往中必然会遇到如何表述佛教思想文化内容的困惑，而士人中则不乏文字高手和文化精英，很多问题都可以在僧俗交流中得到一定的帮助或是启发。因此，解经作为一种文化活动，促进了僧俗交流，对佛教和佛教翻译活动的发展，有多方面直接与间接的促进作用。

二 道安的释经与翻译[3]

在早期的解经僧中，道安具有非常重要的意义。考虑到道安在解经与译经中的跨界活动，就很有必要在第四章讨论他的翻译活动之前先对其解

---

[1] 高人雄：《初译与再译的文学切磋——佛经传译中的胡汉文化合流二论》，《西域研究》2012年第2期。

[2] 可参见邵春驹《魏晋南北朝游集文化研究》，博士学位论文，扬州大学，2012年；杨恒《〈世说新语〉所涉僧人、名士交游研究》，硕士学位论文，青海师范大学，2009年。

[3] 本小节部分内容以《从解经到译经：论道安之于中国翻译研究的萌芽意义》为题发表于《法音》2014年第4期。

经工作进行一番探讨。

道安早年给《道行经》、《道地经》、《安般守意经》等六种典籍作过注释；后来到了襄阳，各方面条件更为成熟，成果更是丰富，在他编撰经录前，就曾大量研读佛经和作注，著有《光赞折中解》《般若放光品折疑准》《般若放光品折疑略》《般若放光品折起尽解》《密迹金刚经甄解》《人本欲生经注撮解》《十法句义》《十法句杂解》《义指注》《九十八结约通解》《答法将难》等近二十卷经注①。仅从名字上来看，就有"解""疑准""疑略""起尽解""甄解""撮解""义""杂解""注""通解"以及"答难"，等等，反映了注疏手段与方法之丰富，以及学术形态之多样性。

比如《安般注序》"魏初康会为之注义，义或隐而未显者。安窃不自量，敢因前人，为解其下"（出，244）、《十二门经序》"每惜兹邦禅业替废，敢作注于句末。虽未足光融圣典，且发蒙者，傥易览焉"（出，253）、《法句经序》"昔传此时有所不出，会将炎来，更从谘问，受此偈等，重得十三品，并校往故，有所增定，第其品目，合为一部三十九篇"（出，273）、《大十二门经序》"天竺古文，文通尚质，仓卒寻之，时有不达。今为略注，继前人之末"（出，254）。可见道安的注多为句末或文末的注解，有略注、对隐含意义的注，也有对前人的补注、对译本语言理解困难处的解释说明，还有自己的编辑与综合。

道安的注本中，唯一保存下来的只有《人本欲生经注》，②可供更具体地管窥其释经形态。现摘录如下（大字为原文，小字为道安的注）：

闻如是，一时佛在拘类国行拘类国法治处。注：阿难记所闻圣教土也。法治处王城也。

是时贤者阿难，独闲处倾持，念如是意，生未曾有，是意是微妙本，生死亦微妙，中微妙。但为分明易现，现当为见也。注：是意微妙，本句倒。

便贤者阿难夜已竟起到佛已到，为佛足下礼已，讫一处止，已止

---

① 方广锠：《道安评传》，昆仑出版社2004年版，第164—165页。
② 同上。

一处，贤者阿难白佛：如是我为独闲处倾崎，念如是意，生未曾有，是意是微妙本。注：本，痴也，解痴者，四谛之所照也。

生死亦微妙。注：生死极末也。微明之谛达于末也。

中微妙。注：中者，本末之间，九用谛烛之，之亦甚微妙也。

但为分明易现。注：现当作见也。言四谛观十一因缘，了了分明，不难知也。

佛告阿难，勿说是分明易知易见，深微妙，阿难，从有本生死是，阿难，从本因缘生死，如有不知、不见、不解、不受，令是世间，如织机踩撰往来。注：言从痴者，有是生死，至深至妙，何得言易见乎？自有痴来，经劫累身，悠悠者比丘，有不了谛，反视如有者者，万无一人，曷云分明耶。

从是世、后世，从后世、是世，更苦世间居，令不得离世间。注：此说生死苦，为苦谛也。今死则后身生，生死犹昼夜。而愚者以生而感死，频以成苦。①

从中可以看出，道安注解的内容有文本的背景（阿难记所闻圣教土也。法治处王城也）、句法（是意微妙，本句倒）、字词意义（本，痴也；现当作见也）、字词指称等篇章理解方面的内容（言四谛观十一因缘，了了分明，不难知也）、概念阐发（言从痴者，有是生死，至深至妙，何得言易见乎？自有痴来，经劫累身，悠悠者比丘，有不了谛，反视如有者者，万无一人，曷云分明耶）、大意串讲（此说生死苦，为苦谛也。今死则后身生，生死犹昼夜。而愚者以生而感死，频以成苦），等等。从整个《人本欲生经注》来看，道安的注几乎把每句话都分割开来，进行了或详细或简略的交代。具体解释中他既有严守文本的注经手段，甚至是逐字逐句的文本细读，更有进行思想内容剖析的解经手法。其解释对佛学思想借题发挥，渗透着他自己的理解，如"言从痴者……何得言易见乎"即以提问方式引出其个人观点。更有甚者，会针对某些字句进行大段阐发的情况，如：

亦知是从得出要，如有知。注：出要，法句言得要生尽也。故七处曰

---

① 《大藏经》，《佛说人本欲生经》（http://tripitaka.cbeta.org/T33n1693_001）。

欲能治能弃能度也。尽谛有四事。出要是其一也。凡六事皆曰知。行道谛之慧也。六事皆曰是。是六天已下不及人身识所依也。七处三观经。一皆知五阴之一。而阴有六情也。一一皆知阴。阴有习三四知阴尽行道。又曰。亦知色味亦知色出要。此七处也。三观者。观身色观五阴观六情也。三观即七处之每第一阴入也。言以道谛尽谛苦出要谛。观阴人及乐而阴之也。五阴，盖经以五阴为五习尽为七处昧苦出要为三观。文小异大同身三经唯七处三观经有道谛二经皆七事而已。然俱曰行道亦道谛也。皆曰知亦谛也。如至识知。或曰。如本知知非谛何也。知观同义也。九九止即天身为观地习天之习天之身会灭行道味乐天乐天乐乐必有苦能断天贪可名活道故曰出要也。皆四谛观观九处也。所谓微而显约而具也。十报单用阴习尽而止也。①

道安在此不但解释了相关的尽谛、道谛等概念，而且对具体内容（即数事）一一说明，对概念间的上下级与层次关系进行了描绘，对于读者从全局上掌握佛法的复杂概念系统具有很大的帮助。他还进而将《佛说人本欲生经》与《七处三观经》联系起来，与五阴理论进行比较，借题发挥对五阴、三观等思想的看法。这一方面可以视为道安自身思想的表达；另一方面也是在为读者提供新的资料，并帮助其理解佛法。

那么道安自己是如何看待他的这一做法的呢？以他为这个注本撰写的序文为例（出，249）：

人本欲生经者，照乎十二因缘而成四谛也。本者，痴也；欲者，爱也；生者，生死也。略举十二之三以为目也。人在生死，莫不浪滞于三世，飘萦于九止，稠缪于八缚者也。十二因缘于九止，则第一人亦天也。四谛所鉴，鉴乎九止；八解所正，正于八邪。邪正则无往而不恬；止鉴则无往而不愉。无往而不愉，故能洞照傍通；无往而不恬，故能神变应会。神变应会，则不疾而速；洞照傍通，则不言而化。不言而化，故无弃人；不疾而速，故无遗物。物之不遗，人之不弃，斯禅智之由也。故经曰："道从禅智，得近泥洹。"岂虚也哉！诚近归之要也。

---

① 《大藏经》，《佛说人本欲生经》（http://tripitaka.cbeta.org/T33n1693_001）。

> 斯经似安世高译为晋言也。言古文悉，义妙理婉。睹其幽堂之美，润庭之富者或寡矣。安每览其文，欲疲不能，所乐而玩者，三观之妙也；所思而存者，想灭之辞也。敢以余暇，为之撮注。其义同而文别者，无所加训焉。

从中可以看出，道安非常讲究概念的阐释，也即思想内容的解释。在他看来，安世高虽然是译本的原译者，但是"言古文悉，义妙理婉"，实际上是委婉地指出这样的译本还不足以让读者有完整充分的理解，也就没能彻底地完成译经目标，因此需要进一步解释，用解经补足译经。在这一过程中，他自然也不可能仅限于字词解释，其"欲疲不能""所乐而玩"的"三观之妙"自然是掺杂自身理解的视域融合的产物。

如果我们将道安的做法与王弼的解经联系起来，可以发现其中的似曾相识感：

> 道可道，非常道，名可名，非常名。注：可道之道、可名之名，指事造形，非其常也。故不可道，不可名也。
> 无名天地之始，有名万物之母。注：凡有，皆始于无，故未形无名之时，则为万物之始。及其有形有名之时，则长之育之，亭之毒之，为其母。言道以无形无名，始成万物，以始以成，而不知其所以，玄之又玄也。
> 故常无欲，以观其妙。注：妙者，微之极也。万物始于微而后成，始于无而后生。故常无欲空虚，可以观其始物之妙。
> 常有欲，以观其徼。注：徼，归终也。凡有之为利，必以无为用。欲之所本，适道而后济。故常有欲，可以观其终物之徼也。

以上是王弼《老子注》第一章的部分内容，同样有字词意义、概念阐发与大意串讲等该内容。《老子》第三十八章"上德不德，是以有德"一段约150字的内容，到王弼手中则洋洋洒洒1000多字，借机大段阐发自己的玄学思想，将上德、下德与天地万物、圣人君子、仁义礼仪以及以无为用、取母舍子等联系起来。王弼和道安这种解经方式的共性，显示了魏晋六朝学术理路的内在联系。道安虽为佛教徒，但他的思想背景与学术训练则是传统的儒家路子。身为知识分子而继承孔子的"述而不作"精神与作为佛教徒的弘法事业并不矛盾，所以道安将外典的释经法用于治佛经，也是非常自然的。

道安在解经中显示出来的思想内容是非常复杂的。他的僧团在襄阳发展出一种颇具特色的综合北方禅数学与南方般若学的义学思想，既区别于南方清谈和书斋辩论式的玄学式佛教，也不同于佛图澄时期北方简单的信仰式佛教，而呈现出既强调般若思想实质内涵，又不排斥中国文化表述形式的混合形态，是一种融会贯通的汉语佛教思想[1]。当时的中国思想界流行以老庄解佛的格义法，而道安的佛学理论正是在这样的背景下产生的。尽管他也是批判格义的先行者，指出"先旧格义，于理多违"[2]，但他只是反对机械的比附，生怕外行误解；但对心知肚明、不为语言牢笼所束缚的通经者，则不反对他们巧妙利用中国传统的思想概念来帮助解释与传播佛经奥义，比如慧远"引庄子义为连类，于惑者晓然"，就得到道安的赞许[3]。当时思想界形成的积习难以立即纠正，况且国家处于分裂状态，学术界多元开放，道安并无力改变所有人。而且从本质上来说中国的佛教徒不可能脱离其母语母文化体系，其教育背景和语言表述习惯决定了佛教文化会很自然地浸润于儒道底色中，因而聪明的做法是顺应与调整，而非一味对抗与冲突。用人们喜闻乐见的形式阐明佛理，在佛教传播早期无疑是正确的选择。

就道安释经与翻译活动的联系而言，他的做法证明了释经与译经的相辅相成关系。微观上，一个译者要翻译佛经，就必须先理解他翻译的对象。任何读者在阅读时其实就是在阐释，其理解本身就是一种自己给自己做的翻译。宏观上，佛经在中国的传播也经历了先注解、阐释，然后翻译，再得到进一步注解与阐释的过程，即释经、再译经、再释经的循环。比如安世高翻译时各方面条件还不成熟，对译事本身也非常缺乏经验，翻译文字比较粗糙，理解与表达可能都有问题，给后人的解读带来不少麻烦，即便是道安这样的高僧也要反复研读，"仓促卒寻之，时有不达"（出，254）。道安既然看到"不达"，就要解决这个问题，把

---

[1] 袁柯：《公元379年的道安僧团与中国化佛教》，硕士学位论文，西南大学，2009年，第29页。

[2] （梁）慧皎撰、汤用彤校注：《高僧传》，中华书局1992年版，第195页。

[3] 同上书，第212页。

经义搞明白。所谓"言古文悉,义妙理婉"、"睹其幽堂之美,阙庭之富者或寡矣"(出,250)等赞词,也暗含自己无法完全体会、读起来模模糊糊的意思。这样的译本如果不先通过字词解释和经本互参加以修订,是很难推广的。要不是道安的工作,安世高的译本很可能就没多少人能读懂而被埋没。早期译者在条件有限的情况下只能完成粗疏的翻译,而道安的解经则是翻译的延续。他虽然不懂原文,但其学术背景、社会资源和硬件人员等各方面条件足以使他成为一时之选,可以将译经大业延续下去,让佛法的星火在接力棒中传承。毕竟,我们不能指望佛法传播这样的事情可以由一两个人、乃至一两代人来完成。每个人、每代人都只不过根据自身条件在特定历史阶段传递或长或短的"一棒",发挥应有的作用。对此,道安本人也有清醒的认识:"窃不自量,敢豫僧数,既荷佐化之名,何得素餐终日乎?辄以洒扫之余暇,注众经如左。非敢自必,必值圣心,庶望考文,时有合义。愿将来善知识,不咎其默守,冀抱盆燎火,说有微益。"(出,227)他的佛学研究在鸠摩罗什来华前基本可以视为当时最高水平的代表,而且也许还是一个不通梵文的本土研究者所能达到的最高程度了。道安在战乱中总能找到合适的落脚点,汲汲于学术研究,不遗余力收集、整理与研究佛经,努力弄清佛经的含义。依赖个人素养、僧团的力量、在士人中的声望、当政者的支持以及各种与域外的联系,他可以调动与整合大量资源,为释经和译经做好充分的准备,并惠及后来的鸠摩罗什等人。

　　这里还产生一个问题,就是既然有那么多的经本,那么多的阐释,那么佛教徒又该如何面对这个多元的格局呢?或者说,他们心目中的佛教是一元还是多元的,其文本到底是谁的文本,代表了谁的思想呢?在佛教传播的早期,佛经处于一个较为繁杂、混沌的状态。客观上,经本来源参差不齐,翻译与传抄是多人多地分头进行的;主观上,不同人对佛教有不同的接受态度与方法,即便同一个人在不同时期也会有不同的看法,比如道安就是如此。但这并不妨碍我们去探讨围绕经本的研究。比如道安的佛学思想、活动、身份与所处环境固然一直有变化,但他的目标始终没变,那就是探寻佛经原意,传播他心目中真正的佛法。道安认识到世界的复杂性与任务的艰巨性,曾感叹道"宗匠虽邈玄旨可寻,应穷究幽远探微奥,令无生之理宣扬季末，使流遁之徒归向有本"，于是"游方问道备访经律"。①这个"本"②指向了最原本、最本真的佛学思想，而在实践中，则又具体化为经本，通过寻找搜集、阅读研究、注释翻译、教学传播等活动来弘扬大法。

佛经文本间的客观差异是实实在在的，但道安不是纯理论家，他不但要把教义的真实面目搞清楚，更要将它传播出去，要教导僧众，建立信奉这一教义的僧团，这就意味着又不能拘泥于文本。所以道安最终选择跳出文字的泥潭，指出"然凡谕之者，考文以征其理者，昏其趣者也；察句以验其义者，迷其旨者也"（出，263）。即思考问题不能纠缠于细节，而要始终不脱离本，这里多少也有王弼"崇本息末"思想的影响。道安指出："世不值佛，又处边国，音殊俗异，规矩不同，以愚量圣，难以逮也"（出，252）。因此，一方面佛典的解读涉及不同语言的转换（音殊俗异）、时代环境的变化（世不值佛，又处边国），但更困难的是思想的转换，即佛圣与愚凡的差异，这从根本上来说是难以解决的。"然则经无巨细出自佛口。神心所制言为世宝。慧日既没三界丧目。经藏虽存渊言难测。自非至精孰达其微。于是诸开士应真。各为训解。释其幽赜辩其差贯。则烂然易见矣。穷神知化何复加乎。"（出，252）一般人难以解读出来，除非是"至精"而"达其微"，因而目前的情况是"诸开士应真。各为训解"，自然造成纷乱的局面。再退一步而言，即便佛经间真有差异，也是"经无巨细出自佛口"，都出自"神心"，只不过是世人无法理解，才认为相互矛盾而已。而既然只有一个"本"，那么"经之大例，皆异说同行。异说者，明夫一行之归致；同行者，其要不可相无，则行必俱行。全其归致，则同处而不新；不新故顿至而不惑，俱行故丛萃而不迷也。所谓知异知同，是乃大通；既同既异，是为大备也"（出，370）。因此，人们必须认识到佛经就是"异说同行"的；既知异、又知同，才是真正的内行，达到"大通"境界，此时的理解才能融会贯

---

① （梁）慧皎撰、汤用彤校注：《高僧传》，中华书局1992年版，第178页。
② 当然，"本"字在佛教思想中还有特殊的宗教含义，此处不予考虑。可参见解兴华《"本"的意义——试论释道安的佛学思想》，《江淮论坛》2010年第3期。

通，不违背佛经的原本面目。

由此，道安在努力消弭不同佛典的客观差异的同时，也抑制了对典籍进行多元阐释的空间，而只提供走向佛陀原意的道路。这样一种方式对于翻译而言，无疑是大有裨益的。正如上文所言，既然都是"佛口"与"神心"所出，那么就只有一个作者，即佛陀。而作为宗教文本的撰写者，是不可能像后现代理论所说的那样离去的。要理解这个作者，除了各种宗教体验、神启开示等特殊的"阅读方式"，更多的就是研读文本，这个文本虽然被具体化为各种佛经，但本质上都是佛陀思想的体现，所以最终其实就只有一个"本"而已。世人所能做的就是解读这个"本"，而不可"失本"。后来道安在晚年提出的五失本思想，显然也与此大有渊源，比如"三不易"中有关圣愚差异的问题，显然与早年的这番认识不无关联。

《高僧传·义解僧》的评论，可以作个很好的小结：

论曰：夫至理无言，玄致幽寂。幽寂故心行处断，无言故言语路绝。言语路绝，则有言伤其旨，心行处断，则作意失其真。所以净名杜口于方丈，释迦缄默于双树。将知理致渊寂，故圣为无言。但悠悠梦境，去理殊隔，蠢蠢之徒，非教孰启。是以圣人资灵妙以应物，体冥寂以通神，借微言以津道，托形传真。故曰：兵者不祥之器，不获已而用之，言者不真之物，不获已而陈之。故始自鹿苑，以四谛为言初，终至鹄林，以三点为圆极。其间散说流文，数过八亿。象驮负而弗穷，龙宫溢而未尽。将令乘蹄以得兔，藉指以知月。知月则废指，得兔则忘蹄。经云：依义莫依语。此之谓也。而滞教者谓至道极于篇章，存形者谓法身定于丈六。故须穷达幽旨，妙得言外，四辩庄严，为人广说，示教利喜，其在法师乎？[①]

在慧皎看来，语言只是工具与途径，理解佛法不能执着于语言文本，而在于体悟，其"蹄兔"、"指月"语俨然已有禅宗意味，也与王弼的解经精神会通。当然，这并不意味着不需要文本，更不是贬低传译之功。慧

[①] （梁）慧皎撰、汤用彤校注：《高僧传》，中华书局1992年版，第276页。

皎在《高僧传》译经部分的评论中，第一句就说道"传译之功尚矣，固无得而称焉"①。因此，关键在于占有经本之后，法师们如何去"为人广说，示教利喜"，教会人们用好手中的文本，这正是解经的巨大意义所在，也体现了解经作为译经之前导与后续的作用。

三　罗马的语言活动与翻译

佛教传入前的中国基本是个单语环境，没有什么翻译传统，而基督教诞生前的罗马本就是个多语言的社会，已经开展过较大规模的书面翻译活动，即罗马人对希腊古典文化的大规模翻译与学习以及消化与整合。尽管当时没有翻译学科，但文法和修辞活动都与翻译有多方面的关联。在文法学校中，学生除了要学会阅读理解文本，还要进行文本批评练习，修辞学校教授说服与论辩的技术，这些活动就已包含了理解与表达两个基本面。一些学者如西塞罗和昆体良（Marcus Fabius Quintilianus，约35—约100）等，也直接或间接地谈论过对翻译的看法，反映了罗马人对翻译活动的认识。实际上，当时的罗马把翻译视为修辞学的一部分，因为成规模的书面翻译实践是因罗马人翻译希腊著作而产生的，修辞术也是从希腊文化引入罗马的，更值得注意的是，罗马人眼中唯一的外语就是希腊语，学习希腊文化就是从希腊文化进行翻译②。因此在罗马晚期，演说修辞、语文教学和文本批评等语言文化活动都与翻译有关。

第一，翻译与罗马的演说和修辞传统密切相关。西塞罗关于翻译有一句名言，即"我不是作为翻译匠、而是作为演说家来作那些翻译的。我保留和原文同样的思想以及形式模样，我的语言适合于符合我们的说话方式，因为我认为没有必要追求词对词（word for word）的翻译，而应该保留语言的总体特征与力量。"③这句话从表面上看是在讲翻译，实际上更像是在谈修辞与演说。无论是提倡"演说家"还是

---

① （梁）慧皎撰、汤用彤校注：《高僧传》，中华书局1992年版，第116页。

② L. G. Kelly, Latin Tradition, In Mona Baker, *Routledge Encyclopedia of Translation Studies*, London and New York: Routledge, 2001, p. 495.

③ Cicero, On Invention: the Best Kind of Orator, V, In Cicero. *On The Orator* (Loeb Classical Library No. 348), Mass: Harvard University Press, 1942.

反对"词对词"，西塞罗对翻译的理解都局限在修辞学框架中，聚焦于如何提高修辞练习者的语言能力上。①因而这句话与其说反映了西塞罗的翻译思想，倒不如说更像是他的修辞观，是从翻译角度谈语言修辞。正是从这样的逻辑出发，他认为既然有原本的存在，人们可以就此拒绝阅读译本，或者既然有人可以不反对翻译诗歌，那就是因为译本不比原作差，而这其中，译本语言的艺术性显然起到了重要的作用②。因此，翻译存在的必要性和可能性显然也建立于跟原本竞争之上，而不能亦步亦趋。

西塞罗的观念在当时的罗马其实是非常普遍的。比如与之同时代的诗人贺拉斯在他的文艺批评和修辞研究中就表达了类似的观念。贺拉斯坚持意译和活译，反对只顾原文形式而不顾译文的翻译。他的《诗艺》（*On the Art of Poetry/Ars Poetical*）就是关于如何提高诗作艺术魅力以达到文本语言目的的讨论，书中提出"不把精力花在逐字逐句的死搬死译上，不在模仿时作茧自缚……不敢越出雷池一步"③。从贺拉斯的身份来看，他作为一个诗人要求创造的权利（line 10），力求艺术上尽善尽美的效果（line 48）；他在语言表达上充分重视语言的表达习惯，认为习惯是语言的裁判（line 71），这体现了他的读者中心和译文中心思想。

修辞学家昆体良同样如此。他认为翻译也是文学创作，因而也要讲究文采，并在其著作《雄辩术原理》（*Institutes of Oratory /Institutio Oratoria*）中提出"与原作竞争"的观点。昆体良认为翻译并不仅仅指意译，而且还指在表达同一意思时与原作搏斗和竞争。也就是说，翻译也是创作，这种创作必须与原作媲美，译作应力争超过原作④。他使用"竞赛"这一概念来强调修辞练习中积累语汇以及变换措辞的重要性："变换拉丁语作品的措辞，尤其是译述拉丁语诗歌，也同样有助于语言练习……但我不会把

---

① 方仪力：《西塞罗的翻译思想与修辞学的内在联系探讨》，《外语研究》2013 年第 3 期。

② Cicero, On Invention: the Best Kind of Orator, VI, In Cicero. *On The Orator* (Loeb Classical Library No. 348), Mass: Harvard University Press, 1942.

③ *Ars Poetical*, Line 128. 中译本参见［古罗马］贺拉斯《诗艺》，杨周翰译，人民文学出版社 1962 年版。

④ Quintilian, Institute of Oratory, In Douglas Robinson, *Western Translation Theory: From Herodotus to Nietzsche*, Beijing: Foreign Language Teaching and Research Press, 2006, p. 20.

变换措辞（paraphrase）仅仅限于译述（interpretation）原诗，因为译述的任务还包括在表达同样的思想时跟原作竞赛。因此我不同意有些人禁止学生译述罗马演说家的演说。"①

在早期罗马文人的眼中，希腊文化是先进文化，因而重视希腊语的教学与研究，很多人掌握希腊语并能阅读原典，对他们而言翻译并非不可或缺，它在一定程度上只是修辞教学与文学创作的一种形式。而且拉丁语和希腊语在语言学上有很大的亲缘关系，既然可以用拉丁文解释拉丁文，做文法、写作或是修辞练习，那也同样可以用拉丁文解释希腊文，进行翻译练习。翻译可以当作同一个意思以两种不同形式的语言去表达的语际修辞练习，那么其性质就与演讲论辩一样，成为有交际目的的语言活动了。正因如此，可以说罗马人就已经有了翻译研究，但这是从属于演说和修辞的翻译研究。

第二，翻译与语文教学以及文本批评密切有关。罗马征服希腊后，大量希腊文人流入罗马境内。鉴于罗马在文化上的落后，很多希腊文人就以教书为生，尤其是教授希腊语言和文学。先要读懂语言，然后再进行文本批评，理解诗歌的深刻内涵，培养学生的情操并进行道德教育②，这些内容都包含在古典的希腊文法学中。文法学既是正确说话的艺术，也是解释诗人作品的学问③，它包括经文读解和读写规则两大内容，其中后者与今天的语法、写作相当，前者则能再细分为 Lectio（读）、Enarratio（释）、Emendatio（订）、Iudicium（评）四项内容；Lectio 包括对文本结构、韵律、标点等内容的研究，Enarratio 包括修辞和辞格的研究，Emendatio 包括正音正字的研究，Iudicium 则是对语言文本进行诗学、道德和意识形态上的评价④。实际上，希腊文"批评"（kritikos）一词就与判断（krites）

---

① Quintilian, Institute of Oratory, In Douglas Robinson, *Western Translation Theory: From Herodotus to Nietzsche*, Beijing: Foreign Language Teaching and Research Press, 2006, p. 20.

② Quintilian, Institute of Oratory, I, 8, 5 – 8. 参见［古罗马］昆体良《昆体良教育论著选》，人民教育出版社 1989 年版。

③ Quintilian, Institute of Oratory, I, 4, 3. 参见［古罗马］昆体良《昆体良教育论著选》，人民教育出版社 1989 年版。

④ Martin Irvine, *The Making of Textual Culture: Grammatica and Literary Theory*, 350—1100, Cambridge/New York: Cambridge University Press, 1994, p. 6.

的意思有关,从而又与"文法"概念密切联系起来。①如果说前面的语文学习属于语言本体的学习,侧重于"注",那么文本批评和思想阐释则是在"解"经了。由此,语言的教学解释与思想内容批评就结合起来。同时也应注意到,这种教学是希腊老师教罗马学生,因而又牵涉到双语转换的问题。昆体良记载到,学生先听故事,然后以纯正而自然的语言诵读《伊索寓言》等,用同样优美简洁的文体把它意译出来,这其中还要学会将诗行打乱,再换个说法把原诗的意思表达出来,学生可以自由地将原诗删节或进行修饰,但不能改变其意思②。由此可见,阐释、解经以及翻译在教学阶段就是有机融合在一起的,这样的做法自然会影响罗马人的翻译观。

第三,翻译与文学、文化的品鉴,乃至文化融合密切相关。在罗马,文学上的模仿是一种很常见的文法和修辞学习的方式。尤其是在罗马文明成长的早期,希腊文化是它钦慕与学习的对象。政治军事上的征服并无法改变罗马在文化上被征服的事实,由此出现安德罗尼斯(Livius Andronicus,前284—前204)、涅维乌斯(Gnaeus Naevius,前270—前200)和昆尼乌斯(Quinius Ennius,前239—前169)等一批翻译家,通过改编和翻译古希腊的诗歌和戏剧而成为罗马诗歌和戏剧的开拓者。之后随着罗马黄金时代的到来,其文化实力和自信心都有了很大提升,到贺拉斯、西塞罗和昆体良这一代人时,模仿不再是完全的被动吸收,而开始有了一种为我所用的创造力。因而此时的翻译活动出现意译倾向和不对等的翻译理念,希腊文化开始拉丁化,罗马在思想文化上收复失地,完成对希腊的全面征服。这种做法的典范就是维吉尔的仿译和编译,其《埃涅阿斯纪》(*The Aeneid*)粗看还是希腊神话和史诗,但精神实质和气质却相当拉丁化,体现出罗马盛期的蓬勃朝气和文化自信。对这个时代的人来说,翻译、改编和抄袭的界限都是模糊的③,创造中有翻译,翻译中有创造,形成非常有张力的融合。

---

① Stanley F. Bonner, *Education in Ancient Rome: From the Elder Cato to the Younger Pliny*, London and New York: Routledge, 2012, pp. 47–50.
② Quintilian, Institute of Oratory, I, 9, 2. 参见[古罗马]昆体良《昆体良教育论著选》,人民教育出版社1989年版。
③ 刘军平:《西方翻译理论通史》,武汉大学出版社2010年版,第92页。

第四，翻译与宗教修辞的发展有关。一方面，宗教学术活动与文人知识分子和社会阶层等有直接关联。罗马时期人们一直有这样一种观念，即使用语言符号和进行阐释工作是智者的任务，而宗教思想更应该用语言包装，而不是什么人都可以解读得出来的，而且越是神秘的事物就越神圣、也越容易得到尊崇[1]。这一观念对于人们的语言学习和释经活动自然具有深远的影响。

另一方面，基督教发展的根本是教徒数量的不断增长，其中一个途径就是文本传播和讲经布道。尤其是后者，还和社会事工、文化教育、道德宣传等活动联系起来，既要传播圣经文本，又要负责解释，还要有足够的吸引力，能与其他宗教和意识形态竞争受众，这使得越来越多的教父感到要达到布道目的，就得注重文本的解释方式和良好的修辞，内容上不可拘泥于原本的词句、语言上要顺应拉丁文化的表述习惯。实际上到4世纪时，已经出现了巴西尔、格列高利等一批教会修辞专家，而这又正是哲罗姆译经的时代，其中的关联自然不能仅用巧合来解释，而是反映了历史发展中一条逐渐明朗的线索。

总之，在希腊罗马传统中，文法作为正确说话的艺术是一种方法（method），阐释是对作品的讲解，是一种解释（interpretation）活动[2]，而修辞则是语言艺术的精进和拔升。这层关系决定了它们与作为语言转换的翻译活动必然存在某种学理上的关联，共同构成宗教文化活动的有机组成部分，这是我们考虑罗马人的翻译观时无法忽略的因素。如果说罗马对希腊文化由仰视与学习到平等再至俯视和摄取，使翻译策略逐步走向自由和意译，乃至以改写来涵盖翻译，那么在基督教的神学传统下，则是从相反的方向来影响翻译思想，即对原著的绝对尊重。

在教父传统中，语言问题是从属于宗教的。翻译中原文和"作者"具有绝对的宗教权威，译者只是代言人和传递者，毕竟译者本身是属于上帝的教徒。比如奥古斯丁说过：

---

[1] Edwin Hatch, *The Influence of Greek Ideas on Christianity*, New York: Harper Brothers, 1957, p. 65.

[2] Quintilian, Institute of Oratory, I, 9, 1. 参见［古罗马］昆体良《昆体良教育论著选》，人民教育出版社1989年版。

如果这些圣经除了上帝之灵通过凡人讲话以外没有别的内容，那么在希伯来文本中有，但在希腊文本中没有的经文就是上帝之灵认为不宜通过翻译者来说、而只能通过先知来说的事情。同理，那些在希腊文本中没有，而在希伯来文本中有的经文就是这位圣灵选择要通过翻译者来说，而不通过先知来说的事情，以此表明前者和后者都是先知。①

由此看来，类似于道安的"本"的概念，在西方那里既不是希腊本甚至也不是希伯来本，不是经本的作者或某位先知，而是代表上帝的圣灵。判断文本的标准不是文本自身，而是原作者的意图，在宗教语境下就需要神启的赐予；希腊式的阐释和修辞均在此失效，而让位于非语言因素。在这一思想的影响下，奥古斯丁的翻译策略自然偏向于原文，主张严格的直译，因为语言背后的神意才是更重要的。"对那些有知识背景的读者来说，从每一种译法中都可以找到更多的真理。因为读者不太可能对文本的理解大相径庭，没有一点共同看法。就此而言，领会在于眼见，是永久的。"（CD，Ⅱ，12，17）这种对于语言因素的抑制，倒是非常适合于解经者，为他们在不懂外语的情况下研究经本提供了合法性基础。这或许也是教父们作为宗教领袖（不能让语言能力挑战其权威性）的一种本能反应，以及对自身有限的外语能力（道安与奥古斯丁皆然，甚至哲罗姆的外语水平也是饱受争议的）的一种保护。

四　哲罗姆的释经与翻译

哲罗姆是晚期罗马最重要的翻译家。作为罗马化的基督教徒和希腊式的知识分子，他不可避免地会受到罗马和教会两种不同阐释观和翻译观的影响。

哲罗姆的释经思想是既重视字面意思，又受寓意解经派、尤其是奥利金的影响。关于释经的方法，他用过"secundum intellegentium corporalem"（根据身体理解）、"carnaliter"（感官的）、"iuxta litteram"（接近字

---

① Augustine, *City of God*, XVIII, 43（http://www.ccel.org/ccel/schaff/npnf102.html）. 中译本第 873 页。

面)、"historia veritas"(历史事实)等不下二十种术语①,反映出其思想的复杂性,而这种复杂性与他的学习研究和实践经历有关。哲罗姆早年更信奉奥利金的"寓意解经",当时也并未学习过希伯来语。但之后经过学习,观念上又有所调和②,他也曾经信奉当时普遍流行的观点,即七十士本是神启的产物,是绝对的权威,而这一点也在他对比七十士本与希伯来文圣经后发生了动摇,从而产生要回到原本,回到希伯来真理(Hebrew truth)的想法。③

哲罗姆的许多释经工作是应朋友之请而进行的,他们的需求对哲罗姆的具体策略有很大影响。比如有人请哲罗姆对《马太福音》的历史背景进行详尽的注解和介绍,为此哲罗姆做了相当细致的考据,体现出对原文字面意义相当尊崇的态度,甚至在晚年完成一系列《小先知书》的注释工作后还对奥利金寓意解经法的弊端进行过反省,认为"只要先知的意义能反映历史事实,就会彰显出来,而不应受到朦胧的寓意解释的影响"④。哲罗姆重视语言问题,也尊重历史事实,还研究过教会史。在重译圣经前,他先翻译了尤西比乌的《教会史》,编撰了人名与地名索引,列出每个术语的希伯来文词源,这一工作为后来的圣经翻译打下了很好的基础。此外,他也非常重视宗教地理和地方志。哲罗姆曾在圣地周边游历和实地考察,对于他的注疏工作所涉及的一些重要地方有了较为感性的认识。

在翻译上,哲罗姆有一句名言,即"就翻译而言(圣经除外,因为在此即使词序也是神秘的),我是义对义而非词对词地翻译。"⑤这句话一定程度上体现了他对文本和语言的重视,但在实际操作中,无论是翻

---

① Denis Brown, *Vir Trilinguis: A Study in the Biblical Exegesis of Saint Jerome*, Kampen, The Netherlands: Kok Pharos Publishing House, 1992, pp. 124–125.

② G. W. H. Lampe, *The Cambridge History of the Bible* (Vol. 2), Cambridge: Cambridge University Press, 1969, p. 90.

③ Ibid., pp. 95–96.

④ Jerome, Commentary On Malachi, 转引自 Denis Brown, *Vir Trilinguis: A Study in the Biblical Exegesis of Saint Jerome*, Kampen, The Netherlands: Kok Pharos Publishing House, 1992, p. 131.

⑤ Jerome, *Letter LVII. To Pammachius on the Best Method of Translating*, 5 (http://www.ccel.org/ccel/schaff/npnf206)。以下引用 Jerome 著述处,除另行标明外均引自 CCEL,不再一一标识。

译还是释经都不可能是连词序都奉为神秘而不可违背的（具体讨论见第四章第三节）。在释经上，哲罗姆认为仅仅凭借字面意义是无法完成各项解释与翻译工作的，而属灵与身体这两层含义是相辅相成的；他高度推崇奥利金，在很多情况下行使着解经者的角色，同时也高度推崇西塞罗，讲究语言表达的适切、自然与优美；在注疏工作中，他经常会省略一些不符合拉丁语阅读习惯的纯粹的重复性语言，会为了把内容说清楚而添加自己的话，更有原文用词重复、到他的译本里却变化用词的习惯[1]。

对于圣经的解读，哲罗姆常用"allegoria"（寓意）、"aenigma"（神秘）和"theoria"（思考，推测）等词，他指出"寓意是特别的语文技艺，关于它和隐喻或其他修辞格的区别我们从小就在学校中学习过，它在字面上是一层意思，实际则表达另一层意思。"[2]不过，"当神谕的内涵非常明显，历史的展开就能通过翻译得到呈现，此时进行寓意的解读就是多余的"[3]。他认为，两种意义互相关联，是"神庙的两扇门"；属灵的寓意要以字面意义为基础，是从后者自然发展出来的；尽管在释经中对于字面意思的解读并没有多大自由空间，但是譬喻式的解读是自由不受限制的，只要解读者根据语境心怀虔诚并尽量靠近教义就可使用[4]。由此，我们也可以看出哲罗姆释经中的实用主义色彩。

无论是注经还是解经，根本目的都是将文本的意义解释给受众。当这种活动表现为教学和教育时，就成了布道；如果涉及不同语言间的操作，则与翻译无异了。因此，在古罗马的多语言环境中，解释与翻译间的界限常常是模糊的。由于希伯来文、希腊文和拉丁文在语言学上的同源性，使得严格的词对词的直译有了可能。这种可能可以到什么地步，今人的讨论或许可以给我们一些启示。西方有神学家提出，可以根据以下步骤来检验

---

[1] G. W. H. Lampe, *The Cambridge History of the Bible* (Vol. 2), Cambridge: Cambridge University Press, 1969, pp. 96 – 97.

[2] Commentary On Galatians, 转引自 Denis Brown, *Vir Trilinguis: A Study in the Biblical Exegesis of Saint Jerome*, Kampen, The Netherlands: Kok Pharos Publishing House, 1992, p. 146。

[3] Commentary On Zephaniah, 转引自 Denis Brown, *Vir Trilinguis: A Study in the Biblical Exegesis of Saint Jerome*, Kampen, The Netherlands: Kok Pharos Publishing House, 1992, p. 126。

[4] G. W. H. Lampe, *The Cambridge History of the Bible* (Vol. 2), Cambridge: Cambridge University Press, 1969, p. 90.

不同文本与原文的差异:第一步是选取合适的段落,如 30—50 个单词;第二步是把原文每个词译成最接近的目的语,即逐词转换,而不改变原文的词序,如果译文不止一种选择,就都包括进去。这样的译文显然无法阅读,但却是重要的中间步骤;第三步是更改词序,并根据译文的阅读习惯和形式做必要的修改,修改的幅度要尽可能地小,只在不得不改、让译文可以读懂的范围内进行修改;这样得到的是最对等的翻译,而这个文本自然成为评判和比较其他译本的基础,比如可以就词序、省略、词法变化、句法变化以及添加补充等几个方面进行比较。[1]作为布道者,如果你让受训对象认为自己读的不是圣经,而是圣经的解释,那将是失败的,因为做解释恰恰是布道者自身、而非翻译的任务;翻译所需要的是尽可能提供接近原文原貌的文本,让释经者、布道者以此为基础进行解释[2]。从上述这一论述中我们可以感受到西方人眼中的直译可以做到怎样的地步,以及哲罗姆为何要反对这样的直译了。

翻译并不仅仅关乎语言文字问题。罗马时期从事圣经翻译的人不少,但对哪个版本的圣经才是权威却没有达成共识。直到哲罗姆的时代,教会权威也没有稳固;相反,这还是一个形成权威的时期,因而才有教皇让哲罗姆整理乃至重译圣经的事情。所以翻译问题实则宗教政治问题,这一点是我们研究哲罗姆的注经与解经观时所不能忽视的大背景。那么他的解经工作到底是受哪些因素影响的呢?

首先,哲罗姆本人的教育背景。哲罗姆拥有深厚的语文功底,少年时在传统的文法学校学习,在希腊文和拉丁文、修辞、文本分析等方面都有很高的造诣,同时也非常熟悉古典文学,喜欢阅读维吉尔的诗作、泰伦斯(Terence/ Publius Terentius Afer 约公元前 195/185—约前 159)的剧作、萨鲁斯特(Sallust/ Gaius Sallustius Crispus 公元前 86—约前 35)的历史作品以及西塞罗的各种美文和演讲作品等。青年时代,他在修辞学校研习修辞和演讲,为将来可能从事的法律和公共服务做准备。正是这种背景使哲罗姆非常看重基本功,这也是他后来为了解经和译经去学习希伯来语、而

---

[1] L. Thomas Robert, Bible Translations: the Link between Exegesis and Expository Preaching, The 35th Annual Meeting of the Evangelical Theological Society, Dallas, Dec. 1983, In *The Master's Seminary Journal*, p. 60。

[2] Ibid., p. 72.

第三章 解经：阐释与接纳

不满足于仅仅靠神灵启示研究圣经的一个重要原因。当然，哲罗姆的个性与气质也非常重要，尽管早年他的希伯来语知识非常有限，但还是利用那一丁点儿的外语能力就勇于对文本的理解做出判断，认为自己是出于真诚和热情在研习圣经，而其他一些学者只是自认为博学却实则更关心他们的肚子而非心灵①。哲罗姆非常自尊，有独立的学术品格，他总是愿意彰显自己的意见，只要自己做出判断，就不惜修正他人、也包括自己的错误观点②。这也是他作为一名教徒而敢于解经，以及能被教皇选中担当重译圣经这一重任的重要原因之一。

尽管哲罗姆后来花大力气学习希伯来文，但实际水平到底如何还很难评判③，但据他自己所言，是"孜孜不倦地学习希伯来语"④。由于没有现成的文法和合适的学习材料，他只能通过口头学习，靠语音强记希伯来文词汇，对于为此而付出的巨大精力，他自己也经常感到失望而想要放弃，但还是鼓起勇气坚持了下去⑤。他还花了不小的一笔钱请来最好的老师，并认为无论自己能从中受益多少，至少"我只翻译自己能理解的东西"⑥。

第二，哲罗姆对"本"的重视。哲罗姆重译圣经的一项准备工作是针对圣经的重要术语，如人名、地名等进行集中整理工作，搞清楚其语源，并写下《希伯来问题》（*Book of Hebrew Questions*）、《希伯来地名书》（*Book on the Sites and Names of Hebrew Places*）和《希伯来人名书》（*Book on Hebrew Names*）等著作，体现了他对原文的重视和一丝不苟的精神。正是从"本"出发，他才有能力、有信心，也有根据去推翻权威的七十士本，为自己新译本的合法性提供基础。所以他坦诚，自己是尽量采取七十士本的形式，在那些与希伯来原本相去甚远的地方才进行改动，并且为了既不过于出新、也不违背自己的良心而屈从主流，还参考了各种流传的希

---

① Jerome, *Commentary on Hosea*.
② Jerome, *Letter* XVIII. *To Pope Damasus*.
③ 可参见 Michael Graves, *Jerome's Hebrew Philology: a Study Based on his Commentary on Jeremiah: A Study Based on His Commentary on Jeremiah*, Leiden, Boston: Brill, 2007。
④ Jerome, Commentary on Galatians, 转引自 Denis Brown, *Vir Trilinguis: A Study in the Biblical Exegesis of Saint Jerome*, Kampen, The Netherlands: Kok Pharos Publishing House, 1992, p. 146。
⑤ Jerome, *Letter* CXXV. *To Ruticus*, 12.
⑥ Jerome, *Preface to Job*.

腊文译本，他自认为对得起自己的良心，其依据就是"事实根源"（fountainhead of truth），即原文①。哲罗姆在给教皇的通信中也表达了同样的意思。当时教皇希望哲罗姆对流传于世的各种四福音书的拉丁文本进行编辑，整理出一个善本。哲罗姆在通信中指出拉丁文的圣经是信仰的基础，但必须先认识到存世的文本太多，与其在那些文本中进行费力的整理，不如直接回到原文，以修订前译和无知的批评者的错误；既然支流如此繁杂，就要回到"源头"（fountainhead）②。进一步而言，既然圣经隐藏着的解经意图很容易被误解，七十士本和流传的一些拉丁译本都有不实和违本的内容，掩盖了大量本可救世济民的内容，那么自己作为一名教徒就必须有所担当，揭示真实的基督教奥义。③

在《希伯来问题》的序言中，哲罗姆指出那些不比对希伯来原文的人不会看到文本的丰富内涵，他的目标很简单，首先是纠正人们对希伯来文圣经的无端指责；其次是在希腊文和拉丁文圣经中找出错误，然后根据希伯来原文的词源来解释物名、人名和国名等，他认为很多问题如果只读拉丁文本是看不出来的，自己的做法才是"真正的阅读本身"④。哲罗姆正是占据了原文解读的高地而大胆反对七十士本，有理有据地去改订旧的译本。作为原文的"本"是他的话语权基础，而不是沽名钓誉、要故意和七十士本过不去。

第三，不拘泥于"本"的态度。尽管哲罗姆很重视原文，但他毕竟同时也是个解经家，有着自己的神学观，因此文本和语言都是为他的宗教思想服务的，而不是相反。尤其是他在自己的书信、论文和各类译本或著作的序言中，频繁提到解经家奥利金，或表明自己对他的钦佩，或为其观点辩护，或对其解经法进行解释，不一而足，体现了他与奥利金的学术渊源，尤其是在解经精神上的契合。

在《希伯来人名书》的序言中，他说自己翻译的《新约》文本添加了词语和人名的内涵，是为了让文本结构更完善、意义更完整，而这一工

---

① Jerome, *Preface to the Commentary on Ecclesiastes*
② Jerome, *Preface to The Four Gospels*
③ Jerome, *Preface to Job*
④ Jerome, *Preface to the Book of Hebrew Questions*

作正是效仿奥利金,并称之为教会内仅次于使徒的伟大导师①,是最有智慧的人,自己以模仿他为荣。②哲罗姆对奥利金采取的是实用主义精神,把奥利金和西塞罗等拉丁作家和其他教会文人的著作同等看待,取其精华、去其糟粕,为己所用③。但由于当时奥利金被教会主流视为异端,哲罗姆不得不在各种场合竭力为其辩护。比如有人对他信奉奥利金的异端观点的做法进行指责,他回信时承认奥利金是异端,其观点很多都不符合教会正统,但又不反对奥利金在解经中提出的很多独到而精彩的观点④,并反过来指出对方应切实地找些精通希伯来文的助手,提高自己的研究能力,尤其是学好文法和修辞,先提高对经本的理解再去批评别人⑤。哲罗姆是从学术上尊崇奥利金,即作为注疏者、文人和哲学家的奥利金,而非作为神学家、信仰者和使徒的奥利金⑥。他还将拉丁文学家瓦罗和奥利金的广泛著述相比较,钦佩他们的笔耕不辍,以及如黄铜般的忍耐和坚毅⑦;将自己与奥利金的人生和学术工作进行比较,并表达自愧不如之情⑧,即便是在回答教皇对圣经的疑问时,也毫不掩饰对奥利金观点的引用,直接在书信中提到其观点⑨。由此可见,哲罗姆钦佩的是奥利金的学识而非其宗教立场。

  哲罗姆在自己翻译的圣经各篇中都会留下或长或短的序言。他指出,写那么多序是为了给自己的译本"戴上头盔"(helmeted),确保自己的译本最符合神意;他坚信自己的勤奋翻译和在忐忑中进行的修订(anxious emendation)正是人们应该阅读的圣经版本,"你们如果理解我(以前你们并不理解我),或者感激我,就应该把我作为翻译者,或者如果并不对我心存感激,那就把我当作释意者(paraphraser)吧,尽管我自己一点都不认为我脱离了希伯来文原本"⑩。这段话可以从两个方面来分析,一方

---

① Jerome, *Preface to the Book on Hebrew Names*
② Jerome, *Preface to Micah*
③ Jerome, *Letter LXII. To Tranquillinus*, 2.
④ Jerome, *Letter LXI. To Vigilantius*, 2.
⑤ Ibid., 4.
⑥ Jerome, *Letter LXXXIV. To Pammachius and Oceanus*, 2.
⑦ Jerome, *Letter XXXIII. To Paula*
⑧ Jerome, *Letter XLIII. To Marcella*
⑨ Jerome, *Letter XXXVI. To Pope Damasus*
⑩ Jerome, *Preface to the Books of Samuel and Kings*

面,哲罗姆回到原本,不惜修订人们习以为常的本子,因为那些文本脱离希伯来经,不是真正的翻译。另一方面,他又对"释意者"的称呼无所畏惧,因为回到希伯来经原本进行翻译和根据自己理解并按照符合教会利益的原则对内容进行修改,这两者未必是矛盾的。正如其所言,所谓注释就是"论其隐晦者,谈其显明者,深究存疑者"①,他认为圣经既是人们的指引,但其意义又不那么通透,所以要有判断力,为此他要广为参考和征引其他解经家的观点②。

第四,哲罗姆与修辞学的联系。哲罗姆在其书信中除了提到奥利金,还有一个频繁提及的人物就是西塞罗了。他钦佩西塞罗的典雅文笔,认为"可以用西塞罗的准则来解释,即重要的是,做一件事情就要做得漂亮";③"你问我为什么要引用世俗文学……那我就告诉你……你不用再惊讶于我满脑子都是西塞罗了";④ 他指出,西塞罗在用六步格翻译希腊诗歌时,他金碧般的文采常常受制于原文形式,让那些不知道这是译本的人都很难相信如此生硬的语言居然出自西塞罗之手,并对此评论道"在走别人的道路时,不跨出去一步是很难的"⑤。对此,有学者指出⑥,这句话是暗引了贺拉斯《诗艺》中的一段评论:"或遵循传统,或独创,但所创造的东西要自相一致。"⑦ 哲罗姆还指出,"从公共的产业里,你是可以得到私人的权益的,只要你不沿着众人走俗了的道路前进,不把精力花在逐字逐句地死搬死译上,不在模仿的时候作茧自缚,既怕人耻笑又怕犯了写作规则,不敢越出雷池一步"⑧。在这里,他把原文的语言形式视为别人的道路,认为把原文形式生硬地照搬到译文中而不跨越一步是不可能的。

---

① Jerome, Commentary on Galatian, 4.6,转引自 Allen Hauser & Duane Watson, *A History of Biblical Interpretation* (Vol. 1), Michigan: W. B. Eerdmans Publishing Co., 2009, p. 36。

② Allen Hauser & Duane Watson, *A History of Biblical Interpretation* (Vol. 1), Michigan: W. B. Eerdmans Publishing Co., 2009, p. 36。

③ Jerome, *Letter LXIX. To Oceanus*, 8.

④ Jerome, *Letter LXX. To Magnus an Orator of Rome*, 2.

⑤ Jerome, *Preface to the Chronicle of Eusebius*, 1.

⑥ Rita Copeland, *Rhetoric, Hermeneutics and Translation in the Middle Ages*, Cambridge: Cambridge University Press, 1991, p. 48.

⑦ *Ars Poetical*, Line 119. 中译本参见[古罗马]贺拉斯《诗艺》,杨周翰译,人民文学出版社 1962 年版。

⑧ *Ars Poetical*, Line 130 – 133.

第三章 解经：阐释与接纳

另外，哲罗姆还引用过贺拉斯，如"他如征服者，把原文的意义像俘虏般带回自己的语言中"①。

需要说明的是，哲罗姆这样一个复杂的历史人物，其思想与人生经历紧密联系。他早年更为信奉奥利金的寓意解经，当时也并未学习过希伯来语。不过当他后来有了学习的经历后，则有所中和②，但这并不意味着又彻底走到字义解经的道路上来。限于篇幅和精力有限，我们对哲罗姆释经观的分析中只能从整体出发，而微观的解读乃至文本分析则留待今后的进一步拓展了。

五　阐释型的翻译制度

阐释与翻译的联系还体现在翻译制度上，即阐释型的翻译制度。

就佛教而言，早期翻译时佛经译场多以合作形式出现，由主译和笔受等不同角色承担。然而两者的文化和教育背景不同，主译者一边译出原文，一边向助手讲解经文的内涵，可谓翻译、研究与教学的结合。这里"译场"既是翻译的场所，也是"道场"，即讲经或作法事的场所，因而"译场"也即是"翻译用的道场"③。翻译的复杂性和对宗教语言的高要求决定了它与注疏、阐释和研究的相互关联，这些语言活动的一体化在第一代翻译活动中就已初现端倪了。如安世高翻译时，"乃剖析护所集七章，译为汉文，即《道地经》是也"④。这里是先"析"后"译"，如不先解释，合作的助手都无法理解，遑论记录为汉语了。早期翻译时缺乏精通汉语的外来僧和精通佛学的汉人，这造成了合作的必然，使译者个体内部进行的理解—转换—表达这三个步骤外化为讲解分析、翻译和表述等多个角色，并往往由不同人来承担，因而有了安世高的先讲后译。合作的汉人也不会一味被动接受。阐释本就是一种主体间的融合，既然有讲解，那么也就会有问答和交流。外来僧讲解经义时，

---

① Jerome, Letter *LVII. To Pammachius on the Best Method of Translating*, 6.

② G. W. H. Lampe, *The Cambridge History of the Bible* (Vol. 2), Cambridge: Cambridge University Press, 1969, p. 90.

③ 曹仕邦：《译场——中国古代翻译佛经严谨方式》（http://ccbs.ntu.edu.tw/FULL-TEXT/JR-MAG/mag93507.htm）。

④ （梁）慧皎撰、汤用彤校注：《高僧传》，中华书局1992年版，第4页。

助手不可能全盘消化接收，经常需要、也必须站出来提问和质疑，并可能引发辩论。如昙无谶翻译时，"道俗数百人，疑难纵横。谶临机释滞，清辩若流。兼富于文藻，辞制华密，嵩、朗等更请广出诸经。"①鸠摩罗什，"什持梵本，兴执旧经，以相雠校。其新文异旧者，义皆圆通。众心惬伏，莫不欣赞。"②

　　西方也有类似译场或僧团的组织，即教会学校。比如亚历山大里亚的图书馆拥有大量古代文献，教会设立了教理学校，并借此形成亚历山大里亚学派，潘代努斯、克莱门和奥利金等都曾是学校的校长。这样的学校在人员的聚集和培养以及思想的传播和发展上发挥的作用与佛教僧团是异曲同工。组织化有利于进行宗教教育，培养教会的知识分子。比如奥利金曾经花费二十多年时间将他收集的六种不同版本的圣经合本刊出（详见第四章第一节），如此浩大的工程显然并非简单的抄书，而是需要经费投入，藏书支持，有一定文化水平的速记人员、抄写人员、懂外语的助手，等等，这些条件只有在组织团体中才能实现。在一些具体的操作形式上，中西方也有可比性。比如哲罗姆为了解读希伯来原经，一直积极寻找同时精通希伯来文和拉丁文的双语使用者并与其合作③，当他的语言能力还不足以直接解读原文时，曾让助手将希伯来文的意思解释给他听，由他用拉丁语表达出来，这就与佛经译场中的合作方式非常类似，只不过在佛经翻译中，笔受只是辅助角色，外僧则是主角。而这里反过来，类似于笔受的哲罗姆成了主角。

　　正如佛经译场一样，教会组织也可以聚拢人才，促进翻译工作，比如哲罗姆和奥利金都能找到合适的希伯来文专家，而不必自己样样精通（尽管他们本人对原本的理解是非常关键的）；其次通过解经、翻译、布道和传教的结合，促进对经本和教义的理解，也便于随时发现文本的各种问题；再次是有利于基督教拉丁语的发展，让最鲜活的宗教语言通过教会组织得到及时的推广应用；最后是借助教会组织迅速而有效地传播教义、培养接班人和扩大宗教的影响。由此，教会学校、会堂等组织

---

① （梁）慧皎撰、汤用彤校注：《高僧传》，中华书局1992年版，第64页。

② 同上书，第43页。

③ Jerome, *Preface to Tobit and Judith*

机构和佛经译场一样，成为宗教语言活动的发生地，也成为宗教的传播场所。

根据上文对道安与哲罗姆的注疏和翻译活动的分析可以看到，由字面意义的注疏到超越字面意义的解经，由严守文本的理解到结合自己视域的解读，再到用自己的语言来表达原文本，形成一条阐释链的发展。所谓的译经，无非是不同语言的解经而已。翻译就是解经，解经就是宗教活动，在宗教的场域内，不存在透明的字句转换，只存在受各种因素影响的宗教行为。

小结

本章从解经入手研究文化发展对语言解释和语言发展的影响。语言是思维的物质外壳，因而解经活动又对思维产生影响。实际上把字面意义与超文本意义统一起来的不是文字本身，而是人的思维；或者说是文化的进步才使得语言观进化到可以将两种意义统一到同一文本中去。"得意忘言"和"寓意解经"指导下的解经活动客观上扩大了语言的应用范围，延伸了语言活动，提升了人们的思维境界和对语言的认识水平。这就是解经作为一种文化动因之于语言的意义。

解经既是思想文化活动，也是语言活动。文人长期从事经文的理解、解释、阐发和发展，因而解经文体也成为知识分子最熟悉、最深入研究和最有应用价值的语言形式之一。经籍的解释最终也成为"经"，成为后人所要"解"的对象，因而解经语言本身就是这一时期语言发展的一种状态。对释经学与文化阐释进行研究，有助于我们更深入全面地了解文化发展与文化阐释活动中的语言活动、语言观和语言特征，深化语言文化互动关系的理解。而我们以往的语言史对作为语言活动的解经是不够重视的，这正是我们要努力拓宽的研究领域。[①]

[①] 关于解经方面的语言学研究，王启涛《魏晋南北朝语言学史论考》一书专门就玄学与语言学的问题进行了探讨。其主要内容是认为玄学的意义在于使士人能破除师法而不再墨守成规，崇尚简要而不再拘泥于烦琐的传统；同时颜之推、葛洪、陆法言等有玄学色彩的思想家也在其著作中提出不少有创见的语言和语言学命题（第三章）。但王著的视角还是从传统小学出发，比如因为认定颜之推属玄学家，就以大量篇幅分析颜之推的语言研究内容，但实际上这与颜氏的玄学思想背景恐怕并没有太多的直接关联。

注经和解经两种活动分属被动理解和主动理解，其活动规律已经蕴含翻译要素，为我们讨论翻译问题做好了充分的铺垫。在下一章，我们将直接切入译经，对佛教与基督教的译事和译观进行一步的比较研究。

第四章 译经：转换与交融

> 译事三难：信、达、雅。
> ——严复(《天演论·译立言》)

在魏晋南北朝和罗马晚期的文化活动中，翻译处于非常显眼的位置，这个时段的翻译在中西方各自的翻译史上均属于高潮期，但本章除了翻译史自身的线索外，会更多着眼于从历史文化的发展规律进行研究，展示出新的图景。

对当时的佛教与基督教而言，宗教典籍翻译首先是为宗教发展提供基本资料，扩大宗教的影响范围。没有翻译活动就没有跨文化传教，大量译介的典籍为注经与解经提供了研究对象，也为宗教语言活动提供了最基本的文本。第二，翻译促进了文化思想的融合。佛经翻译所传播的不仅是佛学思想，也把天竺和西域的文化传到中国；圣经翻译也进一步把希腊和希伯来文化传播到整个拉丁文化圈，这条线索是与宗教传播的线索混合在一起的。第三，翻译作为一种语言转换操作，对译入语的语言产生重大影响。从语言接触的角度来说，译入语在音、字/词、句法、篇章和修辞等方面都会受译出语的影响。在内容上，佛经翻译使汉语学会表达新的文化内容，扩大了汉语的使用范围、丰富了汉语的文化内涵，乃至在某些方面提升了汉语的趣味——拉丁语同样在这几方面受惠于圣经翻译。第四，翻译活动提高了教徒的语言实践能力与认知水平。通过翻译活动和对翻译的理论反思，人们对于翻译及语言问题有了更全面、更深刻的认识，使翻译观和翻译实践水平都有所进步，而这种进步对开展其他各种文化语言活动也是相当有利的。第五，翻译的文化意义在于它提供了宗教发展的基础，它涵盖理解—转换—表达三个环节，是连接注经、解经、创作等各项活动的枢纽。

本章将聚焦于翻译活动的演进，在描述翻译实践的基础上，以主要译家为纲梳理和比较4、5世纪的中西翻译观。①与前贤的研究成果相比，本章的特点在于，第一，从一手材料出发还原翻译思想的本貌，尤其是希望澄清翻译界对道安的"五失本"和哲罗姆翻译观的误解。第二，用多种文化因素分析翻译观的成因与特征。将译者的翻译活动和翻译观放到历史环境中进行考察，尤其是从宗教发展情况、译者（包括译者的身份、译者的语言文化素养和语言观、译者从事翻译的目的、译者面临的问题和任务）、翻译所在环境对翻译的看法、赞助人、意识形态、目的语文化的诗学传统等多个角度来分析译者选择翻译策略的动因。第三，进行切实的比较研究。通过分析，我们不但要描述出翻译观发展演变的偶然因素，更要努力解释其背后的历史必然性。

第一节　译学萌芽：道安与奥利金的经本研究②

翻译活动由来已久，而中西方的翻译研究却始于魏晋六朝的佛经翻译与晚期罗马的圣经翻译③，因为翻译活动并不必然会促使人们去研究翻译问题。只有当实践活动积累了一定的译本和经验，人们却又不满于现状，意识到之前的翻译实践其实存在种种问题时，翻译研究才会进入人们的视野。4、5世纪的宗教翻译活动就符合上述条件。当时的佛经和

---

① 翻译研究可多个角度切入，尤其是与解经、注经等内容相比，译经可以在微观上讨论翻译对译入语的文化和语言形式有什么具体影响，比如新增了什么词语、吸收了什么词法和句法结构，等等。然而，考虑到本著研究对象是语言而不是文化，所以不专门讨论翻译对文化的影响（即王克非提出的"翻译文化史"）；考虑到既要进行切实而有意义的中西对比，又不能与学界丰富的语言学研究成果重复；再加上篇幅和材料等方面的限制，所以本章也不讨论翻译对译入语形式的影响。

② 本节以《从道安与奥利金的文献研究看中西翻译理论的萌芽》为题发表于《西安外国语大学学报》2014年第5期，在此有较大篇幅的修订与补充。

③ 中国的翻译史始于早期与周边民族的口译活动，而对翻译的思考和研究则始于大量佛经传入之后。西方由于其多语环境，翻译活动更为凸显；希腊化时期有七十士子本的翻译，罗马时西塞罗、贺拉斯等也表达过对翻译的看法。但当时有翻译高潮却无翻译研究，其地位略相当于中国佛经翻译早期的安世高和支谶等人的活动。真正开始对翻译问题进行关注和研究的，要从4—5世纪的宗教典籍翻译开始。

圣经翻译都已有了几百年的积累，但译本的问题非常多。道安与奥利金作为解经家在各自解经研究中发现传世经本的严重问题，究其根源在于翻译的不力。道安发现很多经本读不通，总结其原因在于翻译时有内容缺失，或是翻译语言有问题，于是尽力搜寻不同译本，对同本异译进行比较研究。同样，奥利金在解经过程中发现教父们所持的圣经版本不尽相同，影响到对具体词句的解释与阐发。这种现象显然不利于宗教的发展，却又无法仅靠解经来解决，于是两人都专门开展经本的整理、比较与研究工作。由于经文就是译本，所以解经成果在后来翻译意识觉醒的情况下被转用为译学资源。因而正是道安与奥利金的工作引领了4、5世纪的翻译研究。下文将分别论述两者译本研究活动的具体内容和特征，并比较其异同。

一　道安早年的经本整理与研究

道安所在的年代，佛经传入已有200多年的历史。但翻译工作没有统一的组织与计划，以致社会上流传着各种类型、各种版本的佛经。就译者而言，有天竺、西域和汉族的各类译者或译经团队。译者所掌握的原本、译者的语言水平以及物质条件等都各不相同，从而对译本造成各种影响。有的佛经不知道译者，有的不知道翻译年代，有的不知道原文版本，有的存在同本异译情况，还有的是节录和节译，甚至还有不少中国人将自己的著述托为佛经而形成伪经，诸如此类，混乱不堪。尽管也有一些佛教学者编撰经录对译出佛典进行整理，但到道安的时代，他仍面临"传经之人，名字弗说，后人追寻，莫测年代"的困境[1]。

道安的活动时代正值西晋末年。他少年出家，青年时外出游学。后因避战乱到飞龙山，与竺法汰、竺道护等人一起研习佛经并进行释经活动[2]。后南下襄阳，研习和讲解般若经。由于道安不通梵文，研读时经常受困于翻译，因而他一直致力于收集和整理各种佛经的译本，并"总集名目，表其时人，铨品新旧，撰为经录"[3]。

---

[1] （梁）慧皎撰、汤用彤校注：《高僧传》，中华书局1992年版，第179页。

[2] 关于道安的年谱及各种活动的时间，主要参考任继愈《中国佛教史》和方广锠的《道安评传》。

[3] （梁）慧皎撰、汤用彤校注：《高僧传》，中华书局1992年版，第179页。

道安编撰的目录名为《综理众经目录》（以下简称"目录"）虽已佚失，但从梁僧祐的《出三藏记集》中可知其概貌。根据《出三藏记集》卷三至卷五的记载，任继愈统计出"目录"包括经律论录（著录有名有姓的各种典籍 245 部 457 卷，以年代为经，译者为纬）；失译经录（著录译者姓名不详的各种典籍 142 部 147 卷）；凉土异经录（著录在凉州译出并流传的各种典籍 59 部 79 卷）；关中异经录（著录在关中流传的各种典籍 24 部 24 卷）；古异经录（著录年代比较久远、不知道确切译者和翻译时间的各种典籍 92 部 92 卷）；疑经录（著录疑伪经 26 部 30 卷，其中天竺和西域传入的一律视为真经，中国佛教徒假托而撰的为伪经，难以定夺的为疑经）；注经及杂经志录（著录经典的各种注疏 24 部 27 卷）；等等，总计著录各类典籍约 600 部。①

道安的译本整理工作对佛经翻译和佛教传播作出了巨大的历史贡献。首先，道安开佛经目录学的先河，称得上是中国佛教史上最早系统编纂经录的佛教学者②，对此僧祐认为"爰自安公，始述名录，铨品译才，标列岁月。妙典可征，实赖伊人"（出，22）。目录记录了文献的各种情况，唯有切实的"经"才有切实的宗教活动，围绕着经开展的注经、讲经、论经等宗教语言活动才能有可靠的依据。其次，道安确定了译本的情况，也就为翻译的实践和译本研究奠定了基础。目录有助于确定翻译工作的现状，到底翻译了哪些经、各部经书有几个翻译版本、译本的情况如何，等等，这是推进各项翻译工作的基础。道安晚年参与译场工作以及鸠摩罗什来华从事翻译活动都离不开这一工作的铺垫。最后，道安的经录虽然简略，但奠定了我国佛教经录的基本格局，为后代的经录提供了规范，并第一次提出疑伪经的概念，可以视为我国大藏经形成过程中的一块里程碑。③

道安在整理和研究佛经的同时也在比较不同佛经的内容与语言。很多佛经是译自同一原本的不同译本，那么道安的工作实际上也可视为译

---

① 本段数据皆出自任继愈《中国佛教史》（第二册），中国社会科学出版社 1985 年版，第 171—173 页。

② 任继愈：《中国佛教史》（第二册），中国社会科学出版社 1985 年版，第 170、174 页。

③ 方广锠：《道安评传》，昆仑出版社 2004 年版，第 192—193 页。

本比较①，也正是这项工作成为道安翻译思想的源头。下面就以道安研究般若经为例。

道安早年研读东汉支谶翻译的《道行经》，并将此经与西晋无叉罗和竺叔兰译的《放光般若经》（以下简称《放光》）进行比较研究。《道行经》有三十品，《放光》有九十品，道安认为《道行经》和《放光》来自同一原本，但前者篇幅小有内容缺失，肯定是翻译时进行了删节，故《道行经》是《放光》的节抄本。于是道安以《放光》为参照来研究《道行经》，并著《道行品集异注》一书，其序文提到道安阅读两部经书的心得体会：

> 桓灵之世，朔佛赍诣京师，译为汉文。因本顺旨，转音如已，敬顺圣言，了不加饰也。然经既抄撮，合成章指，音殊俗异，译人口传，自非三达，胡能一一得本缘故乎？由是道行颇有首尾隐者。古贤论之，往往有滞。什行耻此，寻求其本，到于阗乃得。送诣仓垣，出为放光品。斥重省删，务今婉便，若其悉文，将过三倍。善出无生，论空特巧，传译如是，难为继矣。二家所出，足令大智焕尔阐幽。支谶全本，其亦应然。何者？抄经删削，所害必多，委本从圣，乃佛之至诚也。安不量未学，庶几斯心，载咏载玩，未坠于地。检其所出，事本终始，犹令折伤玷缺，戢然无际。假无放光，何由解斯经乎？永谢先哲，所蒙多矣。今集所见，为解句下。始况现首，终隐现尾。出经见异，铨其得否，举本证抄，敢增损也。幸我同好，饰其瑕谪也。（出，263—264）

道安说《道行经》的语言"因本顺旨，转音如已，敬顺圣言，了不加饰"，是忠于原本的。但"经既抄撮，合成章指"，由于节抄合并导致译本内容不完整，再加上翻译的种种困难，造成译本有很多无法理解的地方。《放光》的翻译"斥重省删"，也进行删减，但其效果是比较理想的，对"无生"、"论空"等佛学思想的阐述非常出色，这样的

---

① 此外，译本中还有语言不通顺、义理不明晰等各种问题，因而道安在整理过程中还根据自己的理解有所修订。

水平是后世很难达到的。现在将《道行经》与《放光》两者对比参照可以得到更多体会，并认为支谶译《道行经》也应该像《放光》一样把原书内容都翻过来。道安认为支谶的"抄经删削"有很多害处，佛经翻译应该"委本从圣"，这是佛祖的教导。"假无放光，何由解斯经乎"，如果不是得到内容相对完整的《放光》，又如何来解读经书呢？现在只能借助《放光》与《道行经》进行比对，标注两者的异同，使得原来精简的内容又得到恢复。道安在这里明确表达了佛经不应有删减现象的看法。不过要注意的是，道安认为《道行经》是原经的节抄译本，删去的内容不是冗言冗句，而是对原经主体内容进行删节简编，因而持反对态度。也就是说，道安在这里所反对的删减和以后在"五失本"中提出的语言精简不是一回事，而是反对内容上的"失本"。

公元376年，西行求法者朱士行在凉州发现的由西晋竺法护翻译的《光赞般若经》（以下简称《光赞》）送到襄阳。道安将新得经本与《放光》这两部同本异译进行对比研究，并将两者合本校勘，写成《合放光光赞略解》一书。通过这次的译本研究，道安又有了新的想法。他在序中写道：

> 放光、光赞、同本异译耳。……放光，于阗沙门无罗叉执胡，竺叔兰为译，言少事约，删削复重，事事显炳，焕然易观也。而从约必有所遗于天竺辞及腾每大简焉。
>
> 光赞，护公执胡本，聂承远笔受，言准天竺，事不加饰。悉则悉矣，而辞质胜文也。每至事首，辄多不便，诸反复相明，又不显灼也。考其所出，事事周密耳。互相补益，所悟实多。（出，265—266）

《放光》和《光赞》两者相比，《放光》删略较多，"言少事约，删削复重"，把重复拖沓的内容省去不译。其优点是"事事显炳，焕然易观"，简洁明了，缺点是"从约必有所遗"，没能百分百地照原本译出。而《光赞》则相反，"考其所出，事事周密"，"言准天竺，事不加饰"，绝不删繁就简，而是保留原文的语言风格，但缺点也很明显，"悉则悉矣，而辞质胜文也"，质朴没有文采，读起来既"不便"，又"不显灼"。两个译本一个意义简单明了有助理解，一个保持原貌，可谓各有长短，因而道安能在译本比较中"互相补益，所悟实多"。①

值得注意的是道安对《光赞》的评价，即"每至事首，辄多不便，诸反复相明，又不显灼"，我们可以将它与"五失本"的第三条"胡经委悉，至于叹咏，丁宁反复，或三或四，不嫌其烦"、第四条"胡有义说，正似乱辞，寻说向语，文无以异"和第五条"事已全成，将更傍及，反腾前辞，已乃后说"（出，290）作一个比较。从文字表述来看，"五失本"的三条内容比前者更完整、更详细，这正是道安思想不断发展的结果，说明道安早年译本比较的体会和经验对日后翻译思想形成的影响。

道安之前比较《放光》和《道行经》时，是借助内容相对完整的《放光》来研究作为节抄本的《道行经》。现在拿《放光》和文字表达上不删繁就简的《光赞》相比，则《放光》的语言又显得相对简洁了。从《道行经》到《放光》再到《光赞》，道安看到了不同程度的删节和语言精简度不同的版本。《道行经》译自节抄本，译本中缺失的是实质内容，因而道安认为"所害必多"，因为"委本从圣，乃佛之至诫也"（出，264）。《光赞》虽然"言准天竺"、"悉则悉矣"，但原经中拖沓繁冗的部分都照直翻译，有"不显灼"、"多不便"的感觉。《放光》"言少事约，删削复重"，删的不是主要内容而是冗言冗句，道安虽然知道"从约必有所遗"，但这样的译本"事事显炳，焕然易观"。通过三种不同版本的比较研究，道安对各种译本及翻译策略的优劣有了较为全面的看法，这对日后"五失本、三不易"翻译思想的形成无疑具有重要的影响。

通过上述分析可以看出，道安在解读和注释佛经的过程中发现了经本的问题，并认识到这些问题是翻译因素造成的。他一方面编著佛经目录，不仅为佛经研究、也为日后翻译工作的开展和译论研究奠定了基础。另一

---

① 《道行经》有三十品，《放光》有九十品，《光赞》有二十七品，并相当于《放光》的最初三十品，然而道安却说《放光》"言少事约，删削复重"，《光赞》"言准天竺"、"悉则悉矣"。这是因为《放光》的翻译内容基本完整，但对繁冗语句和重复拖沓部分有删节。而《道行经》和《光赞》与前者相比篇幅相差过多，显然是内容的缺失而不是语言风格问题。其中《光赞》的"悉则悉矣"不是指内容，而是指译本语句照原本翻，有重复拖沓之处也不删减。关于这三部经书的详细情况，可分别参见任继愈《中国佛教史》第一卷148页和第二卷31页。

方面他在解经中进行了有意识的经本比较，对翻译问题有了初步的看法，正是这段解经和经本研究的经历成为道安晚年参与译事并提出翻译观的萌芽。

二　奥利金的经本整理与研究

如果说道安在解经工作中已开始出现翻译意识，那么相比之下奥利金的意识就没有那么明显了，但是客观而言，他的研究为西方译论和实践的突破铺平了道路。

奥利金之前的圣经翻译情况与道安相似，也是非常混乱的。圣经中的《旧约》原为犹太教经典，主要由希伯来语和亚兰语写成，《新约》则成书于1—2世纪，主要由希腊语写成。公元前3世纪时在埃及出现了七十士本，将希伯来语的《旧约》译为希腊语。随着《新约》的诞生，教徒又陆续开始把两部书翻译成拉丁语，出现各种古拉丁语译本（Vetus Latina）。由于当时的教会组织还不成熟，翻译工作没有统一的规划，因而译本数目繁多、质量不一，对开展以圣经为中心的宗教活动是不利的。此外，当时所有的文书都是人工传抄的，而希伯来文的书写方式又很容易导致错误，实际上每份手稿之间多少都有差异，因而某些情况下可能永远无法搞清楚到底哪个才是底本，或者没有足够的时间与精力去一一求证，于是就不可避免地要根据有限的材料，凭借自己的学识与认识去判断[①]。而无论是解经、注经还是论经，都要围绕确定的经本开展。因而基督教中的有识之士在研究之余还会同时进行经本整理工作，其中解经大家奥利金就是最突出的一员。

奥利金既以解经著称，也是基督教的语言学者。他花了20多年时间完成了《六文本圣经合参》，以六栏并列的形式，将希伯来文本、希腊文本、阿奎拉（Aquila）本、西马库斯（Symmachus）本、七十士本的修订版以及西奥多罗（Theodotion）六个版本的圣经集合在一起，这是圣经文

[①]　G. W. H. Lampe, *The Cambridge History of the Bible* (Vol. 2), Cambridge: Cambridge University Press, 1969, p. 98.

本研究的一项创举①，其中部分篇章甚至汇集了有六种乃至七种版本。②

首先来看一下六个经本的情况。第一列是希伯来原文。

第二列（Secunda）的希腊语本是由希伯来字母按语音转写而成的。至于这个版本是在奥利金之前就有了，还是仅仅是他添加到《合参》中作为参考，或是他在希伯来人的帮助下自行完成的，学术界还有争议。

第三列阿奎拉本，由锡诺普的阿奎拉（Aquila of Sinope 约 2 世纪）按希伯来语绝对严格地直译为希腊语，读者甚至能借此反推原文语言的风貌。③阿奎拉生于 2 世纪，有人认为这个阿奎拉就是 "Targum Onkelos" 的作者，因为 "Onkelos" 可能原本就是 "Aquila" 一词，是由希腊语转写为亚兰语时产生错误而导致的，当时犹太会堂在朗诵托拉时，将希伯来版的圣经诗歌与 "Targum Onkelos" 的诗歌交替进行，甚至据说该版本在一些犹太教堂取代了七十士本。④

第四列同样为希腊语，由 2 世纪末伊比奥尼的西马库斯（Symmachus the Ebionite 约 2 世纪末）翻译。其希腊语文笔优美流畅，得到哲罗姆的赞慕并在其翻译中予以参考。西马库斯本的翻译观念与方法和阿奎拉本正好相反，他希望看到的是文雅的希腊语，追求语言的可读性，因而译本行文更符合希腊语习惯，而不是按希伯来原文的结构对照硬译。比如他大量使用希腊语小品词以凸显希伯来语所无法体现的语言之间的精细差别，并在多处对原文中有神人同形同性论含义的语言进行弱化。不过，与七十士本相比，西马库斯本又更贴近原文，以保留原意为主要目标。另外，西马库斯也是一名释经者，其部分成果为奥利金所得并加以参考⑤，显示了奥利金的合参本研究与其解经的紧密联系。

第五列为七十士本的修订版。奥利金用文本批评标记来标示希伯来文与希腊文的差别，力求接近希伯来原文，但他用的不是底本，而是自己做了修

---

① ［德］汉斯·昆：《基督教大思想家》，包利民译，社会科学文献出版社 2001 年版，第 43—44 页。

② Anthony Grafton & Megan Williams, *Christianity and the Transformation of the Book: Origen, Eusebius, and the Library of Caesarea*, Cambridge et al.: The Belknap Phress of Harvard University Press, 2006, p. 89.

③ Ibid., p. 88.

④ http://en.wikipedia.org/wiki/Targum_Onkelos.

⑤ http://en.wikipedia.org/wiki/Symmachus_(translator).

订。一方面是改写和补充,对原本中没能反映希伯来原文内容的地方进行了说明并标以星号,这部分工作主要参考了西奥多罗本。另一方面则对某些没能反映原文意义的词语、短语和某些语段,以存疑符号进行了标注。①

第六列西奥多罗本的作者西奥多罗(Theodotion 约公元200)是希腊化的犹太学者,在大约公元150年将希伯来文译为希腊语。西奥多罗是修改了七十士本,还是从希伯来语与希腊语对照的手稿中修订而来,已不得而知,不过该本在基督教早期得到广泛传抄,其《但以理书》甚至取代了七十士本。②

就合参本对于翻译活动的意义,可以有如下几点认识。

第一,奥利金编辑的合参本有助于加强翻译意识,认识到翻译问题的重要性问题。从奥利金的语言观来看,他视希伯来语为神圣的语言,任何转化都会改变其性质或作用,在此情况下,第一栏希伯来原文的语言符号形式起到了保留原文之形的作用,而第二栏转写本能让不懂希伯来文的希腊人读出原文的音,从而起到了保留原文之音的作用。③同时,奥利金又重视希腊本,因为他的第一语言是希腊语,而且是在希腊化的亚历山大里亚活动,因而合参本所收录的除一个为希伯来文外其他都是希腊文。奥利金的根本目的是要为基督徒提供可资借鉴和凭据的文本,合参本中紧跟原文的第二栏就是希腊文转写本,这体现出对原本和原语言的重视。实际上,原本的宗教地位并不总是有保障的,当时教会认为七十士本是神启的结果,因而只承认其权威,反而导致对希伯来语原本的不重视④。奥利金的切实工作和文本批评为维护原本的权威作出了有益的贡献,也揭示了各译本与原本的差异。在人们普遍缺乏翻译意识的情况下,合参本的出现无疑有助于引起对相关问题的重视,也有助于后来的哲罗姆看到七十士本的疏漏和不足,认识到仅凭简单的经本编辑工作是不够的,要获得圣经善

---

① 关于奥利金是否做了修订还有争议,见 Grafton & Williams 著 *Christianity and the Transformation of the Book* 一书第316页的注5。

② http://en.wikipedia.org/wiki/Theodotion.

③ Martin J. Mathew, Origen's Theory of Language and the First Two Columns of the Hexapla, In *The Harvard Theological Review*, Vol. 97, No. 1, Jan., 2004, p. 99.

④ 章雪富:《圣经和希腊主义的双重视野:奥利金其人及神学思想》,中国社会科学出版社2004年版,第50—51页。

本，就得回到原文重新翻译①。

第二，合参本的编成是语言实践水平的一个重要标志。尽管六个版本是完全由奥利金收集编辑，还是他在前人合本的基础上加工补充，限于材料有限不得而知②。但可以肯定的是，奥利金时期能编出这样一部宏大的著作，说明当时对语言比较和文本编辑的认识以及实践操作水平已经达到一定的高度，或者说，这种语言工作有助于提升基督徒对语言文字的重视，促使他们提升语文修养。因为如此浩大的工程绝不是简单的抄书，它需要大量经费支持、丰富的藏书，以及有文化水平的速记人员、抄写人员、纸张供应、懂希伯来语的助手，等等③。从这一点来看，奥利金的团队与佛经译场倒有很多类似之处。再从语言编辑技术的角度来看，合参本把多个版本并列呈现④，就涉及较为复杂的语言和文本问题。要把文本并列于同一栏中，相当于一个希伯来—希腊语对照的平行语料库，需要具备良好的双语水平、校勘和版本的知识。因为四个希腊语本的内容不尽相同，既有阿奎拉本这样的严格直译，也有西马库斯这样的意译，那么如何做到对应平行就涉及翻译单位的问题和文本对应的问题（是一对一、一对多，还是多对一），以及如何对齐、合并、拆分、混合，并调整段落中的句序，等等。这些问题如果不加以解决，是很难编成合参本的，因而当时很可能对此已经有一定程度的研究了。既然四个希腊文译本各不相同，编辑时就要涉及翻译单位、语序和段落的调整问题，这些都与翻译技巧息息相关。如果我们把奥利金的团队与佛经译场相比，则可以推断出读经、解经、抄经等一系列宗教语言活动有利于提升宗教社团的语言实践水平，为大规模翻译活动打下技术能力基础，并间接促进了理论研究。

第三，为日后的翻译提供了直接的参考资料。合参本对翻译研究具有直接促进作用。奥利金对消除原本与译本以及各译本间的差异可谓不遗余

---

① Manlio. Simonetti, *Biblical Interpretation in the Early Church: An Historical Introduction to Patristic Exegesis*, John Hughes tr., Edinburgh: T&T Clark Ltd., 1994, p. 100.

② Anthony Grafton & Megan Williams, *Christianity and the Transformation of the Book: Origen, Eusebius, and the Library of Caesarea*, Cambridge et al.: The Belknap Press of Harvard University Press, 2006, p. 110.

③ Ibid., p. 69, 92.

④ Ibid., p. 99.

力。比如说，对专有名词等能做到精确的地方，就根据希伯来原文将希腊译名进行更正。①对与七十士本的不同之处，就与其他希腊译本比较，使该版本能与其他版本对应起来，并使用批评符号指出与希伯来原文相比，该版本有哪些增加和减损的地方②。可以说这些工作都为日后哲罗姆的重译留下了宝贵的资料③。相比之下，尽管我们尚未找到相关记载，但要说道安早年收集编辑的经本在他晚年参与的译场中也起到了类似的作用，是完全有可能的。奥利金之后的哲罗姆圣经译本和道安之后的鸠摩罗什佛经译本都是划时代的成功译本，他们在多大程度上受惠于前辈的文献研究，是值得深入探索的。

三 经本研究的翻译史意义

纵观科学史，有很多学科是从其他相关领域或是交叉研究中产生的。同样，专门的翻译研究也是因社会实践的刺激而在共生态的研究中孵化出来的④。道安与奥利金为解经而研究文献，所做的版本、目录、校勘、注疏和语言对比工作客观上与翻译有密切联系，两人的共性可以大致显示出翻译研究从解经—译经的两栖状态中脱颖而出的过程。

第一，两人的研究成为译学研究的基础。在他们之前，佛经与圣经翻译都已经历了较长的初译期，积累了很多译本，成为他们能开展整理与比较工作的前提。尽管相比于中国，西方早在公元前3世纪就有了七十士本这样的大规模翻译，但因为该本所享有的宗教权威，反而消解了之后重译的可能。没有多样的译本也就没有译本比较和译技探讨，从而丧失翻译研究的前提。相反，到4世纪时，中国的佛经翻译已经有了数百年的积累，西方自《新约》诞生后也积累了多语言多版本的圣经，为翻译研究的突破打下基础。

---

① Joachim Schaper, *The Origin and Purpose of the Fifth Column of the Hexapla*, In Alison Salvesen, *Origen's Hexapla and Fragments*, Tubingen: Mohr Siebeck, 1998, p. 12.

② Ibid..

③ 尽管我们尚无法确定哲罗姆具体掌握了多少合参本的资料。可参见 Jennifer Dines, Jerome and the Hexapla: the Witness of the Commentary on Amos, In Alison Salvesen, *Origen's Hexapla and Fragments*, Tubingen: Mohr Siebeck, 1998, pp. 421-422.

④ 褚孝泉:《语言科学探源》，上海外语教育出版社2006年版，第125页。

第二，文献注疏中产生的问题引发对经本源头的关注。道安在解经中遇到很多难题，发现其中很多是因为翻译中的内容缺失或是语言和翻译水平欠佳而造成的。对此，他只能尽力搜寻不同经本（译本），试图借助合本研究还原经本的原貌。同样，奥利金也是在解经中发现教父们所持圣经的版本差异影响到对具体词句的解释，阻碍了神学理论的发展，从而生发了收集不同版本进行比较研究的想法。尽管两人的初衷都不是研究翻译，但其文献收集和文本分析客观上形成译本研究，并体现了对"本"的充分尊重。因为宗教徒虽然主观上确实尊崇原本，却往往受制于各方面因素而力有不逮，佛经译者"译所不解，则阙不传。故有脱失，多不出者"（出，273）即表现出很大的随意性；圣经翻译也有类似情况，有人能得到一篇希腊文手稿并自认有点语言知识的就胆敢从事翻译工作（CD，Ⅱ，11，16）。相比之下，道安与奥利金能脚踏实地，一句一句乃至一个词一个词地去对比分析语言，这才更接近"翻译"的本质。

第三，经本对比研究指出的问题给研究提供了论题。译史早期的翻译观是较为落后的。魏晋时人们以为翻译就是"因循本旨"（出，273），把意思表达出来就够了，而不清楚复杂的语言转换规律和语言背后的文化差异。西方则将七十士本视为不容挑战的神启文本，同样也关上了研究的大门。直到翻译实践积累的问题越来越多，才引发对文献问题的关注和研究。道安与奥利金的比较工作展示了不同版本的差异，使人们认识到自己所尊奉的神圣文本不仅仅是佛或神的语言，也是译者的语言，是译者过滤过的"经"，从而引发对翻译问题的关注。道安与奥利金的对比分析有助于清楚地看到翻译的具体问题，为后续的研究提供了论题。即便他们不去做进一步的分析，问题也已经被摆出来了，如《放光》与《光赞》的不同翻译策略，西马库斯本与阿奎拉本的相反译法，这些都会很自然地引发文质之争或是直译与意译之争，成为探讨翻译理论问题的资源。

第四，译本整理与对比工作必然会为翻译研究所用。这种必然性恰恰是通过道安与奥利金的不同人生际遇而展示出来的，体现了历史的必然。道安早年编辑整理佛经目录的初衷与奥利金一样，也是出于注经与解经的目的。作为解经家的道安根据自己对般若经的理解开创了本无宗学说，本不意在投身译事，但到后来他参与翻译工作时，早年的解经工作却起到了关键作用。道安正是将早年读经、研经的体会与众人交流和参与实践后，才最终形成了自己的翻译观，并在此过程中总结出"五失本、三不易"的经验。相比之下，奥利金并未直接参与译事，但其合参本却得到哲罗姆的学习和参考，成为其新译的重要基础①。我们认为哲罗姆的翻译观也很可能是在阅读研究各种旧译本的过程中形成的，因为合参本实际已把不同译本并列展示，对一个有译者身份的使用者来说，自然会尝试从丰富的材料中归纳总结翻译技巧并研究其得失。奥利金的经本研究与哲罗姆的翻译实践叠加起来正好可以与身兼两职的道安在整体上对应起来，表明了经本对比研究与翻译研究的某种关联。相反，像支谦那样只对比译本而脱离原本，或像罗马人那样持征服者姿态而不重视原本、甚至模糊翻译、改编与抄袭界限②的话，是难以出现"翻译"理论的。

第五，翻译理论的具体形态与翻译研究萌芽时的特征也有关联。道安由于得不到、也读不懂原本，因而他的研究是直接比对译本。所谓的文质之争也正是这样一种在没有原文的情况下直接研究译文的文章学理路③。西方则有所不同，印欧语的同源性为严格直译提供了可能，比如合参本中仅次于原本的第二列就是根据希伯来字母按语音转写的希腊语文本。根据这种经本做翻译研究，自然会产生直译与意译之争，即后来哲罗姆所说的词对词（word for word）与义对义（sense for sense）。中西翻译理论形成之初的这种差异与对两个传统的后续发展有何影响和关联，是值得深入探讨的。

第二节　理论家的思考：道安与奥古斯丁④

公元 4、5 世纪时正值宗教发展的黄金时期，典籍翻译活动也非常活跃，当时中西方翻译理论研究的杰出代表分别是道安与奥古斯丁。道安前的百年间虽然发生过关于翻译的文质之争，但仅有只言片语，也没能对实

---

① Jennifer Dines, Jerome and the Hexapla: the Witness of the Commentary on Amos, In Alison Salvesen ed.. *Origen's Hexapla and Fragment*, Tubingen: Mohr Siebeck, 1998, pp. 421–422。
② 刘军平：《西方翻译理论通史》，武汉大学出版社 2009 年版，第 92 页。
③ 潘文国：《中国译论与中国话语》，《外语教学理论与实践》2012 年第 1 期，第 6 页。
④ 本节与第一节有关道安的部分内容以《道安"五失本"本义考》为题发表于《宗教学研究》2011 年第 4 期，在此有一定修订。

际翻译活动产生较大的影响。到道安时，翻译活动的各方面条件都有了较好的发展，译事经验积累到了一定程度，所暴露的问题也愈发尖锐，因而对译事进行理论总结的历史时机也就成熟了。虽然道安本人不懂梵文，但曾长期思考翻译问题并参与了译场工作，他提出的"五失本、三不易"被誉为"吾国翻译术开宗明义，首推此篇"①，并在稍后鸠摩罗什的新译中得到贯彻。因此，可以认为道安是这一阶段佛经翻译之理论探索的代表。在西方，比道安稍后的奥古斯丁也处在圣经翻译的兴盛期。他与圣经翻译家哲罗姆同时，与哲罗姆就翻译问题进行了多次探讨。虽然奥古斯丁不通希伯来语和希腊语，但作为具有极高宗教学识并著述等身的大教父，他从神学和文化高度思考语言与翻译问题，提出了独到的见解，代表了当时教父对翻译问题的最高认识水平。因此，本节将论述道安与奥古斯丁的翻译观，并从多个角度比较分析其翻译观的特征和成因。

一 道安对"失本"问题的纠结

道安一生经历丰富，他的翻译观也随着所处环境、所从事的工作和接触的人而不断变化。研究分析道安翻译观的历时演变，尤其是他对"失本"问题的反复思考和纠结心态，能使我们清晰地看到译家的思考是如何受到各种因素影响的。

1. 提出"五失本"之前的看法

道安早年没有实际从事翻译，而是以读者身份进行译本比较研究，并在此过程中初步形成了翻译观。之后道安前往长安参与译场翻译工作，通过实践活动以及与他人的争论而逐步改变和调整了自己的想法。这个过程也真实地记录在他的一系列译序中。

道安主持翻译初期曾翻译过一部戒律，翻译时道安提出原文某些部分有重复叙述而要删减的想法，由此引出一段争论。

> 考前常行世戒，其谬多矣。或殊失旨，或粗举意。昔从武遂法潜得一部戒，其言烦直，意常恨之。而今侍戒规矩与同，犹如合符，出

---

① 钱锺书：《全晋文卷一五八·翻译术开宗明义》，载《管锥编》（补订重排本，第四册），生活·读书·新知三联书店 2001 年版，第 83 页。

门应辙也。然后乃知淡乎无味，乃真道味也。而嫌其丁宁，文多反复，称即命慧常，令斥重去复。常乃避席谓："大不宜尔。戒犹礼也，礼执而不诵，重先制也，慎举止也。戒乃逮广长舌相三达心制，八辈圣士珍之宝之，师师相付，一言乖本，有逐无赦。外国持律，其事实尔。此土尚书及与河洛，其文朴质，无敢措手，明祇先王之法言而慎神命也。何至佛戒，圣贤所贵，而可改之以从方言乎？恐失四依不严之教也。与其巧便，宁守雅正。译胡为秦，东教之士犹或非之，愿不刊削以从饰也。"（出，413）

道安读过的有关戒律的经书中，有的存在很多错误、有的表达不准确只翻出大意，也有的"言烦直"，对此他很不满意，认为是翻译问题。而这次看到自己译场译出来的东西才认识到戒律语言似乎本来就是那么淡而无味的。道安对佛经语言文质问题的看法由此受到冲击。而对另一个问题，即经文中的烦杂重复部分，道安仍然"嫌其丁宁，文多反复"，并明确提出让慧常把它们都删了。慧常却表示反对，他将戒律与礼法作比较，认为文本语言并不是原则性问题。他说佛教的戒律就好像儒家的礼法，礼法是用来执行的，不是用来阅读的，所以语言是否繁冗拖沓并无大碍，佛经也同样如此。既然《尚书》这些典籍都没人要去改，那么对尊贵的佛经，就更不应该改了。况且，只关注语言而不关注佛经内容不是学习佛法应有的态度，现在让人阅读译本都有人会觉得不妥，恨不得能读原著，遑论主动改动译本文字了，因此请求严格按原本翻译。最后的结果是：

众咸称善。于是按胡文书，唯有言倒，时从顺耳。前出戒十三事中起室与檀越议，三十事中至大姓家及绮红锦绣衣及七因缘法，如斯之比，失旨多矣。将来学者，审欲求先圣雅言者，宜详览焉。诸出为秦言，便约不烦者，皆蒲萄酒之被水者也。（出，413）

即众人都认为慧常说得对，除语序倒装不符合汉语习惯的可以改动外，其他一律照原本译。道安的意见并未得到认同，他只能接受众人意见，并认识到之前一些做法导致几部经书"失旨多矣"，好像在葡萄酒中兑水一样会有损佛经意旨。

至于道安为什么最初会有要精简语句的想法，我们认为可能有两点原因。首先，道安刚开始主持翻译工作，还没实际的翻译经验，他对译本语言繁简和文质的看法，可能还是早年阅读《放光》和《光赞》这些经本时的体会，是独立研究后产生的想法，因而在这次翻译时就提出来与众人交流，未料却是一片反对声。其次，《比丘大戒》的内容是戒律，是应用文而不是普通经文或研究文本。当时尽管佛经译本数量众多，但律典类的译本却严重缺乏，因为没有可行的戒律，僧人和僧团的活动都无法可依，造成极大混乱[①]。道安作为僧团领袖，很可能要考虑译本的实用性和可操作性，因而会考虑删去重复部分。

不过道安在此进行的妥协不能就此证明他是反"失本"的。这次论争会对道安产生影响，意识到自己认识上的不足，但作为弟子的慧常的反对恐怕不足以立即改变道安多年的观点，更何况众人认可的直译在道安看来是很成问题的。佛经汉译史早期的僧人在翻译时唯恐背离经意，加之双语水平和翻译经验有限，译本多逐字硬译和音译而不加润饰，也不符合汉语习惯，梁启超将这种翻译称为"未熟的直译"，其代表是安世高、支谶等；后来的无叉罗、支谦（越）等属于"未熟的意译"，两者产生文质之争，结果是质派占了上风[②]。但语言文化的差异是客观存在的，一味迁就原作的译本语言显得过于直质，影响阅读和传播。与道安同时代的支敏度就指出语序上"辞句出入，先后不同"、内容上"有无离合，多少各异"、文体上"方言训古，字乖趣同"等问题（出，310）。"五失本"的内容恰好与这三个问题一一对应，说明道安的思考不是漫无目的，而是针对现实问题有的放矢。再者，早期翻译多个体行为，道安主持的翻译却是在译场制度下进行。如果没有一定规范，译本必然参差不齐，这也迫使他要给出一个指导方案。最后就道安本人而言，多年从事译本研读与比较研究，晚年又有大量实践和理论上的交流论争。上述种种主客观条件的成熟，是道安能提出自己的翻译思想的可能性和必要性。因而这次争论只是一个开端而已。

道安没有因为与慧常的那次讨论而放弃对自己的思考，他也一直坚持

---

① 方广锠：《道安评传》，昆仑出版社 2004 年版，第 195 页。
② 梁启超：《翻译文学与佛典》，载《梁启超全集》，北京出版社 1999 年版，第 3797—3798 页。

对《放光》和《光赞》两部经书的研究。之后他从西域得到新的《大品经》，又将上述三者进行对比，并参考前两个译本将新经本译出，即《摩诃钵罗若波罗蜜经抄》（以下简称《摩诃》）。由于早年研读《放光》和《光赞》时就有心得体会，这次轮到自己主持翻译时就难免有想法。两个译本或有删节或有语言精简，风格上一个重质、一个重文，再加上道安读过的其他佛经，使他对各种翻译策略的得失有了较为完整的看法。同时道安在之前已经积累了实际翻译的经验，从而在此提出了"五失本、三不易"，即：

　　译胡为秦，有五失本也：一者胡语尽倒，而使从秦，一失本也。二者胡经尚质，秦人好文，传可众心，非文不合，斯二失本也。三者胡经委悉，至于叹咏，丁宁反复，或三或四，不嫌其烦。而今裁斥，三失本也。四者胡有义说，正似乱辞，寻说向语，文无以异。或千五百，刈而不存，四失本也。五者事已全成，将更傍及，反腾前辞，已乃后说。而悉除此，五失本也。然般若经三达之心，覆面所演，圣必因时，时俗有易，而删雅古以适今时，一不易也。愚智天隔，圣人巨阶，乃欲以千岁之上微言，传使合百王之下末俗，二不易也。阿难出经，去佛未久，尊大迦叶令五百六通迭察迭书。今离千年，而以近意量裁。彼阿罗汉乃兢兢若此，此生死人而平平若此，岂将不知法者勇乎？斯三不易也。涉兹五失经，三不易，译胡为秦，讵可不慎乎！正当以不闻异言，传令知会通耳，何复嫌大匠之得失乎？是乃未所敢知也。

　　前人出经，支谶、世高，审得胡本难系者也。又罗、支越，斫凿之巧者也。巧则巧矣，惧窍成而混沌终矣。若夫以诗为烦重，以尚为质朴，而删令合今，则马、郑所深恨者也。近出此撮，欲使不杂，推经言旨，唯惧失实也。其有方言古辞，自为解其下也。于常首尾相违句不通者，则冥如合符，厌如复折，乃见前人之深谬，欣通外域之嘉会也。于九十章荡然无措疑处，毫芒之间，泯然无微疹。已矣乎！
（出，290—291）

"五失本、三不易"的内容学界已有很多分析，不再赘述。需要注意的是，道安在这里只说"有"五失本，而没说"可以"或"不可以"失本，其表述是描述性的而非明确的价值判断，它更像是在与人探讨能否在五种情况下允许"失本"并期待得到肯定回答，而不是给出定论。

首先，道安的表述非常谨慎，他提出观点后立即为"失本"设立限度，"涉兹五失经，三不易，译胡为秦，讵可不慎乎"，说明他唯恐遭到不忠于原经的误解。较之早年认为《放光》"焕然易观"而未充分认识到"从约必有所遗"（出，266）的严重性，现在的道安借庄子"七窍"语对其进行批评，说明慧常等人的反对和翻译实践工作提高了他的认识，意识到"失本"要有度才能保证译本质量。但道安同时认识到翻译作为两种语言的转换是不可能毫不失本的，不能像占主流的质派所主张的那样亦步亦趋，因而他才要坚持自己的探索。而且既然说了"三不易"，那就是要为认可"失本"进行铺垫，否则直接说"不可失本"就行了，又何苦先讲失本，再反复强调态度问题呢？

从材料来看，《摩诃》的翻译实际上已部分按"五失本"来操作。首先，关于调整语序的第一条，无论是之前的慧常还是之后的赵政都没反对，基本得以实行。其次，有关删繁就简的第三条至第五条也得以实行。理由是：第一，道安提到马融和郑玄，他们融合今古文经学，遍采群经，反对烦琐学风而对今文章句进行删减。但这种"删令合今"的操作应由他们这样的行家来操作，否则就容易偏离原旨而留下遗憾；第二，《摩诃》本就是节抄①，需要删削省并；第三，译本达到"于九十章荡然无措疑处，毫芒之间，泯然无微疹"的效果，实现了"欲使不杂"的既定目标，显然如果不作删减是很难达到这种效果的。

而第二条牵涉文质之争，情况比较复杂。上段材料中道安就曾发出"乃知淡乎无味，乃真道味"的感慨，而只就繁简问题与慧常进行争论，说明他对文质问题的态度不如繁简问题那么坚定。第二，《摩诃》同年所作的《四阿含暮抄序》中，道安分别有"斥重去复，文约义丰"和"经之文质，所不敢易也"（出，340）的论调，也表明他对文质问题的立场不如其他几条坚定。第三，《摩诃》中提到对文质问题的实际操作是"方言古辞，自为解其下"，并未改"质"为"文"。由此可见，虽然五条

---

① 可参见任继愈《中国佛教史》（第二册）第167页；方广锠《道安评传》第236页。

"失本"是同时提出的,但道安对其中三方面问题的态度不完全一致,对语序和繁简问题的立场较为坚定,对文质问题则留有较大商榷余地。

总之,《摩诃》中的思想表明道安对直译和意译的各自利弊已有相当全面的认识,他要探索的是如何在实际操作中做到两者兼备。既然翻译的内容要案本,语言形式却难以不失本,那么其中到底会造成哪些"失本",可以和不可以有哪些"失本"呢?道安的回答就是以"五失本"为限。通过《摩诃》的实践,他自认取得不错效果,因而顺势提出自己的观点并期待得到肯定回答。为避免误解,道安必须反复强调案本的重要性,同时他自己也不能完全肯定"五失本"的合理限度与适用范围,因而表述态度并不坚决,为日后观点的转变埋下了伏笔。

2. "五失本"提出后的实践与争议情况分析

道安提出"五失本"是以《摩诃》为基础的,允许失本是针对此经而言的,并不具有普遍意义。之后的其他翻译中,他就没完全实施这一原则。《摩诃》完成后一年,道安组织翻译《鞞婆沙经》时,就有人针对道安"五失本"中关于删减的几条提出质疑:

> 赵郎谓译人曰:"尔雅有释古、释言者,明古今不同也。昔来出经者,多嫌胡言方质,而改适今俗,此政所不取也。何者?传胡为秦,以不闲方言,求知辞趣耳,何嫌文质?文质是时,幸勿易之,经之巧质,有自来矣。唯传事不尽,乃译人之咎耳。"众咸称善。斯真实言也。遂案本而传,不令有损言游字,时改倒句,余尽实录也。(出,382)

这位赵郎名叫赵政,是当时的一位官僚和翻译的赞助人。他以《尔雅》为例来说语言有古今的区分,以前的翻译存在嫌语言过于直白或带有古体色彩而以当时通俗的语言来翻译的情况,这样的做法是不对的。把外语翻译为汉语,只是为了知道意思,不必管语言形式本身是文雅的还是质朴的。原文的语言形式是质也好、雅也罢,都是原文写作的时代背景造成的,现在没必要去改。译者的任务是要把语义传达出来,这才是他该关心的内容,否则就是失职。

结果众人都同意赵政的意见。道安的"五失本"中除第一条改倒装句的原则得以贯彻外，其余都遭到了否定。那么道安对赵政的意见是何态度呢？道安是否会囿于赵政赞助人的身份而不再坚持自己的主张，我们不得而知①。之前与慧常争论后遭受"众咸称善"的打击，这次面对作为赞助人的赵政，又是一次"众咸称善"，而没人赞同道安的观点。因而他的态度可能是从这次开始有所变化而趋向于妥协的。

同年翻译《阿毗昙八犍度论》时，又发生了一次有关删还是不删的争论。

> 以建元十九年，罽宾沙门僧迦禘婆，诵此经甚利，来诣长安，比丘释法和请令出之。佛念译传，慧力、僧茂笔受，和理其指归。自四月二十日出，至十月二十三日乃讫。其人检校译人，颇杂义辞，龙蛇同渊，金鍮共肆者，彬彬如也。和怃然恨之，余亦深谓不可，遂令更出。凤夜匪懈，四十六日而得尽定，损可损者四卷焉。至于事须悬解起尽之处，皆为细其下。（出，377）

有罽宾来的僧人僧迦禘婆能背诵经书，于是请他将这部经书翻译出来。翻译之后，有人发现其中掺杂着"义辞"，释法和与道安非常遗憾，都不同意译本中出现这些内容，于是又很辛苦地返工，终于删去了约四卷的内容。

这里所谓的"义辞"，是指译者在背诵时主观加入了非原经所有的内容。同时，这个"义辞"也很可能就是"义说"的意思，即在注疏中阐明经义的做法，只不过这是译者添加，而非原经本有的解释。从事理上推断，我们有四个理由：首先，经书三十卷②的初译耗时六个月，修改时"凤夜匪懈"删去四卷却花了一个半月，效率比初译还低。如果只是删去容易辨认的重复语句，不应如此费时。实际情况很可能是译者擅自添加的内容与原文混杂在一起，返工时不得不重新过一遍，逐句鉴定落实，才会如此耗时。第二，道安将原经和所删内容分别比作"龙"与"蛇"、

---

① 余淑慧《中古译场的翻译与政治——以道安译论之转变为例》（台湾《编译论丛》2010年第3期）一文认为就是赞助人的态度起到了决定性作用。

② 任继愈：《中国佛教史》（第二册），中国社会科学出版社1985年版，第190页。

"金"与"鍮",可见两者的差别。如果删去的是佛经本身的内容,道安不至于用如此不敬的文字。而其立场之坚定也不同于提出"五失本"时的态度。第三,"至于事须悬解起尽之处,皆为细其下。"如果删的是原经的冗言冗句,就不必在删除后仍加以注释。因而这些"事须悬解起尽之处"更可能是译者主观添加的解释,它们虽非原经所有却有利于阅读理解,因而以小字形式予以保留,并在序中进行说明。这种做法与道安早年解经时"今集所见,为解句下"(出,264)的做法也是一致的。第四,这一删经举动和道安的态度在《疑经录》序言中也有类似的表态,即"安敢预学次,见泾渭杂流,龙蛇并进"(出,221),与这里相互呼应。

总之,这段材料表明道安反对"增译",这种"增译"既有内容、也有语言形式等方面的失实,因而道安的反"增译"也是反"失本"的一种表现。而翻译《摩诃》后的两年,也即翻译《鞞婆沙经》后的一年(公元384年),道安组织《僧迦罗刹所集经》的工作,他在这部佛经的后记中写道:

> 念乃学通内外,才辩多奇。常疑西域言繁质,谓此土好华,每存莹饰,文句灭其繁长。安公赵郎之所深疾,穷校考定,务存典骨。既方俗不同,许其五失胡本,出此以外,毫不可差。五失如安公大品序所载。(出,374—375)

这里同样提到因为佛经语言繁冗而要删繁就简的做法,是"安公赵郎之所深疾",正好回应了上文对《鞞婆沙经》的讨论,也证明了至少在那以后,道安是反对"失本"的。《僧迦罗刹所集经》的翻译在明知道安等人态度的情况下,仍然因为"方俗不同"而进行了"五失胡本"的翻译,所谓"许其五失胡本"的说法,自然是指在之前的翻译工作中,是不允许"五失本"的。既然这次明确提到"许",可见之前一定有过"不许";相反如果每次都默认能够"五失本",就不必在这里特意提到"许"字了。

通过上述分析我们可以看到,道安提出"五失本"时并没绝对地说都要或都能"失本",这一想法是在《摩诃》中提出和实践的。之后的翻译中,道安根据僧众的意见又改变了自己的想法。总体来看,他反对支谶译《道行经》中对内容进行节译的行为,反对僧迦䟦婆翻译《阿毗昙八犍度论》时擅自在译本中添加自己的内容；他认可的是有理有据地对译本进行操作，这个依据就是"五失本"，因此在《摩诃》和《僧迦罗刹所集经》中以"五失本"为限，"出此以外，毫不可差"。在其他情况下，如《比丘大戒》、《鞞婆沙经》和《阿毗昙八犍度论》中，也许除了第一条倒装众人是可以接受的；第二条到第五条都遭到了反对，道安最终也顺从了众人的意见。

从影响道安翻译思考的因素来看，他早年青睐《放光》那样简明易读的译风，原因在于佛法传播的目的。道安政治上主张"不依国主，则法事难立"[1]，思想上以老庄释般若，翻译上则考虑读者的接受度，三者的共同点都是以主体文化为重。再加上言意之辨风气的影响，道安认为"然凡谕之者，考文以征其理者，昏其趣者也；察句以验其义者，迷其旨者也"（出，263），即不拘泥于一字一词，而以凸显经义为重。道安还认为，"若率初以要其终，或忘文以全其质者，则大智玄通，居可知也"（出，263）。因此，道安才会倾向于"足令大智焕尔阐幽"（出，264）的《放光》，并且他在长安每年两次宣讲般若经时所用的也是这个版本（出，263）。然而，在参与译场工作后，道安的态度却发生了变化，再加上占主流的传统翻译观的反对，尤其是译场赞助人赵政等人的意见，实际翻译时采取的策略基本是不失本的，连道安自己也最终转而"案本"，尽管他从早年到晚年始终没有放弃探索如何摆脱直译困扰的方法并一直纠结于"失本"问题。

道安翻译观的进步之处在于，他是从语言角度思考翻译问题，通过两种语言和文化的差异揭示和解释翻译的矛盾。他明确看到前人直译的不妥处，归纳出"五失本"问题，具有一定的翻译理论意识。比如翻译学家纽马克在《翻译问题探讨》一书中就提出翻译过程中的原文意义走失有四种情况[2]：一是原文涉及本国特有的自然环境、社会制度和文化习俗；二是源语和目标语在基础特征和社会变体上，一定语境中都有自己的词汇、语法和语音体系，对客观事物和思想观念的分类也不相同；三是译者和作者的语言运用方式上存在差异；四是译文和原文有不同的语义理论和

---

[1] （梁）慧皎撰、汤用彤校注：《高僧传》，中华书局1992年版，第178页。
[2] Peter Newmark, *Approaches to Translation*, Shanghai Foreign Education Press, 2001, pp. 7-8.

价值观念。纽马克的总结涉及语言结构、文化、译者和作者、译文和原文，这几个方面在"五失本、三不易"中也都有涉及。

道安的遗憾在于他的观点最终并未得到普遍认可，最后连自己也转变了态度。其中最根本的原因尤其是态度转变的原因还在于历史局限性。与之后的鸠摩罗什和玄奘相比，道安在梵语水平、个人经历（包括域外经历与年龄）、译场人员与硬件、个人声望与权力等方面都相形见绌，因此他只能提出问题而无力解决问题。更何况要使一直占主流的直译观向意译观转变，不可能是一蹴而就的。但道安通过译本比较研究归纳出的"五失本"为后人指明了前进的方向，实际上鸠摩罗什的新译工作无论是理论还是实践上，都是在道安的基础上前进的（见本章第三节）。

二 奥古斯丁的综合思考

与鸠摩罗什和哲罗姆等译者乃至与道安相比，奥古斯丁在翻译实践上涉足最少，但作为当时基督教文化的集大成者，他在理论上的优势是其他人无法比拟的。奥古斯丁看问题的起点很高，他从神学出发思考语言问题，较为全面地论述了语言的理解、表达和解释等问题，并在此过程中表达了对翻译的看法。

奥古斯丁的翻译观主要见于《论基督教教义》一书（以下简称《教义》），该书的出发点是为解读和宣传教义。在《教义》一开头奥氏就说解释圣经是要遵循法则的，他写此书的目的就是要教导如何进行解释（CD, pref）。"解释"一词原文为"interpretari /interpretation"，对奥古斯丁而言该词融合了阐释、解释和翻译等三种含义[①]。在《教义》的论述中他也多以"interpreter/translator"（interpretantur）、"Christian teacher/orator"（christianus orator/doctor）等词为主语，说明奥氏的思考角度是多方面的，可以适用于译经、释经或讲经等各种宗教语言活动。本节从翻译角度出发，将这些散见的有关语言各方面问题的看法联系起来进行整体考察，归纳出奥古斯丁的翻译观。

1. 对语言、译者与译本的看法

我们认为奥古斯丁的语言（翻译）观是一种实用主义的阐释观。所

[①] L. G. Kelly, Linguistics and Translation in Saint Augustine, In *The Bible Translator* (Vol. 24), 1973, p. 134.

谓实用主义,就是以神学为根本目的,一切以能从文本获得真理为最高目标。语言对教徒而言只是一种工具,可以借助物质的、暂时的东西获得灵性和永恒的东西,为此要利用一切可用的手段达到所追求的目标(CD,Ⅰ,4,4)。甚至如果解释者为了增进爱的目的而偏离圣经本意,尽管这种错误是必须纠正的,但它不是有害的,只是偏离了大路而从偏道走到同一目的地而已(CD,Ⅰ,36,40—41)。所谓阐释,在奥古斯丁看来主要分为"理解—表达"这两个过程,"有两样东西是一切释经的基础:一样是确定准确含义的方式,另一样是把所确定的含义表达出来的方式"(CD,Ⅰ,1,1)。

整部《教义》的论述即以上述语言观为中心。全书分四卷,第一卷为综述,阐释奥氏的整体释经思想和语言观;第二卷和第三卷主要谈理解,分别对理解有困难的与模糊性语言的理解问题进行论述,尤其是前者与翻译问题的关系最为紧密;第四卷则谈表达的问题。由此可见,这种整体结构本身就反映了"理解—表达"的语言阐释观。

奥古斯丁在《教义》第一卷论述了他对语言、译者与译本的看法。他首先从符号学的角度分析语言,区分了事物和代表事物的符号,并将语言归为后者;然后区分"享受"和"使用",前者指为其本身目的而心满意足地信赖,后者指可以利用一切手段达到所追求的目的,基督教的教义内容属于前者,语言属于后者(CD,Ⅰ,1—9)。由于神终究是不可言说的,因而在这种区分下语言只能是一种工具。语言的功能是教与学,引领人们获得智慧,走向神圣[①]。与神相比,人的智慧微不足道。因此,《教义》第1卷40章内容除了前面四分之一不到是论述符号问题外,后面都在论述释经者应如何敬畏上帝,以信、望与爱来促进对圣经的理解,甚至只要达到这一要求,就可以不再需要圣经了(CD,Ⅰ,39,43)。

正是从神学角度出发,奥古斯丁提出作为一个解读者(译者),要"通向智慧之路"所必经的七个步骤:敬畏、虔诚、决心、知识、渴望、心的洁净以及智慧(CD,Ⅱ,7,9—11)。这里的敬畏是指怀着对神的敬畏之心而努力认识他的旨意;虔诚指要重视圣经,尊崇其中蕴藏的智慧而

[①] Augustine, The Teacher, xi. 38, In J. H. S. Burleigh, *Augustine: Earlier Writings*, Louisville, Kentucky: Westminster John Knox Press, 1953, pp. 64 – 101.

不能自以为是；决心指追求公义的决心；知识指学习圣经而获得相应的知识；渴望指努力践行爱人的意愿；心的洁净指通过道德净化而做到准确理解；最后达到智慧的境地（CD，Ⅱ，7，9—11）。由此，通过一个步步上升的过程，始于敬畏而终于智慧，使译者能最终准确理解圣经。

对信仰和道德的强调不仅限于基督教。我们在佛经翻译的讨论中也可以看到这样的话语，其中尤以隋代彦琮的"八备"最为突出，即：

> 诚心爱法，志愿益人，不惮久时，其备一也。将践觉场，先牢戒足，不染讥恶，其备二也。筌晓三藏，义贯两乘，不苦暗滞，其备三也。旁涉坟史，工缀典词，不过鲁拙，其备四也。襟抱平恕，器量虚融，不好专执，其备五也。耽于道术，淡于名利，不欲高衔，其备六也。要识梵言，乃闲正译，不坠彼学，其备七也。薄阅苍雅，粗谙篆隶，不昧此文，其备八也。[①]

从彦琮的排序来看，一般认为是译者最基本条件的外语语言文化和母语语言文化水平，只能排到最后两位。八条中作为知识技能层面的是第三、第四、第七、第八这四条，而关于个人道德修养的论述也占了一半，并且都相对排列靠前。其中第一、第二条分别讲述心态和行为上的端正，第五、第六条分别讲述心态雅量的调整。由此可见，对宗教翻译人才而言，德胜于才，品性修养对发挥翻译技能具有至关重要的作用。比较奥古斯丁与彦琮的论述，可以发现两人均非常强调德的重要性。彦琮全面论述了宗教道德、世俗道德与技能的要求，奥古斯丁则几乎全力强调如何敬神爱法，一步步达到智慧的境界。奥古斯丁说的"敬畏"、"虔诚"与彦琮的第一、第二条，"心的洁净"与后者的第五、第六条都有一定类似性，体现了对译者自身道德修养和信仰程度的重视。这种看法与翻译的阐释性也有很大关联，因为每个人对宗教经典的理解都各不相同，这显然已经超越了纯粹的语言文化层面，而需要靠人作为一个整体的感悟和认识去协调理解，这就涉及非理性、非技术层面的因素。因而，在宗教翻译中对译者的道德和信仰有如此高的关切度也就很自然了。

[①] （隋）彦琮：《辩正论》，载罗新璋《翻译论集》，商务印书馆1984年版，第46—47页。

奥古斯丁在译者问题之后又谈到了译本的版本问题。他认为"最高明的圣经解释者首先要把全部书目通读一遍，并把它们都存放在自己的知识宝库中，即使不能完全理解，至少要知道那些被称为'正典'的经文。……至于正典圣经，它必须遵守多数大公教会的判断"（CD，Ⅱ，8，12）。接着他谈到具体的正典判断标准，并给出从《摩西五经》到《启示录》的一系列详细书目。奥古斯丁对版本的重视与基督教发展的历史是分不开的。基督教从犹太教脱颖而出，既不能彻底割裂与它的关系，又不能完全照搬其教义理论和经本。早期教义发展多元化，出现了各种不同的教派和异端学说。随着基督教的日渐成熟，正典逐渐形成和厘定，得到大多数教会的认可。约在公元200年时，《旧约》与《新约》的最后形式已大体确定，尽管不同教父所列正典的目录仍有差异，但重叠部分也很多[1]。奥利金为使解经具有稳固基础而花费极大精力编撰合参本，哲罗姆翻译圣经也是一个确定正典的过程，这都体现了基督教父强烈的正本意识。同样对奥古斯丁而言，他所在的时代仍有诸多教义争端，版本就是他无法绕过的客观问题。要确立自己的权威，就必须把版本搞清楚，才能有可靠的立足点，这也是他重视译本问题的原因所在。

2. 语言理解论

奥古斯丁从符号学角度来研究语言，指出解读圣经的主要困难在于有不认识的符号和模棱两可的符号（CD，Ⅱ，9—11）。理解时先要搞清楚符号是字面的还是比喻的，因为两者有不同的解读方法（CD，Ⅱ，24，24）。对于前者，需要足够的语言水平，要善于利用已经读懂的来解释还没读懂的部分。而后者又分两种，第一种是因为原文语言有模糊性，如多义词、特殊语境下的用法，等等，这种情况应该只有一种解释，因而解读者要提高水平避免误读；第二种情况则是有益的，因为对有知识背景的读者来说，可以从各种不同的译法中找到更多真理，译者不太可能对文本的理解相差到没有一点共同看法，所以只要秉持信仰以真诚和信心去领悟就定能获得真理（CD，Ⅱ，12，17）。然而无论哪种情况，毕竟人的智慧比不上神，因此如果可能的话还是要尽量向原文靠拢：

---

[1] ［美］奥尔森：《基督教神学思想史》，吴瑞诚、徐成德译，北京大学出版社2003年版，第130页。

因为每个译者都是根据自己的能力和判断来理解的，我们若不根据翻译的母本来检查，就无法搞清楚不同译者所要努力表达的真实思想是什么。而且如果译者不是一个知识相当渊博的人而常常偏离作者的本意，那么我们就必须掌握圣经拉丁译本的译入语，或者必须掌握那些严格直译的译本，不是因为掌握这些译本就足够了，而是因为我们可以利用它们来纠正其他译本的随意性或错误，因为这些译本常常进行意译。不只是单个词，而且有许多表达式是不可能译成拉丁习语的，而希望遵守古典拉丁语用法的人却硬是把它们翻译过来。尽管有时这些翻译并不妨碍对段落的理解，但对那些更乐于保持事物符号之纯洁性的人来说，这种做法显然是令人不快的。所谓的文理不通就是指不守我们先辈中那些话语权威者所遵循的原则，而以另外的原则组词造句。其实，无论我们是说"inter hominess"还是说"inter hominibus"，对一个只想知道事实的人来说并无多大的区别。同样，所谓"蛮语"不就是以不同于在我们之前的那些说拉丁语的人的发音方式发音吗？……这样来说，保持语言的纯洁性不就是保持先前的语言权威所立的语言习惯吗？（CD，Ⅱ，13，19）

在这里我们可以看到，奥古斯丁是非常尊重原文的，其出发点是神学语言观，因圣经的神圣性而对其绝对崇敬和服从。按他的说法，那就是怎么翻译都可能无法翻译到位，即使有了译本，也总要根据原本校对才放心，甚至不同译本的存在只是为了相互校参是否与原本有出入，如此重视原文而小心谨慎，几乎是要否定翻译存在的必要性了。原文是最重要的，所以他高度重视原文符号的纯洁性。在他看来，很多词句是无法翻译的，此时不能为了遵守拉丁语的惯用法就改动语言，而要以原文为准。译文的语言形式并不是最重要的，比如文中所举的例子，无论是语法还是语音，哪怕不符合译入语的习惯，只要不影响理解就可以了。相比之下，原文的语言形式却是文化和意识形态的体现，翻译必须"保持先前的语言权威所立的语言习惯"。此外，这段话也表明了奥古斯丁何以要在解经中谈论翻译问题。正是因为原文是最权威的，所以在解经时才需要经常回到原文与译文进行对比，来更好地阐发经文。

我们可以举一个例子。《诗篇》51 章 14 句 "神啊，你是拯救我的神。求你救我脱离流人血的罪"（Deliver me from *bloods*, O God, God of my health / libera me de *sanguinibus* Deus Deus salutis meae laudabit lingua mea iustitiam tuam）。对于这句话，奥古斯丁认为①，拉丁语中没有 "sanguines"（"血"一词的阳性复数），也没有 "sanguina"（"血"一词的中性复数）的说法，但是希腊语却使用了复数，是因为希伯来原文是复数表达式。一个真正具有信仰的译者宁愿使用一个不符合拉丁语表达习惯的词，也不愿意不忠实于原文。从内容上看，这里用复数可以强调罪恶之多，同时还能与圣经其他篇章的语句相呼应。由此可见，奥古斯丁对原文的强调可以达到违反目的语表达习惯的程度。但是，不能因此而认为奥古斯丁重直译②。与其说奥氏持直译观，倒不如说他是敬重神，所以他对原文的强调是以增进理解教义为目标，也正因为如此，也可以出于教义需要而抛弃直译，以译文表达为重。

至于如何提高经文的理解能力，奥古斯丁是非常理性的。他在第二卷中以大量篇幅讲述译者如何提高包括异教知识在内的语言文化素养以提高圣经的理解能力，如自然科学、数字文化、传说、习俗、逻辑推理、历史知识，等等（CD，Ⅱ，16—39），掌握了这些文化背景和语言，就能很好地解读未知的符号。

而对如何解读模糊性语言，奥古斯丁除了谈论寓意解经的问题外，也非常重视语言手段的作用。第一，标点和读音是非常重要的手段，排除断句和发音上的错误，做到准确而明晰的断句和发音，在很大程度上能有助消除模糊因素（CD，Ⅲ，2—3）。第二，重视语境的因素。尤其是对于比喻，"事物有许多方式来显明彼此的相似性，所以我们不能以为有这样一条规则：一样东西在一个地方所表示的意思可以适用于任何地方"（CD，Ⅲ，25，35），因此对词语的不同用法必须有足够的认识，而解读方法则是利用语境："这些都要根据它们相互的联系来确定。"（CD，Ⅲ，25，37）第三，他认识到语篇及互文的作用。"我们必须从意思表达比较明显

---

① 此段下文皆引自 Augustine. Pslam LI, 19, *St. Augustine Exposition on the Book of Psalms*（http://www.ccel.org/ccel/schaff/npnf108）。

② Kelly 和谭载喜认为奥氏持直译观。参见 Kelly "The True Interpreter: a History of Translation Theory and Practice in the West" 第 9 页和谭载喜《西方翻译简史》第 30 页。

的段落收集信息，以理解同样的话在比较模糊的段落里表达的意思。"（CD，Ⅲ，26）"有时候圣经里的同一句话，可能不只一种解释，而有两种甚至多种解释，尽管作者的原意仍然没有找到，但只要能根据圣经的其他段落表明，这些解释都是与真理一致的，那就没有任何危险"（CD，Ⅲ，27，38），而这种互文理解的方式比靠自己的理解推论要更为可靠（CD，Ⅲ，28，39）。

总之，要做到准确理解文本，离不开德性、语言文化水平以及基本材料等各种条件，"敬畏神的人勤勉地在圣经里寻求，想要知道神的旨意。当他借着虔诚变得柔和，不再沉溺于争辩；当他也具备了语言知识，不再因不认识的词汇和表达而受阻，有了一定必不可少的知识，不再对那些具有相似性的事物的力量和性质一无所知；并且还得到准确文本的协助——只要校勘得法而用心，就可以保证文本的准确"（CD，Ⅲ，1，1）。有了这些条件再加上解读模糊性语言的技巧，就能成为成功的解读者。奥古斯丁在理解部分的结语中说道，"学习这些可敬文献的人应当不仅熟悉圣经里常用的表达形式，仔细琢磨，准确记忆，而且尤其重要、最为必要的是，愿他们能领会这些表达。正是在这些他们想学的书里有这样的话：'因为耶和华赐人智慧，知识和聪明都由他口而出'；他们也正是从主那里获得追求知识的欲望，只要他们坚守虔诚"（CD，Ⅲ，37，56）。尽管奥古斯丁将解读的根本归于宗教，但仔细分析他的话语，实际上体现了我们常说的"读书百遍，其义自见"的道理，是通过长期沉浸于典籍阅读，逐步提升语言文化的整体素养后达到的较高的文本读解能力。

3. 译文表达论

如果仅看奥古斯丁的原文理解论，我们会认为他是一个严肃的语文学家，一切从语言事实出发。然而从《教义》第 4 卷所讨论的语言表达问题来看，他的标准始终是以教义为重。奥古斯丁的语言表达论是从一个基督教教师讲经布道的角度来论述的，反映了他对宗教语言的表达与修辞的看法，因而也涵盖了他对译文表达的看法。在当时，希腊罗马的修辞与论辩传统仍有很大影响，奥古斯丁本人也确实精于此道，但他作为一名基督教教父是要以神学为主来改造、吸收与融合古典修辞以服务于教义。因此，他明确提出自己与传统修辞学是有区别的，他不是要像世俗学校那样确定某些修辞规则，也不是要教导修辞法，而是从基督教出发论述语言表达的问题（CD，Ⅳ，1，2）。

奥古斯丁对表达的重视源自对修辞必要性的认识。他认为修辞并不像某些人认为的属于异教事物而不能利用，修辞可以巩固真理，也可以加强谬误，雄辩的力量与道德高低或正确与否无关，不能因为自己谈的是正确的教义而忽视了语言的表达，因而基督教的语言也要做到简明清晰、合情合理，要能够感化听众和激发他们的情感（CD，Ⅳ，2，3）。这一点与孔子所说的"言之无文，行而不远"非常相似。

修辞表达的要求有两点，明晰达意和文雅感人。一方面语言表达要明晰达意。尽管很多圣经文本的语言就很模糊，但写作者不应模仿，"他们的一切传达都应当以能为人所理解为首要目标，尽可能使用清晰的语言，使人人都能看明白……如果出现他们所说的话不那么容易理解或者一目了然的情况，那么也不可让这种不清晰源于他们的表达方式，只能让它出于他们所要力图解释的问题本身的困难和微妙"（CD，Ⅳ，8，22）。用词要达到"按通俗的惯用法使用就既不会产生歧义，也不会含义模糊，也就是说不按有学识的人的方法使用，而按无知识的人的方法使用"（CD，Ⅳ，10，24），奥古斯丁把清晰明白列为语言表达的要旨，这与宣传基督教义、教育广大民众的目的是分不开的。在关于语言表达的第4卷中，出现频率最高的主语词是"基督教教师"，这些教师的语言表达论是为了"解释和教导圣经、捍卫真理和反驳错谬"（CD，Ⅳ，4，6），由此可见奥古斯丁何以特别看重表达的清晰性。

说话清楚绝不意味着可以粗俗。奥古斯丁以实用为标准而重视语言的清晰明白，他也同样以实用为标准，论述了语言修辞的必要性。因为尽管对极少数热切的人来说只要能传达真理，可以不在乎表达方式是粗俗的还是高雅的，但基督教要面对大众，就必须符合大多数人的品位才行（CD，Ⅳ，11，26）。他认为修辞具有辅助力量，"不仅要教导人使他获得知识，愉悦人使他保持注意力，同时还必须影响人的心灵，使他服从于意志。如果证据充分、风格优美的情况下无法以理服人的话，就只能借助修辞的力量了"（CD，Ⅳ，13，29）。修辞的真谛在于根据不同目的采用不同的话语风格，"凡能以低沉的风格说细小的事，给人知识；以平和的风格说中等的事，给人愉悦；以威严的风格说重大的事，影响心灵的，这就是雄辩家了"（CD，Ⅳ，17，34）。关于风格的问题，西塞罗的相关著作就已有论述，奥古斯丁正是在吸收其观点的基础上，从读者和听众的角度出发，论述了他对语言表达的看法。

总之，就语言表达而言，奥古斯丁强调语言的宣传功能，希望听众或读者能领会和乐于倾听真理，并处处以读者为中心，坚持沟通与理解比语言修饰更重要。

三　道安与奥古斯丁的异同

我们可以把奥古斯丁与道安对原文的看法作一个比较。两人都有"案本"的思想。道安一直在思考是否要严格遵循原文形式的问题，他对语序、文体和繁复表述三个方面的看法并不一致。但从整体来看，他最终是倾向于"案本"的，其原因可能有多种。第一，作为佛教徒而尊崇佛经，所以不愿随便删削。第二，原本得之不易，很多情况下都只能靠域外带来的新经本才能使研究工作有进展。对这来之不易的佛经当然希望能尽量忠实地把它翻译出来。第三，道安自己不懂外语，希望能读到尽量忠实原本的译本，以免为翻译所制。尤其是作为研习者，更希望看到不加修饰的版本，而不是经译者加工过的材料。第四，道安早年就看到格义法以玄解佛的流弊，那么在自己的翻译中持谨慎态度，力求按原本翻译而不作过多改动，也是很自然的。

与此相比，奥古斯丁第一也非常尊重圣经，坚持保留先前的语言权威所立的语言习惯，这是他的教徒身份所决定的。第二，奥古斯丁也重视版本问题。《教义》一书中他在讨论经书理解问题前就先专门提出了正典的问题。第三，奥古斯丁也不懂希腊语，这与道安不通梵文是一致的。奥古斯丁在与哲罗姆的通信中就提出希望哲罗姆在译本中把不同于七十士本的地方一一标出来（详见下节哲罗姆部分）。其原因一方面当然在于七十士本沿用多年，符合多数教会的习惯；另一方面多少也与奥氏本人不通原文有关。关于第四点，奥古斯丁也与道安相似。他看到当时圣经的拉丁文译本数不胜数，甚至有人得到一篇希腊文手稿并自认有点语言知识的就胆敢从事翻译工作（CD，Ⅱ，11，16），这其中的种种不妥之处，恐怕不亚于早期佛经翻译的混乱情况。

以上我们从身份、经历、语言水平和翻译情况等角度说明了直译思想的成因。然而翻译史发展到 4 世纪时，一个突出的变化就是意译观开始占上风。其根本原因在于一种异质文化与本土文化的冲突和调试到一定阶段后，必须进一步归化才能达到真正的融合，这种融合趋势之于翻译的体现，则是早期不成熟的直译或意译向较为成熟的意译的转变。我们对道安与奥古斯丁的分析也是基于这一历史潮流而进行的。尽管道安与奥古斯丁都非常尊崇原文语言，但在各自的翻译思考中却都体现出意译倾向。道安提出的"五失本"就是一种摆脱不成熟直译的努力，尽管他自己在世时未能彻底贯彻这一主张。而奥古斯丁的翻译观从整体上看是以神学为目的的实用主义。对此，我们需要更多地关注两人除"译者"之外的多重身份[1]，从立场、面临的问题、经历和诗学四个角度进行分析。

首先，角色的不同导致思考问题时的立场不同。道安虽然无法亲自动手翻译，但参与了译场翻译的整个过程，这对他形成自己的翻译观是非常有帮助的。可以想象，如果他最后没有去长安主持译经，没有与他人的交流，那么译论史上留下来的将是一个从读者角度出发、完全倾向于意译的道安。正是后面那段经历磨砺了道安的观点，最终提出"五失本、三不易"；也正是失本与不失本的争论，使我们看到了道安的谨慎态度和探索的艰辛。面对拘泥于佛经的宗教权威而不敢擅动字句的主流翻译观，道安的探索举步维艰。他虽然看出了问题，但其威望和影响无法与后世的鸠摩罗什或玄奘相比，一再遭到自己的学生和译场赞助人的反对；再加上历史局限，道安自己也误认为佛经语言都是直质没有文采的，因而对于文质问题的立场就很矛盾，以致后来自己都否定了自己的观点[2]。与道安相比，奥古斯丁尽管也有与哲罗姆的翻译观之争，但他没有实际参与和影响翻译实践。奥古斯丁思考翻译问题时更为理想化，也更为超脱。他时而从符号角度出发，认为一个希腊词译成拉丁词时只要所指相同，翻译就对等了；时而主张把希腊语的一些词缀都切开当作两个单位来翻译[3]。这两种观点看似矛盾，其实都表明奥氏是从释经者立场出发，把语言当作工具而已，所以其唯一标准是有利于教义，而意译和直译都只是从属的手段。比如尽管他总体上要求贴近原文，但在语言表达论中却着重强调要在不同场合使

---

[1] Anthony Pym, *Method in Translation History*, Beijing: Foreign Language Teaching and Research Press, 2007, p. 162.

[2] 另可参见《立经》章佛经语言文质之争部分。

[3] 谭载喜：《西方翻译简史》（增订版），商务印书馆2004年版，第29—30页。

用不同的语言风格，这无疑是相当"意译"了。总之，同样是没有亲身参与翻译，道安的理论思考与翻译实践的关系更为紧密，又受其他人的影响，因而在直译与意译间摇摆；奥古斯丁的思考则更理想化，从自己的整个体系出发来谈问题。

其次，目的与任务的不同，使讨论问题的范围不同。道安有丰富的佛经研究经验，看过各种不同的翻译版本，之后又亲身参与译场工作，与同道多有交流讨论。这种特殊经历使他能够总结出各种译本的得失。道安从语言学角度思考翻译问题，洞穿整个佛经汉译史的种种得失，看到早期僧人"未熟的直译"和"未熟的意译"的优缺点。他一针见血地指出语言文化的差异是客观存在的，不能一味迁就原作，并从语序、内容和文体等方面出发归纳出"五失本、三不易"，这完全是从语言出发通过对比探索得出的科学认识。相比之下，奥古斯丁没有那么切实的语言比较，而是从宏观角度来思考问题。他论述的读者对象"interpreter"可以是解经者、译经者也可以是讲经者。因而他所谈的问题不单限于翻译，因为作为当时的大教父，他承担着解释、传播教义乃至与教内外不同人进行论辩的重任。《教义》一书正是他针对种种释经、译经、讲经等宗教语言活动的问题而写的，因而书中所谈无所不包，从语言的性质、经文版本、人员素质到语言文化水平，再到理解与表达都有涉及。总之，道安的思考翻译是从微观的语言比较出发，胜在思考的客观与缜密；奥古斯丁则从宏观着眼，胜在理论的广度。

再次，知识储备的不同，使思考问题的深度不同。道安的语言和佛学水平都有历史局限，他不懂梵文，是根据译本分析体悟出梵汉差异和总结翻译得失的，这可能是一个本土僧人在当时情况下所能取得的最大成就了。相比之下，奥古斯丁也只精通拉丁文，不过由于他的哲学素养更高，思考问题的起点、广度和深度就更出色。他从语言文化的整体来思考符号和语言的本质，再回过头来看翻译问题，视野就更开阔。奥古斯丁指出语言的符号性，区分了"享受"和"使用"的符号，由此指出语言的工具属性。再进一步区分模糊但只有一种解释的语言和有益的模糊语言，这样就把字面意义的注经手段与寓意解经法统一起来，既承认基本的语言解读，又注意到宗教语言的特殊性。因为原文和译文都是语言符号组成的，所以可以借理解和表达来分析符号与事物的关系。这种从符号和语言分析出发进行研究的路子和对符号形式与内容二元对立的看法一直影响到当代[1]。

最后，诗学问题的不同。道安提出的"胡经尚质，秦人好文"问题以及对冗余语言删与不删的纠结，与中印文化的文章传统差异有关。佛经翻译的文质之争由来已久，因为早期佛经翻译时采用的原本有很多不是梵文原本，而是经胡僧转译过的本子，其语言经过一层过滤，辞藻文采就有所削弱，重在传达语义而不重文采。中国人拿到这样的本子与自己的文学传统相比，就难免觉得淡而无味，而有"胡经尚质"的看法。而且能阅读和翻译佛经的往往是文人阶层与文化精英，其语言品位更为"好文"，因而希望佛经译文也能遵照汉语的书写习惯，由此引发文质之争。与此相比，奥古斯丁所思考的诗学问题更多的不是语言差异，而是文化和意识形态的问题。在当时人看来，修辞是异教徒的，基督教不需要修辞。对此，奥古斯丁指出修辞既能巩固真理也能加强谬误，雄辩与道德高低和正确与否无关。因此他把希腊罗马的修辞传统纳入基督教的体系，提出以不同风格应对不同场合的看法。这一点对于基督教传统而言是非常重要的，它关系到基督教能否吸收希腊罗马文化的问题，由此也可以看出奥古斯丁对这一问题的深刻认识。

第三节　实践者的观点：鸠摩罗什与哲罗姆

鸠摩罗什与哲罗姆，一位是高僧，一位是圣徒，在中西方分别都被视为著名的翻译家[2]。他们宗教地位高，学问素养高，还都得到当政者的大力支持，保证他们的翻译策略得以实行。两人都没因为译的是宗教典籍就完全拘泥于原本的语言形式，而是以教义内容为标准，掌握原则灵活操作，其译品适应了译入语文化，最终盛行于世。下文将通过历史语境具体

---

[1] L. G. Kelly, *The True Interpreter: a History of Translation Theory and Practice in the West*, New York: St. Martin's Press, 1979, p. 2.

[2] 鸠摩罗什是佛教四大翻译家之一，是玄奘前地位最显著的高僧之一。哲罗姆是早期教会四大神学家之一和西方四大传统翻译理论家之一。所谓"四大"的说法，前者可参见马祖毅等《中国翻译通史》（古代部分全卷）第80页，后者可参见 Jean Delisle 的 "Translators Through History" 第169页。

分析鸠摩罗什与哲罗姆的翻译观，努力展现意译观能在这一时期最终胜出的必然性。

一　鸠摩罗什的翻译观

鸠摩罗什（以下简称"罗什"）的活动年代稍晚于道安。他父亲是天竺人，母亲是龟兹人，双亲均为王亲国戚，因而罗什社会地位高、教育环境优越。他本人从小以聪明才智著称，又在佛教传播的西域和天竺游学多年，转益多师，其语言与佛学水平都有得天独厚的优势。罗什来华后一度羁留边关十余年，乘此机会学习了汉语。晚年被崇佛的后秦国主姚兴迎入长安，开始主持译场工作。罗什的翻译被称为新译，其水平达到了隋唐前的高峰。更为可贵的是，罗什译本得到了广泛的使用，其中不少还成为佛教各派建立其学说的基本依据，从这点上来说，罗什是可以比肩哲罗姆的。

1. 罗什的意译观

罗什一改佛经的直译风气，倡导意译，但他的翻译态度是严谨的。首先，他本人很看重其译本的忠实度，并留下著名的"舌不烂"传说。据说罗什圆寂前当众发誓，"今于众前发诚实誓，若所传无谬者，当使焚身之后，舌不燋烂"，最终果然"唯舌不灰"[①]。其次，罗什周围的翻译人员也持谨慎态度，其中不乏当初跟随过道安的僧叡等人。僧叡在《大品经序》中说道：

> 予既知命，遇此真化。敢竭微诚，属当译任。执笔之际。三惟亡师"五失"及"三不易"之诲，则忧惧交怀，惕焉若厉。虽复履薄临深，未足喻也。幸冀宗匠通鉴，文虽左右，而旨不离中，遂谨受案译，敢当此任。（出，292）

僧叡等人把"五失本"作为规范译本失本的限度，视为译品质量的有效保障。再次，罗什的翻译有制度保证。据记载，罗什翻译时：

[①]（梁）慧皎撰、汤用彤校注：《高僧传》，中华书局1992年版，第54页。

第四章 译经：转换与交融

> 手执胡本，口宣秦言，两释异音，交辩文旨。秦王躬览旧经，验其得失，谘其通途，坦其宗致。与诸宿旧义业沙门释慧恭、……僧叡……等五百余人，详其义旨，审其文中，然后书之。（出，292—293）

罗什继承和发展了道安的译场。与之前相比，译场人员的素质更高，像僧叡等人都有译场工作经验，翻译程序上又是多人讨论审定，更为科学合理。最重要的是，所出译品既得到赞助人秦王的认可，翻译时又与诸僧合议讨论，得到众人的认可，可谓集体负责制。应该说这样的译品是比较可信的，至少也是得到当时主流翻译观的认可的。最后，人员选定的谨慎。罗什曾亲自翻译《百论》，后来又觉得自己当时的汉语水平还不够，"先虽亲译，而方言未融"，于是在遇到合适人选后，又一起重新考订正本（出，403），可见他的慎重态度。

从上面几点可以看出罗什翻译的态度是认真严肃的。那么我们再回过头来分析一下罗什的"舌不烂"传说。这个传说的真实性暂且不论，其背后所反映的却是实在的翻译观之争。所谓"舌不烂"是一种极佳的宣传修辞策略，是对自己译品的辩护。辩护针对的对象显然是那些不认同罗什译法的人，也就是那些坚持传统翻译观，认为从形式到内容都要严格按照原文翻译的观点。用这样的神迹来包装罗什，一方面是出于宗教政治斗争的无奈；另一方面也是受神学思维影响的结果。罗什的处境与哲罗姆译圣经时受到多方质疑的情景也是很相似的，体现出改变传统翻译观的艰难。

罗什的翻译尽管在内容上忠于原文，但语言形式上绝不屈从原文。僧叡的评价是"文虽左右，而旨不离中"（出，292），慧观的评价则是"曲从方言，而趣不乖本"（出，306）。这里的"旨"和"本"都是针对原文的内容与意义。而对形式来说，罗什力主从读者和译出语的角度出发。最著名的实例就是译《妙法莲华经》时，罗什看到竺法护所译"天见人，人见天"便评价说"此语与西域义同，但在言过质"。当时僧叡的回答是"将非人天交接，两得相见乎？"并得到罗什"实然！"的赞许[①]。

[①]（梁）慧皎撰、汤用彤校注：《高僧传》，中华书局1992年版，第245页。

具体而言，罗什意译的特征主要体现在三个方面。

首先是思想内容，尤其是术语问题上，与前代的格义相比已经开始严肃态度，力求符合原文的意义。早年格义流行时，盛行以玄学概念解读佛家术语，导致思想混乱，产生六家七宗等多个流派。道安就已认识到格义之弊，而试图加以清算。罗什的到来则更有利于深入解决问题。僧叡《大品经序》记载：

> 文虽粗定，以释论检之，犹多不尽。是以随出其论，随而正之。释论既讫，尔乃文定。定之未已，已有写而传者，又有以意增损，私以般若波罗蜜为题者。致使文言舛错，前后不同。良由后生虚己怀薄，信我情笃故也。胡本唯序品、阿鞞跋致品、魔事品有名，余者直第其事数而已。法师以名非佛制，唯存序品，略其二目。其事数之名与旧不同者，皆是法师以义正之者也。如"阴入持"等，名与义乖，故随义改之。"阴"为"众"，"入"为"处"，"持"为"性"，"解脱"为"背舍"，"除入"为"胜处"，"意止"为"念处"，"意断"为"正勤"，"觉意"为"菩提"，"直行"为"圣道"。诸如此比，改之甚众。胡音失者，正之以天竺；秦言谬者，定之以字义。不可变者，即而书之。是以异名斌然，胡音殆半。斯实匠者之公谨，笔受之重慎也。幸冀遵实崇本之贤，推而体之，不以文质朴见咎，烦异见情也。（出，293）

这段话首先说明术语应该要统一，因为它决定了翻译的成败。因而罗什虽然初步翻完了《大品经》，但还要根据《释论》（即《大智度论》）一一校正。其次，术语必须准确。所以罗什才"以义正之"。所谓"名与义乖，故随义改之"，即是恢复术语的本来意义，排除格义的曲解。胡文音译有不准确处，就依天竺语订正，汉文名称的翻译有错误的，就根据字义订正；许多术语不能意译的，则采用音译。由于不同名称混合，音译的胡音倒占了将近一半。对此，僧叡也希望僧人们能够秉持严谨而慎重的态度，不要把译文的质朴看成过失，不把词语的烦杂看成过度谨慎。值得注意的是，对于术语是音译还是意译的问题，具体哪些不翻出来哪些要翻，罗什并未进一步归纳，是后来的玄奘进一步升华，总结出"五不翻"原则，这与罗什的探索恐怕也不无关联。①

其次是文体上，从读者角度出发，重视译出语的诗学规范。《高僧传》提道：

> 什每为叡论西方辞体，商略同异，云："天竺国俗，甚重文制，其宫商体韵，以入弦为善。凡觐国王，必有赞德，见佛之仪，以歌叹为贵，经中偈颂，皆其式也。但改梵为秦，失其藻蔚，虽得大意，殊隔文体。有似嚼饭与人，非徒失味，乃令呕秽也。"②

罗什认为梵文注重文章体式美，佛经中的偈颂可配合音乐唱诵，但译成汉语后意思虽得保留，文体形式却都破坏掉了，无法再现原文的韵律节奏美。这就好比把饭咀嚼后再喂给人吃，不但原来的味道没了，而且令人感到呕秽。将翻译比喻为"嚼饭与人"，生动地道出了翻译中形式与意义的先天矛盾。这也是罗什在翻译中的切身体会。既然不能"嚼饭与人"，那么翻译显然就需要一个重新"做饭"的过程，罗什意译的理据正在于此。

罗什重视译文的可读性，是为了弘扬佛教教义，考虑到汉语读者的要求，在传译上或增或删，或繁或简，务求达意。他译《法华经》时，"曲从方言，而趣不乖本。即文之益，亦已过半。虽复霄云披翳，阳景俱晖，未足喻也。什犹谓语现而理沉，事近而旨远。又释言表之隐，以应探赜之求。虽冥扉未开，固已得其门矣。"（出，306）语言上以汉语（方言）为准，但又不偏离原文主旨，并为表达言外的含意而不断解释，使义理彰显出来，就好比开云拨雾、阳光普照一般。但即便如此，罗什还是认为自己的语言掩盖了义理，因此还要不断深入揭示言辞背后隐藏的意涵，力求把道理说明、说透。需要指出的是，由于译场是译经、释经和讲经结合在一起，这对翻译策略的选取也是有一定影响的。讲经教学的目的使得罗什必

---

① 罗什虽已开始注意术语问题，但与后来的玄奘相比可能还是相形见绌的，这一点要感谢华东师范大学张春柏老师的指正。我们这里从历史发展的角度来看罗什，他至少已经对术语问题引起高度关注并做了切实的工作，从他的"以义正之"到玄奘的精准译文以及"五不翻"思想的提出，正体现出术语的处理水平和理论认识是在佛经翻译实践的积累中逐步发展的。

② （梁）慧皎撰、汤用彤校注：《高僧传》，中华书局1992年版，第53页。

须防止"语现而理沉",这也是他选择以译语为中心的翻译策略的重要因素。同样,僧肇在《百论序》中也指出罗什的特点"陶练覆疏,务存论旨。使质而不野,简而必诣,宗致尽尔,无间然矣"(出,403),即重视传神达意,语言流畅。

最后,剪裁的问题。梵文的语言文化与汉语不同,道安在"五失本"中就归纳了三个方面,并一度希望对译文进行剪裁,结果却未得到认同。这一主张最终是在罗什的译经中得到了贯彻。

比如在翻译《大智度论》时,罗什认为,"胡夏既乖,又有烦简之异,三分除二,得此百卷,于大智二十万言,玄章婉旨,朗然可见。归途直达,无复惑趣之疑,以文求之,无间然矣"(出,387)。《大智度论》共有100卷。原本有10万偈,每偈32字,共计320万字。罗什认为繁简有别,不需要将原文如数译出,结果只翻出了20万字,连原文的十分之一都不到。经过删削的译文却体现了玄妙的篇章和美好的义旨,教义一目了然,不再有疑惑之处,考察其内容没有一点纰漏。再如译《百论》时,罗什与众僧考定校正。《百论》共20品,罗什翻译时认为后10品对内地无益,故缺而不译(出,403),等于是删除了一半的内容。译《中论》时,"其中乖缺烦重者,法师皆裁而裨之"(出,401)。甚至罗什在临终与众僧告别时居然还对此念念不忘,说"凡所出经论三百余卷,唯十诵一部,未及删烦,存其本旨,必无差失"[①]。可见剪裁问题在其心中的重要性。

罗什的做法也得到了其他人的认同。比如慧远《大智论抄序》提道:

> 童寿以此论深广,难卒精究,因方言易省,故约本以为百卷。计所遗落,殆过参倍。而文藻之士犹以为繁。咸累于博,罕既其实。譬大羹不和,虽味非珍;神珠内映,虽宝非用。信言不美,固有自来矣。若遂令正典隐于荣华,玄朴亏于小成。则百家竞辨,九流争川,方将幽沦长夜,背日月而昏逝,不亦悲乎!于是静寻所由,以求其本,则知圣人依方设训,文质殊体。(出,391)

[①] (梁)慧皎撰、汤用彤校注:《高僧传》,中华书局1992年版,第54页。

罗什看到了汉语"易省"的特征,因而删削掉三分之二。没想到文人还是觉得烦琐。考虑到翻译出来的佛经最终还是让汉人来读的,如果不符合汉语文化,就好像食物不合食客的口味,再好吃也没用。如果非要按梵文硬译,就会影响经义的理解与传播,"幽沦长夜,背日月而昏逝",无法完成宣教目的。既然圣人也是"依方设训"的,那么理应根据不同对象调整策略。引文后面慧远的评论正反映了当时的翻译观已基本摆脱了早年直译观的束缚,他本人后来也在罗什的基础上进一步总结了直译与意译两方面的得失,此处不再展开。

2. 罗什采取意译策略的原因

对于罗什为什么会采取意译策略,我们大致可以从五个方面来分析:

第一,是佛教的基本语言观。僧叡在《大智释论序》的开头就说道,"正觉有以见邪思之自起,故阿含为之作;知滞有之由惑,故般若为之照。然而照本希夷,津涯浩汗,理超文表,趣绝思境。以言求之,则乖其深;以智测之,则失其旨。二乘所以颠沛于三藏,新学所以曝鳞于龙门者,不其然乎!"(出,386)语言只是一种工具,是达到智慧的途径。万事万物都是幻灭幻空的,那么只要能达到智慧境界,就不必拘泥于文字形式。

第二,个人语言能力和佛学素养高。罗什通胡语和梵文,在西域游学多年,见多识广,又是经义论辩的高手,因而无论是在译文的表达上还是在对原文的删削上,都能游刃有余,有绝对的自信能够不有损教义。正如梁启超所言,"吾以为安之与什,易地皆然。安惟不通梵文,故兢兢于失实,什既华梵两晓,则游刃有余地也"。[①]这句话道出了何以道安的理论要到后来的罗什时期才能实行的一大重要原因。

第三,个人声望的保证。罗什的能力和声望以及译场的各方面条件已达到一定高度,有利于译本的推广和接受。相比之下,道安不懂原文且阅读量有限,他提出"五失本"时自己就没有十足把握,更没有罗什的"洋和尚"声望,因而"五失本"的最终实现反而是在罗什手中。罗什何以有如此大的声望,本身是个复杂的问题。简而言之,罗什早年就享有神童美名,以其智慧而名誉西域,多有在辩经中折服对手的经历。在凉州时

---

① 梁启超:《翻译文学与佛典》,载《梁启超全集》,北京出版社1999年版,第3799页。

又展示了他懂阴阳八卦和方术的本领，被尊为国师，并先后两次以其贤名而得到统治者领兵来迎的待遇。这样的声望自然有利于他掌握话语权。从反面来看，由于罗什出经多行删削，导致很多人的不满，甚至将此与罗什的两次破戒联系起来①。然而即便如此严重的个人污点却也难以有损罗什一代宗师的形象，足见当时其享有的声望和权威地位。

第四，著述情结。罗什自幼以智慧著称，志向远大。然而自从被后凉国主吕光俘获后，一再遭到侮辱，无法进行正常的佛学研究，还被迫破戒，印证了早年关于他如果不破戒可以兴佛法度众生、如破戒则只能成为才明俊义法师的预言②。事实上，自到中原以后，一方面罗什没有了西域和天竺那样良好的佛学环境；另一方面当时的中土也不需要教义的创新，而更亟须基础性的翻译工作。罗什空有一身抱负，最终却只能屈尊于一介翻译，他"雅好大乘，志存敷广，常叹曰：'吾若著笔作大乘阿毗昙，非迦旃延子比也。今在秦地，深识者寡，折翮于此，将何所论'乃凄然而止"③。可见他的思想高度与中原滞后的佛学水平之间的隔膜④。罗什内心无法满足于"一介翻译"的地位，但既然现实只提供给他通过翻译施展抱负的舞台，那么就只能"曲线救国"，以翻译行写作权，顺应汉人好简的特点大行删削，使所出之经便于汉人阅读理解但又不脱离经义，这又何尝不是另一种著述和对自己智慧的考验呢？实际上，历史上也确实有很多文人（如严复）由于种种原因而把自己的理想和抱负都付于翻译的例子，而罗什的著述情结也不例外。

第五，助手因素。罗什身边多有道安弟子，有译场工作经验，也受到道安翻译观的影响。再者，译场中的僧叡、僧肇、道融等为汉人，有的还是从南方到北方的，自然将南方的文学习气带入译场；而译成后的经本又随着南北交流传入南方，反过来对南方的藻绘文风起到推波助澜的作用⑤。

---

① 参见尚永琪《鸠摩罗什》第64页和陆扬《解读〈鸠摩罗什传〉兼谈中国早期佛教文化与史学》一文。
② （梁）慧皎撰、汤用彤校注：《高僧传》，中华书局1992年版，第46页。
③ 同上书，第53页。
④ 可进一步参见尚永琪《鸠摩罗什》，云南教育出版社2009年版，第130—132页。
⑤ 蒋述卓：《佛经传译与中古文学思潮》，江西人民出版社1993年版，第106—107页。

总之，罗什主持的翻译工作标志着译经事业成熟期的到来。罗什译经首先得到主政者的大力支持，译场各方面的条件能得到保障；罗什个人通胡语和梵文，又有充足的原本资料和旧译本，可以摆脱格义的附会，也有利于实现从原文到译文的翻译而不是转译；再则，罗什的弟子和助手人手多、水平高、有翻译经验。种种有利因素，使佛经翻译的眼光和标准较以前都有了很大提高，不再囿于一字一词的硬译，而以获得经文真义和达到最佳传播效果为标准。因此，罗什的意译能顺应佛教发展的需要，更好地实现译经传教的目的。

3. 罗什译经的翻译学意义

关于罗什翻译在文学和语言上的意义已有很多研究[1]。我们在这里从整个翻译史的角度着眼，论述其翻译的译学意义。我们认为，罗什译经第一次真正实现了"意译"的主张。

从罗什着手开始翻译时所面临的问题看，所谓"既览旧经，义多纰僻，皆由先度失旨，不与梵文相应"[2]涉及三个问题。

首先是翻译的源头，即原本的问题。从佛经翻译史来看，早期的翻译有四个特点[3]：首先译经者主要是外来僧，或单译或合译，虽有少量汉人参加，但只是从事辅助工作，显然，对于佛教有更深入认识的外籍人士在弘法的态度上自然比不甚了解的中国人更为积极；二是外来僧人带来什么经就译什么经，也不分大乘和小乘的区别；三是以译经为主，著述和注释极少；四是译经没有政府或官方支持。当时的翻译工作全赖外来僧主导，但像安世高和支谶等人并不来自天竺而是西域，无论是其佛学水平还是带到中土的佛经，能否代表天竺正宗，都是要打个问号的。汉人不懂佛经，只能被动接受，各地译者间的交流也不通畅，因而整个译经活动缺乏系统性。再者，胡僧所传佛经在范围和内容上都有局限，尤其是反映佛学最新发展的成果没有及时引入中国，使中国佛学相对落后于天竺本土的发展。佛学思想与水平的落伍也影响到经文的理解，所谓"义多纰僻"，很多是

---

[1] 罗什语言在文学和语言上的特征与意义，可参见梁启超《佛学十八篇》中的相关论文以及罗新璋《文虽左右，旨不违中——读鸠摩罗什译籍》和马丽《论鸠摩罗什的佛典翻译及其历史贡献》等文。

[2] （梁）慧皎撰、汤用彤校注：《高僧传》，中华书局1992年版，第52页。

[3] 任继愈：《中国佛教史》（第一册），中国社会科学出版社1981年版，第151页。

理解不到位造成的。而罗什作为佛学大师，其语言和佛学水平都达到了当时的高峰，所传中观学为天竺佛教的最新成果，并且作为"洋和尚"连人带经一起来到中土，使作为翻译之本的经本问题得到基本解决。①

其次，佛经中的术语问题。在早期翻译中术语并未得到足够重视。这其中有多种原因。主观上，佛教初入中国时不受重视，地位不高。从外来僧到他们的笔受，他们所想的可能只是要把佛学介绍给中国人而已，并无要与儒道一争高下的想法。客观上讲，翻译对于早期译经者来说几乎是个"前无古人"的任务，没有任何可资借鉴的经验，各方面问题都全靠自己摸索，不可能一开始就能兼顾翻译的方方面面，术语在当时看来还不是翻译全局中的关键问题。正如梁启超所言，"初期译家，除固有名词对音转译外，其抽象语多袭旧名……盖对于所谓术语者，未甚经意，此在启蒙草创时，固应然也。"②佛学水平既不够高、对术语问题又没有引起充分重视并给予一定研究，翻译起来自然就会有很多问题。而这种术语的问题到后来更是因为格义解佛而变得愈发不堪。各家对般若学的理解各不相同，也导致佛教汉语的混乱。这一格局直到罗什用新的翻译纠正了旧译的不准确和含糊之处，用中观的观点解释般若学来破除六家七宗的偏执，才大为改观。

再次，佛经翻译的语言问题。早期的佛经翻译在表达上或硬搬原文形式以致难以卒读，或过于华丽而脱离本旨。其实这里的语言问题是全方面的，而不是简单的直译或意译的问题。当时的翻译多由外僧口授，汉人执笔落实为书面语并进行润色。虽然安世高和支谶等辈都在汉地生活多年并学习汉语，但还是无法达到熟练使用书面语的程度。而汉人又不懂原文，只能根据听到的意思再转化为书面语。翻译理应是由精通双语的人来完成的，但早期文化交流缺乏这样的人才，只能勉强为之：懂原文的，很可能说不清或说不好；不懂原文的，只好根据自己的理解写下来。这样，从佛经原文到译者口中说出的语句，打了一个折扣；从笔受听到的大意到他们所落实的书面语，又打了一个折扣，其实质是梵僧根据记忆从梵/胡文翻

---

① 罗什翻译虽比前人有所进步，但不是说他的条件就很完备了。罗什翻译也并非全部根据梵文原经，有时也要靠胡僧背诵经文才能翻译。但至少他看过原经，并已经开始从梵文直接翻译了。详细讨论可参见孔慧怡《重写翻译史》中《两大文化翻译活动》一文。

② 梁启超：《翻译文学与佛典》，载《梁启超全集》，北京出版社1999年版，第3805页。

译成汉语口语，再由笔受从口语转化为书面语的过程，因而它不是严格意义上从原文到译文的笔译，而是一种掺杂着口译的笔译。

安世高和支谶等人的翻译由于没有历史经验可循，其困难是多方面的，因而很多做法只能说是探索性的，未必能固定下来或形成风格。如果认为译者是主动采用"直译"或"意译"的策略，似不太合适。因为只有当翻译实践累积到一定程度时，人们才可能回过头来思考自己所做过的工作，形成理性认识乃至提出理论要求，并进而将自己的翻译观运用到实践中去。因此，在安、支的时代，译本可能会有风格特征，但译者很难有非常自觉的主体意识、能主动凭借某种理性认识对译本进行操纵。只有完成了最早的翻译工作，给出实实在在的译本后，后人才可能在此基础上进行译本的比较，进行翻译评论、翻译的理性思考以及翻译认识更新后再反过来指导翻译实践。

到了支谶的再传弟子支谦，在研究第一代译本的基础上进行思考，才有了最早的译论。他在《法句经序》中提出意译主张，但并没得到赞同。后来的道安又进一步研究"失本"问题，包括探索直译和意译的限度问题，可惜没能得到众人的认同。直到罗什时期，综合各种有利条件，才切实贯彻了意译法。针对直译者语言生硬、不符合汉语习惯，意译者或理解有误，或以格义比附，或内容表述也不够准确的现象，罗什从思想内容、文体和剪裁三个方面入手，努力解决佛经翻译史的问题。其意译的基础是严谨的态度，深厚的佛学功底和较高的双语水平，在保证译文内容的前提下改良了译文的语言表达，使意译有了保障，这样的"意译"既不是早期内容理解不到位、语言表达僵硬的直译，也不是完全根据自己理解就不顾原文的变译，而是内容有保证、形式变化有限度的成熟意译，因此这样的"意译"才真正有了"意义"。

最后，罗什对佛经翻译的贡献还体现为制度与人才上。一是完善译场组织和制度，为译经和传经事业的传承和发展作出了突出贡献。二是罗什培养了一批弟子。不但在翻译上，同时对佛教传播也有很大影响。其译场中学习和研究的僧侣有三千，其中得意的弟子有"十哲八俊"，包括僧肇、僧叡、慧观、道融、道生等高僧。因此，罗什对佛经翻译和佛教发展可谓作出了划时代的贡献。

二 哲罗姆的翻译观①

哲罗姆是早期拉丁教会的四大神学家之一,懂希伯来语、希腊语和拉丁语,接受过良好的传统希腊式教育,还曾师从语法学家多纳图斯。他的主要译作有尤西比乌的《教会史》和《通俗本圣经》(*Vulgate*),尤其是后者最终成为教会认可的权威版本并沿用千年,具有深远的历史影响。哲罗姆的翻译思想散见于书信和各译本的序文,如《致帕马丘书》(*Letter LVII*)、与奥古斯丁的往来书信,以及《尤西比乌教会史序》(*Preface to the Chronicle of Eusebius*)、《希伯来人名书序》(*Preface to the Book on Hebrew Names*)、《希伯来地名书序》(*Preface to the Book on the Sites and Names of Hebrew Places*)、《希伯来问题序》(*Preface to the Book of Hebrew Questions*),等等。将这些散见的观点联系起来作为一个整体考察,就能大致勾勒出哲罗姆的翻译观。

1. 哲罗姆翻译的背景

圣经最早的权威译本是公元前 3 世纪左右,由七十二位犹太学者受埃及国王托勒密二世之命在亚历山大将《旧约》译成希腊语的"七十士本"。这部经书适应了大量犹太人流散漂泊,导致母语水平下降而无法再顺利阅读圣经原本的情况。由于七十士本被视为神启的产物,其宗教威望与影响都非常大,甚至一定范围内取代了希伯来原经。然而事实上该本缺乏翻译经验,基本上是逐字对译乃至死译。这种译法因为其宗教威望而一方面影响了圣经阅读的习惯;另一方面也影响了后世译者的翻译策略。随着基督教的发展,人们又把希腊文的《新约》译成拉丁文,语言与文本环境更为复杂,翻译情况也更为混乱。由于七十士本自身的缺陷以及翻译策略、译者素质等方面难以保障,出现质量不一的各种圣经,并多有脱漏、混乱和擅自添加内容的情况,这一切都不利于基督教的发展。因此,罗马教皇达马苏一世(Pope Damasus I 约 305—384)授命哲罗姆整理翻译出一个善本。

---

① 本部分以《文学翻译用意译,宗教翻译用直译?——哲罗姆翻译观之辨析》为题发表于《解放军外国语学院学报》2013 年第 5 期,在此有较大幅度的修订与补充。

第四章 译经：转换与交融　169

哲罗姆翻译圣经时已经有很多拉丁文译本①，他无须完全从头译起，而是广泛借鉴包括《六文本圣经合参》在内的各译本，有的内容甚至是直接修改自旧译本，并通过精心伪装和拼贴合成②。哲罗姆在编译过程中逐渐认清七十士本的缺陷，开始反思翻译问题，并最终下定决心反对旧译，直接从希伯来语原文进行翻译并坚持自己的翻译策略。就翻译目的而言，新的拉丁译本是要为有教养的基督教徒提供一个准确的、经得起研究的译本，因此哲罗姆大量借鉴古典文学的语言，力图使译本能符合文人的趣味③。

2. 哲罗姆对翻译问题的思考

哲罗姆的《尤西比乌教会史序》集中体现了他对翻译问题的思考。

> 要传达一个人的每一句话，每一处都与原文长度保持一致，这真是非常困难的。要让翻译保存原本在另一种语言中所体现的优美，这也是非常困难的任务。每个词都有其意义，译者不可能创造一个词去对应，如果要表达贴切的意义，很可能在译出语中要绕很大一个圈子，却只表达了原文一个简单的意思。译者要考虑词序、词格、修辞，尤其是惯用表达。④

这段话体现了哲罗姆所理解的"译事三难"：第一，语言形式不可能与原文保持一致；第二，文采如何能在译文中体现；第三，如何准确表达原文的意义。

关于第二个问题，哲罗姆谈到有的人读圣经时并未意识到他们读的只是翻译，他们往往忽视内容而只看语言形式，根据读到的译本认为圣经的语言不够雅致，这就好像只看见肮脏的衣服却对漂亮的身体视而不见。实际上要谈到语言之优美的话，希伯来原文中音韵优美的《诗篇》、迷人的

---

① 关于早期译本可参考 Philip Burton "The Old Latin Gospels: A Study of their Texts and Language" 等。
② Stefan Rebenich, *Jerome*, London: Routledge, 2002, pp. 52–53, 55.
③ Ibid., p. 54.
④ Jerome. *Preface to the Chronicle of Eusebius*, 1. 转引自 Rebenich "*Jerome*" 一书的引文标该书页码，其他哲罗姆书信的引文按 CCEL 标注段落号。

《圣歌》、庄严的《约伯记》等都是文质兼备的文学作品，但按希腊语或拉丁语直译之后自然不可能再有原文形式的美感了；同样如果把《荷马史诗》词对词地翻译成拉丁语，也不可能成为优美的语言。①然而尽管词对词的直译听起来很荒谬，但要改变原文顺序或词义本身，也是没尽到译者之职。②两者间的矛盾构成了翻译的困境。

关于第三个问题，哲罗姆着重谈了专名和异文化内容的翻译。他认为历史是多元的，像《教会史》这样的历史书涉及很多拉丁语读者一无所知的蛮族名称，厘不清的日期、事件和数字等。也许有人会指出其中的日期、事件顺序、情节细节描述有错，如果是这样他们尽可以不读这个译本，因为"事实是，我部分是译者，部分是作者。我已经尽可能地忠实于希腊原本，但与此同时也添加了一些我认为被忽视的内容，尤其是一些作者尤西比乌顺笔带过的罗马史内容。这些部分之所以在原作中被忽略，不是因为作者的无知，而是因为作者是写给希腊语读者看的，因而认为这部分并不重要。"③此外哲罗姆还谈到他为什么保留某些内容又为什么省去某些内容。由此可见，哲罗姆的翻译是受其神学目的操控的，他清醒地意识到自己作为改写者的角色。④

然而我们绝不能因为哲罗姆的改写而怀疑他的翻译质量，因为他对自己所采取的翻译策略是有认真思考和抉择的，或者说是有其理念与缘由的。实际上他为翻译圣经做了大量细致的准备工作。除了努力提高语言水平，还深入研究了希伯来语人名、地名及其他一些专题，并写出《希伯来人名书》、《希伯来地名书》、《希伯来问题》等专书。比如《希伯来人名书》把圣经中的人名按首字母排列，列出其词源并译为拉丁语；尽管这个工作前人有尝试过，但仍有疏漏和残缺，不能令人满意，因而哲罗姆利用旧材料对所有内容按章节进行完整而细致的爬梳。⑤《教会史》的翻

---

① Jerome, *Preface to the Chronicle of Eusebius*, 2.
② Ibid., 1.
③ Ibid., 3.
④ 圣经也是讲究文采的，这样的论调与鸠摩罗什所说的"天竺国俗，甚重文藻"何其相似。两位译者敢于和质派或是直译论者相争，正在于他们对原本和原语言的掌握。如果不是这个根本性的优势，哲罗姆又何以能推翻七十士本去重译呢？
⑤ Jerome, *Preface to the Book on Hebrew Names*.

第四章　译经：转换与交融　171

译是个很有针对性的准备工作，《希伯来地名书》就是根据此书编撰加工而成的。①以专门的资料书为一个翻译工作做准备，即便是在今天也是相当难得的，由此可见哲罗姆准备之充分和态度之严谨。

哲罗姆也谈到译本竞争的问题。当时的七十士本是权威版本，该本是按希伯来语严格直译成希腊语的，影响延续好几个世纪，传统势力出于宗教等多种因素的考虑都非常青睐该本。"教会接受的唯一版本是七十士本，就跟只有这一个译本似的。讲希腊语的基督徒使用它，大部分人不知道还有别的译本。"②其原因在于下面这种观点：

> 这样一项重大的工作由大祭司以利亚撒挑选这么多人来完成，不应当怀疑它的权威性而去相信其他人的译本。即便没有圣灵临在所有译者，但七十位学者像人们通常所做的那样相互比照译文，只有他们全都满意的译法才会通过，所以其可信度要超过单人所为的译本。由于他们的作品拥有如此神圣的象征意义，所以无论把希伯来圣经译成什么文字都必须与七十士本一致，否则就不算忠实的翻译。如果有人不认可七十士本，那么我们必须相信后者才具有预言的含义。因为临在于预言中的先知的圣灵也临在于翻译预言的七十位学者，他们当然可以讲不同的东西，就像先知也会讲两种不同的事，但圣灵还是同一个圣灵；也即圣灵会以不同方式讲同一件事，那么即便所用语言不同，相同的意思仍能启发可得到正确理解的人。圣灵也会省略或添加，以这种方式表明翻译工作的完成不是依靠凡人对语词的费力解释，而是依靠上帝的权能充满和指引译者的心灵。③

保守势力的看法是七十士本为神启的结果，所以不忠于这个译本就是不忠于原本。而且即便确实与希伯来本的语言有差异，但只要受圣灵指引，是不会影响理解的。再退一步讲，圣经翻译不能视为普通的语言翻译，而必须得到上帝的指引，这是他们看到七十士本的错误后仍坚持将其

---

① Jerome, *Preface to the Book on the Sites and Names of Hebrew Places*.
② Augustine, *City of God*, XVIII, 43 (http://www.ccel.org/ccel/schaff/npnf102.html)，中译本第 871—872 页。
③ Augustine, *City of God*, XVIII, 43，中译本第 872 页。

奉为权威的一个重要原因。

哲罗姆则认为七十士本存在很多问题，所以才会有后来的阿奎拉本、西马库斯本和西奥多罗本等新译本。这些译本特征各异，有的也在一定范围内获得尊奉，并因而对读者的阅读品位以及他们对翻译的判断鉴别力产生影响，也让他们对圣经文本的真实面貌产生误解①。而哲罗姆之所以要出新译本，部分也是出于《六文本圣经合参》的鼓动，一方面是因为奥利金的工作显示了现有圣经的诸多不足，如漏译、冗余、顺序错乱，等等；另一方面也是因为权威的福音书与使徒著作使他相信《旧约》中有不少内容没有体现在当时所能读到的一些圣经手稿中，很多人都不知道自己所读圣经的欠缺，而轻信那些次经、伪经②。

从上述材料来看，哲罗姆对翻译所涉及的语言及文化问题有较为深刻的认识。翻译的出发点当然是要尽可能忠实于原本，尽到译者的责任，他在书信中也多次强调不同意其译法的人可以自己去找犹太人，问他们读希伯来本圣经和读他的译本时所读到的内容和感受是否是一致的。哲罗姆会如此表态，固然是要借圣经的权威，却也说明对原本的高度重视。然而出于实际的语言和文化差异，像七十士本那样的完全直译是不可行的，其中的种种缺陷对哲罗姆那个时代而言已经是落后的、不能适应基督教发展形势的，所以他才下定决心要重新翻译。

哲罗姆采取的翻译策略出于各种因素的考量，总体而言是偏向读者的意译观。圣经不是普通的文本，所以不能完全靠语言学理论来解释。哲罗姆认为"就翻译而言（圣经除外，因为在此即使词序也是神秘的），我是义对义而非词对词地翻译"③，并尊崇西塞罗式的文风。哲罗姆的论著中多次引用西塞罗对翻译的看法，认为应该通过采用符合拉丁语习惯的比喻与惯用语的方法来保留意义、更改形式；不能生硬地词对词，而要突出和努力再现原文的整体风格；不要把原文逐词呈现给读者，而要给出与原文等价的译文④。比如《马可福音》（V，41）有一段话说耶稣让一个小女

---

① Jerome, *Preface to the Chronicle of Eusebius*, 2.

② Jerome, The Translator: Preface to the Vulgate Version of the Pentateuch, In Stefan Rebenich, *Jerome*, London: Routledge, 2002, pp. 102–103.

③ Jerome, *Letter LVII. To Pammachius on the Best Method of Translating*, 5.

④ Ibid.

孩站起来,希伯来原文是"姑娘,起来"(talitha kumi),却译成"姑娘,我吩咐你起来",哲罗姆认为尽管与原文相比多了几个词,却更能充分传达出召唤与命令的语气,符合当时的场景①。再如《约拿书》(Ⅳ,6)有一句话说耶和华安排一棵蓖麻超过约拿的身高,让影子遮盖他的头以救他脱离苦楚。这里的"蓖麻",七十士本译为"gourd",阿奎拉等其他版本译为"ivy",而这个词在希伯来原文是一个借自古叙利亚语的词语,表示一种植物,其特征与"gourd"和"ivy"都有一些类似之处,但又不完全相同。哲罗姆认为如果翻译时用希伯来原文,没人能理解说的到底是什么东西;如果用"gourd",说的又不是希伯来原文所指的那个东西;因此最终采用"ivy"一词,以保持与其他译本的一致②。通过上述两例可以看出,哲罗姆既回到原典而不囿于七十士本的权威,又充分考虑翻译的自身规律而不死守原义。

除了西塞罗,在《致帕丘马书》中哲罗姆还引用若干历史人物的翻译观来维护其观点,包括贺拉斯、泰伦斯、普劳图斯(Titus Maccius Plautus 约公元前254—前184)等。总之,哲罗姆崇尚西塞罗式的语言,具有明确的修辞意识。在他看来"说什么"的问题包括了"怎么说"的问题,因而他的"忠实"实际上包含对内容与风格的双重追求③。

3. 翻译政治的影响

宗教政治因素始终是圣经翻译中不可忽视的一个因素。宗教内部的激烈教义争端决定了任何一种对圣经的重新阐释都是宗教政治行为。不同的翻译版本体现了对教义的不同理解,一旦教会或统治者认定某个版本为权威,那么其他版本的信奉者、解经者、布道者等都会受到影响,轻则失去话语权,重则遭受排斥打压乃至迫害。翻译实际上就是以另一种语言进行释经,因而没人会承认自己的翻译是脱离原本按个人意愿发挥的,都声称自己忠于原本。

哲罗姆要重新翻译圣经,反对流传已久、具有重大影响的七十士本,

---

① Jerome, *Letter L Ⅶ*, 7.

② 因为是与奥古斯丁的书信来往,故该文收录于奥古斯丁书信集,参见 Augustine, *Letter LXXV*, Ⅶ, 22. 另可参见 Stefan Rebenich, *Jerome*, London: Routledge, 2002, pp. 56 - 57。

③ L. G. Kelly, *The True Interpreter: a History of Translation Theory and Practice in the West*, New York: St. Martin's Press, 1979, p. 113.

自然引起很多争议，其中奥古斯丁就因为翻译问题与哲罗姆多次通信。哲罗姆曾经先根据希伯来原文译过《约伯记》，他把希伯来本有而希腊本没有的词语都用星号标出，把希腊本有而希伯来本没有的词语标上疑问号，其精细程度甚至达到有时一句话里面每个词都有星号、连语法词都要标注的程度，但之后的译本中，就没有再如此细致了。①奥古斯丁恳请哲罗姆不要将圣经翻译成拉丁文，实在要翻译，也要像他翻译《约伯记》时那样在译本上详细标注与七十士本的不同之处，以示对后者历史地位与实际影响的重视。在奥古斯丁看来，许多圣经译者尽管精通希伯来语词语与句法，却连他们之间都无法就翻译问题达成一致，他们的新译本留下许多问题②。奥古斯丁对哲罗姆等译者持谨慎态度，他希望哲罗姆能向七十士本学习，因为其威望已得到广泛的认可，一旦人们发现新译本与旧译本的差异，就很容易责难新译本，况且这里面还涉及拉丁语教会与希腊语教会的差异问题。③奥古斯丁认为如果有人读了新译本，由于习惯问题而认定新译本出错了，此时即便拿着原本去与他们一一争论，也是非常麻烦的；即便是对的，要挑战已获得权威地位的译本也是几乎不可能的。④

面对奥古斯丁的质疑，哲罗姆写信作答，表达了自己的观点。他解释了做出不同标记的意义，并指出奥古斯丁读的所谓七十士本已非原本，而是有后人不同程度的修改乃至破坏的。⑤他花很大力气去重译并非是要取代旧译本，只是要突出那些被其他译本所忽略或篡改的东西，让拉丁语读者知道希伯来原本里到底讲了些什么东西，所以他才会根据自己的理解在新译本中把那些原来模糊不清的地方显化，让读者更明白些。⑥哲罗姆指出，人们应该相信他的译本是忠实的，因为他并不是根据想象来翻译的，读他的译本与说希伯来语的人阅读原本时的理解是一致的。⑦

从两者的争议来看，焦点在于是否要尊崇七十士本。因为哲罗姆的译

---

① Augustine, *Letter LXXI*, II, 3.
② Augustine, *Letter XXVIII*, II, 2.
③ Augustine, *Letter LXXI*, II, 4.
④ Ibid.
⑤ Augustine, *Letter LXXV*, V, 19.
⑥ Augustine, *Letter LXXV*, VI, 20.
⑦ Ibid.

第四章 译经：转换与交融

法不同于七十士本这个传统的、已被广泛接受的、号称在神启下翻译出来的译本，同时哲罗姆贴近希伯来语本的做法也有把圣经希伯来化的倾向[①]，这就不仅是翻译问题，还牵涉到基督教与希伯来教间的复杂关系了。

哲罗姆的做法分为两个方面。一方面，从语言翻译角度指出旧译的问题。因为如果不指出七十士本的致命缺陷，就无法对其进行去魅，那么他的新译也就失去了立足之地。在《致帕丘马书》中哲罗姆就以大量实例说明旧本中的种种错译、漏译、增译，等等。他明确指出，"做先知是一回事，做翻译是另一回事。前者通过圣灵预告未来，后者凭借学识与语言能力翻译他所理解的事物。"[②]所以，奥古斯丁是从宗教角度出发而尊崇传统、维护七十士本，哲罗姆则理性地从翻译和语言角度出发，维护翻译是从原文翻译到译文的本质。

另一方面，哲罗姆也看到了译本之争背后的意识形态问题，因而他就要诉诸权威。"我不是要非难七十士本，但我有勇气更相信使徒。我是通过使徒之口聆听到基督的教诲的，我所阅读的是圣灵之赐予，这里基督的地位高于先知，而解经者的地位是最低的。"[③]显然，作为宗教经典，光强调语言和内容上的优越性不足以凸显新译本的地位，所以还必须通过宗教手段与七十士本争夺话语权。

哲罗姆并不是那种与世无争的教徒，他也追求那种教会内的功名利禄[④]。正因为他讲究实效、敢于行事，所以能得到教皇信任，力排众议而承担起重译圣经这样一项艰巨的任务。为了得到准确的教义，他可以反对七十士本，坚持回到原经进行翻译，那么为了增益教义，他也敢于发挥译者的"改写"功能。比如有人读到一部奥利金著作的译本，发现其中删去了不合基督教的内容，于是致信哲罗姆希望他能译出一个未删节本。对此哲罗姆回答到，他确实反对奥利金的主张[⑤]，但同时也钦佩他的才华[⑥]。

[①] Stefan Rebenich, *Jerome*, London: Routledge, 2002, pp. 57 – 58.

[②] Jerome, *Preface to the Vulgate version of the Pentateuch*, In Stefan Rebenich, *Jerome*, London: Routledge, 2002, p. 103.

[③] Ibid., p. 104.

[④] 可参见 Rebenich "Jerome" 一书第四章对哲罗姆的生平介绍。

[⑤] Jerome, *Letter LXXXIV. To Pammachius and Oceanus*, 2.

[⑥] Ibid., 7.

所以如果排除掉奥利金的错误主张就能使著作通过教会的审查，安全读到其他有益内容，那就好比进行排毒一样。①他认为一方面不能因为奥利金的观点不合正统就不去学习他好的地方；另一方面也不能挑明自己作为一个基督徒居然去翻译被教会批判的异端者的著作，那么明智的方法就是悄悄改掉不合教义的地方。②从这里可以看出哲罗姆的实用主义原则，这与他翻译圣经时出于教义目的而采取意译法的根本原因是一致的。

三 鸠摩罗什与哲罗姆的译文中心观

鸠摩罗什与哲罗姆都是译经的实践者，虽然没有像道安和奥古斯丁那样专门研究翻译的理论问题，但他们都在不同场合表达过自己对翻译的看法，其观点都以译本的序言或书信的形式保留下来。作为实践者，两人的贡献都具有相当的历史影响力。罗什的译本成为很多宗派实际使用的版本，一直流传至今，其影响要超过玄奘的译本；同样，哲罗姆的版本最终成为中世纪实际使用的拉丁译本。两位译者都采用意译策略，其中原因自然值得深思。

首先要说明的是，意译并不意味着不忠实。罗什与哲罗姆成功的基础都是严谨而认真的态度，他们与旧译相比最大的特点就是回到原本直接从原语言翻译过来，这是意译有意义的前提。

具体而言，罗什的意译是建立在准确理解的基础上的。他的术语是根据原文和汉字的两方面的意义来翻译的，严禁格义的曲解附会，实现了真正的术语"翻译"。他的剪裁主要是删去冗余重复的部分，一切以传教的实际功效为准。其翻译有译场制度保证，得到了僧众和主政者的认可。而关于他圆寂后舌头不烂的记载无论真实与否，都真实地反映了罗什自己对忠实的关切，说明他很清楚自己"为佛立言"的使命和任务。

关于哲罗姆的翻译观，勒菲弗尔认为是直译观，并提出哲罗姆模式③。我们认为哲罗姆确实强调圣经原文形式的重要性，并说过语序有神

---

① Jerome, *Letter LXXXIV. To Pammachius and Oceanus*, 7.
② Ibid..
③ 参见 Andre Lefevere & Susan Bassnett, Where are we in Translation Studies, In *Constructing Cultures: Essays on Literary Translation*, Shanghai: Shanghai Foreign Language Education Press, 2005, p. 2。

秘含义这样的话；但他又并没明确说语序是不可更改的，相反他在序言和书信中倒是多次以大篇幅批评七十士本的种种疏漏与错误，在《致帕马丘书》中大量引用的名人也全部是意译观的支持者。他在《尤西比乌教会史序》中倒是明确提出要义对义而非词对词。根据我们所读到的材料，哲罗姆的约 150 封书信和近 10 篇论著或译文的序文中，有明确直译倾向的仅此《致帕马丘书》中的一句"圣经除外，因为在此即使词序也是神秘的"①，但这句括号里的话不足以表明哲罗姆是直译派。哲罗姆的这种说法，可以看作在众多要求直译的反对下的一种矛盾，也可以看作一种托辞和修辞手段——这正如道安提出"五失本、三不易"时也要反复强调忠实一样。即便哲罗姆说了圣经翻译要词对词，但他的实际译本也并未就真这样操作了②。而且译家所言未必就是其所想、所想也未必能践行，这在翻译史上是屡见不鲜的。此外，书信在当时的罗马不完全是私密的，往往还要面向公众，因而写信人对自己的言论进行修饰既有可能、也有必要③。

　　当然，作为宗教徒的哲罗姆对宗教经典有敬畏感，不可能对经文进行无故改动。但他看到语言形式结构与文化内容的客观差异导致不可能毫不更改，由此造成了一种直译与意译间的张力，哲罗姆的这种处境与道安也是一致的，为此他也受到巨大的压力。相比之下，罗什由于个人境遇和道安的先期探索铺垫工作，所受阻力就要小得多。通过比较，也许能更清楚地了解罗什与哲罗姆的处境。我们曾总结过道安"案本"态度的原因，其中有教徒对经的态度、原本得之不易以及语言水平制约等三个方面，在这几点上罗什和哲罗姆都是与道安相反的。第一，罗什与哲罗姆虽然是宗教徒，但都不是迂腐和死守教义之人。两人都讲究务实，甚至在宗教道德方面都是有缺陷的。比如罗什一生两破色戒，娶妻生子，尽管其中有迫不

---

① Jerome, *Letter L Ⅶ To Pammachius on the Best Method of Translating*, 5.

② Denis Brown, *Vir Trilinguis: A Study in the Biblical Exegesis of Saint Jerome*, Kampen, The Netherlands: Kok Pharos Publishing House, 1992, p. 111. 另可参见 Matthew Aaron Kraus 的博士论文 *Jerome's Translation of the Book of Exodus Iuxta Hebraeos in Relation to Classical, Christian, and Jewish Traditions of Interpretation* 以及 Philip Burton 的 *The Old Latin Gospels: A Study of their Texts and Language* 一书。

③ Frances Young, Classical Genres in Christian Guise, In *The Cambridge History of Early Christian Literature*. Cambridge: Cambridge University Press, 2004, p. 153.

得已之处。而哲罗姆也是个一生积极追求功名之人，同时又面临较为残酷的宗教政治斗争。这些经历多少体现了两人的隐忍和坚毅，是敢作敢为、注重实际的人，因而在翻译宗教典籍时也敢于担当，其负罪感可能相对会轻一点。第二，罗什和哲罗姆都不存在因为珍惜经本而求忠实的问题，因为他们都有足够多的译本可资借鉴，也都有丰富的游学和博览群书的经历，见多识广，这决定了他们在翻译时有信心和能力进行操纵。第三，罗什与哲罗姆都懂多种语言，尽管前者的汉语水平还不尽如人意，后者的希伯来语水平也有争议①，但比道安这样基本不懂外语要好得多。语言水平的保证加上宗教理论的素养，是在翻译中游刃有余、不怕脱离教义的保障。

　　罗什与哲罗姆何以能在宗教翻译中坚持意译还有其他因素。第一个方面，他们都面临需要结束混乱翻译状况的局面。罗什译经要清理安世高和支谶以来的旧译之弊，要与格义之风作斗争并把最新的佛教发展成果中观学传到中土，所以要破旧译才能立新译。哲罗姆同样面临复杂的环境。圣经的二手翻译问题早就存在，各种伪经、次经也相当多，有时候甚至搞不清一份文档到底是原文还是翻译件②。此时只能按教义和教会利益断定哪些是正统的、哪些是要摒除的，而不可能打断翻译工作而陷入烦琐的文本考证中去。翻译和解经与宗教政治有紧密联系，这决定了哲罗姆无论采取哪种翻译策略，都必须坚持自己的方法，强调译者的主体性。因此，翻译的最高标准其实是教义，也即意义。在此情况下，自然不可能像早期译者那样硬译和死译了。

　　第二个方面，地位、声望和赞助人的保障。罗什名满海内外，享有一代宗师的声望，还得到主政者的支持。哲罗姆也是知名教父，并在教皇支持下进行圣经的翻译和整理工作。这是两人在遭受传统势力非议时仍能坚持下去的重要保障。

　　第三个方面，出于宗教传播目的的考虑。译本的受众是主体文化的读者，所以必须以译文为中心，强调语言的可读与易读。对罗什来说，当时

---

① 可参见 Graves "Jerome's Hebrew philology: a study based on his Commentary on Jeremiah" 导论部分的综述。

② L. G. Kelly, *The True Interpreter: a History of Translation Theory and Practice in the West*, New York: St. Martin's Press, 1979, p.110.

的佛教已经发展到了一定高度，却受制于佛经译本的语言问题。原来的译法导致译本内容不确切，语言不流畅、不优美。为了提升佛经对中国人的吸引力和影响力，不应仅限于思想内容上与儒道两家竞争，更应在语言上有所作为。在这方面，早先所译佛经的语言不要说优美动人，连通顺都有问题，这就难免影响士人对佛经的印象和态度，所以罗什才会采取以读者为中心的翻译策略而不是一味直译。同样，哲罗姆所在的时代，基督教的势力已经很大了，但还缺乏高质量的拉丁文圣经。如果圣经语言与希腊罗马的古典文学相比显得过于直质、朴拙，显然不利于吸引更多社会中上层人士和文化精英，从而影响基督教的全面发展。新的译本要服务于作为罗马国教的基督教，其语言必然要倾向于社会文化精英，也就必须倾向于典雅的拉丁文，这是哲罗姆意译策略的根本原因。

综上可知，鸠摩罗什与哲罗姆采取意译法有各自具体的情况，但都顺应了宗教文化发展的需求，从而取得了历史性的成功。

小结

本章以4、5世纪波澜壮阔的译经活动为研究对象，论述了翻译观与翻译实践演进中的几个关键点。我们将翻译作为一项社会语言行为，把译家的活动与观点放到历史语境下进行比较分析，通过译者（包括译者的身份、译者的语言文化素养和语言观、译者从事翻译的目的、译者面临的问题和任务）、翻译所在环境对翻译的看法、赞助人、意识形态、目的语文化的诗学传统等多个角度进行比较分析翻译观。尤其是对以下两点进行了强调：第一，佛教与基督教发展的需要是译经产生与繁荣的根本原因，译经行为归根到底是宗教行为。第二，翻译策略之争不是简单的完全由译者来决策的问题，翻译观的形成要受各种偶然与必然因素的影响。第三，要做好翻译就不能只从宗教角度考虑问题，而需要切实遵循语言和翻译规律。成功的译本来自宗教界的语言和翻译专家。

通过注经、解经与译经等一系列活动，新的思想文化资源获得累积，使佛教与基督教在新的语境下初具规模。然而文化融合从来就要伴随思想的争鸣与碰撞，这正如移植就难免排异一样。调和文化以及语言的矛盾，才能形成最终的佛教汉语和基督教拉丁语，使宗教文化体系立起来，传教工作也才能完成阶段性任务，这就是下一章"立经"要论述的主题。

第五章　立经：整合与确立

> 语言是存在的家，人以语言之家为家。
> ——海德格尔（《关于人道主义的书信》）

随着宗教翻译活动的推进，中西方的思想文化格局也在不断变化。对佛教和基督教而言，除了通过翻译把自己的典籍本地化，还需要并且也必须在新的思想文化环境中确立适合自身的语言，建构起佛教汉语和基督教拉丁语，从而奠定跨文化移植的最后基石。正所谓"道沿圣以垂文，圣因文而明道"（《文心雕龙·原道》），思想文化体系的确立伴随着经典的确立；确立经的同时，经的语言文学（即宗教语言）也要随之确立。教徒通过佛教汉语建立起汉语佛教的家园，也通过基督教拉丁语建立起拉丁语基督教的家园，这就是"立经"的意义。通过"立经"达到"立言"和"立典"的目的，为宗教的跨文化移植提供可持续发展的土壤，才可以说是真正完成了宗教翻译的任务。

宗教语言文学不是完全独立的，而是所在文化圈整个语言文学的一个独特部分，因而我们要通过整个文学史的发展语境来看宗教文学的发展，并从文学观发展的角度来审视语言观的发展，才能对宗教语言观有更透彻的了解。本章主要讨论三个问题。第一节，作为背景，将论述魏晋六朝的传统文学、文学语言观以及佛教文学，和相对应的晚期罗马的传统文学、文学语言观以及基督教文学，描绘出整个文学与语言的图景。第二节，在前述大背景下论述围绕佛经与圣经翻译而展开的语言文质之争，将两种语言文质之争视为文化思想融合与斗争的反映，以及新

第五章 立经：整合与确立

的语言图景的建构过程。①第三节，以刘勰与奥古斯丁的宗经语言观为代表，对当时文化语言活动中的理论思考进行论述并加以阐发。

第一节 文学演进与语言新格局的形成

文学是语言的精华，体现了语言所达到的高度、广度和深度，因而文学是语言状态的晴雨表。任何一种思想文化语言，包括佛教和基督教的宗教语言，发展到最后都要通过文学形式确立其体制和品格，并以文学的形式进行传播且影响其他领域，我们可以姑且将这种文学称为"思想文学"②。立经一定程度上就是确立"思想文学"及其语言的过程。这种"思想文学"一方面是其思想文化体系的重要组成部分；另一方面又从属于整个文学，离不开整个文学环境的影响，并与其他思想文化体系的"思想文学"发生种种联系。所以我们需要对魏晋六朝与晚期罗马的文学态势进行论述，描绘出文化发展中形成的语言新格局。

简而言之，魏晋六朝的思想文化主角是儒、释、道（前期更多指玄学），其中儒家和道（玄学）家根植于传统，因而其文学是传统文学在魏晋六朝的自然延伸与发展。佛教传入后与传统文学互相作用而产生佛教文学，作为新的支流汇入整个文学大潮。与此相反，晚期罗马时代的世俗文学已逐步衰落，基督教文学在吸收传统的基础上成长起来并取而代之，成为西方文学的唯一支柱。也就是说，魏晋六朝的文学有两大主角：受儒道思想影响的传统文学和新出现的佛教文学，文学语言观则是在传统基础上

---

① 需要说明的是，与本章相关的诸多研究成果往往出现在文学史、文学批评/文论史或修辞学史的研究中。关于修辞，中国古代的"修辞"是个大修辞的概念，我们所谓的修辞也是泛指对语言使用的各种思考和调整（可参见陈望道《修辞学发凡》的定义）。在西方，"修辞"也不单指"文学"作品的语言或"文体"，还包括古汉语中"文"的意思，即中华传统所尊崇的文辞风采。(可参见 [美] 施文娟《西方文化教育谬误之源》中译本序第1页) 因此，本章用到"修辞"和"文学"等字眼时均表示大文学和大修辞的概念，而不同于今天狭义的作为艺术的"纯文学"和局限于修辞格的"修辞"。

② 指从属、适应和服务于某种思想文化体系，反映该思想文化特征的文学。比如佛教文学之于佛教，基督教文学之于基督教。对佛教和基督教而言完全可以称之为"宗教文学"，但因为这里作为一种整体性论述，必须包含儒家和玄学在内，为避免"望文生义"，故暂拟一词以方便行文。

加入佛教元素。晚期罗马的文学则最终只有基督教文学独撑局面，文学观也逐步转向神学。

一　魏晋六朝的文学繁荣与佛教文学的锦上添花

1. 魏晋六朝的美文思潮

"缘情绮靡"是魏晋六朝诗学思想的主流。[①]汉末以来，语言文学的整体态势是"文"的地位不断上升，因而语言也得到不断强调与突出，直至南北朝以骈文为代表的美文盛极一时，语言形式的强调到了极点，可谓"文之又文"。文学实践上越来越讲究文采和语言形式，多种文体得到发展，体现了语言活动的丰富性与语言水平的提高；理论上，文学批评越来越发达，体现追求语言之文学性的理论自觉。

文学独立的势头大致始于建安文学。汉末经学败落，政治教化对文学和语言的束缚开始解脱，个人情思从经学牢笼中解放出来，文学从为功利生存走向为自身发展。从汉末抒情小赋重个人情感的抒发，到建安文学的雄浑风骨和对慷慨悲凉的追求，都体现了人们对主体的追求和语言美的探索。曹丕说的"盖文章，经国之大业，不朽之盛事"[②]就是一句表明语言文学的重要性不亚于经学的口号。曹丕还提出"夫文本同而末异，盖奏议宜雅，书论宜理，铭诔尚实，诗赋欲丽。此四科不同"，[③]对文体进行了初步探索，表明人们已开始关注语言活动主体与语言本身的关系，并对语言活动的丰富性进行了初步探索。

魏晋士人受玄学影响而热衷于谈玄论道，此时的语言既重义理和思辨，也重个性与情感。玄学所谈论的本无问题、言意之辨、圣人有情无情、声有无哀乐等种种问题，与人的情感、个性和欲望都直接关联。在玄学影响下，语言文学乃至文论中的老庄成分越来越多。及至西晋，文风讲究辞藻与绮靡。实践上有张华、傅玄和潘岳等人，理论上则出现陆机、挚虞等。而后永嘉南渡，中国文学南北分流，士族南迁使江南文化迅速发

[①] 萧华荣：《中国古典诗学理论史》（修订版），华东师范大学出版社2005年版，第51页。

[②] （魏）曹丕：《典论·论文》，载（清）严可均校撰《全上古三代秦汉三国六朝文》（全三国文·卷八·文帝五），中华书局1985年版，第1098页。

[③] 同上书，第1097—1098页。

展，南朝文学成为主流。① 新的环境使文学发生诸多变化。在偏安心态与江南秀美山水的影响下，人们的审美情趣得到进一步孕育，从而激发了文人对艺术语言的探索。随着佛教影响的日益扩大，玄佛两家出现合流现象，玄谈有了新的主题与动力，又使玄理诗流行起来。

永明时期由于社会稳定、经济发展，语言的娱乐消遣功能得到进一步开发，从皇帝到诗人都把文学作为一种重要的生活方式，出现了以统治者为核心的文人集团，文学实践也呈现多元发展。随着文学的逐步世俗化，在过于讲究文学形式的风气下，南朝出现了糜烂艳俗的文学。士族的审美精致到头而流于庸俗，一些咏物、游戏乃至女色诗出现，成为梁陈宫体诗的先导。② 这一时期，魏晋以来的美文发展已经逐步成熟，抒情、辞藻、骈俪、用典等多种要素都基本具备，因而从整个语言形式的体系来看，再进一步往声律和节奏方面发展就很自然了。此时的佛教传播与佛经翻译也带来推动文学发展的积极因素。佛经翻译和诵读、转读和唱导的探索等，启发了人们对汉语语音的重新认识。四声的发现、声律的探索等语言学上的突破为文学应用打通道路。文人纷纷跟进探索音律问题，体现了对语言形式美的追求。

对文学语言的不断追求终于催生骈文这一美文的代表。③ 骈文具有整齐对称的句式、华丽的辞藻、雕饰的字句和多样的修辞手法，它的几大要素在宋齐时期集中表现出来，尽管还未完全形成普遍遵守的规范，但也表明了骈文的正式成立。④ 而到梁陈时期，诗人进一步追求文学形式与技巧，还产生了诗风颓靡的宫体诗。文学发展出现过度强调形式因素的现象固然是不利的，但我们更应从中看到积极的一面，即当时的文学发展具有澎湃的动力，人们对语言的追求和探索也是不遗余力的。

文学发展到南朝时最终开花结果。刘宋朝先后设立儒、玄、文、史四馆并分儒、道、文、史、阴阳五科，成为文学正式独立的象征。文学作品

---

① 罗宗强：《魏晋南北朝文学思想史》，中华书局1996年版，第172页。
② 王钟陵：《中国中古诗歌史——四百年民族心灵的展示》，人民出版社2005年版，第443页。
③ 关于骈文起源的综合研究，可参见李蹊《骈文的发生学研究：以人的觉醒为中心之考察》，河北大学出版社2005年版。
④ 钟涛：《六朝骈文形式与其文化意蕴》，东方出版社1997年版，第79页。

的不断涌现，优秀作品的文学总集也就应运而生。在《昭明文选》中就分出赋、诗、骚乃至碑文、墓志、吊文等各种文体，展现出语言活动的多样形态与活力，也是对当时语言和文学发展的一个时代总结。

2. 文论的发展与文学观的进步

魏晋六朝的文论展示了当时的文学观和语言思想。从曹丕、陆机、左思、挚虞再到永明文人、刘勰和钟嵘等，出现了一大批文论家。文论发展与文学实践的火爆场景遥相呼应。建安以来文人的旨趣由经学转向文学，实践活动活跃，艺术创作经验不断积累，人们对语言艺术的认识自然也越来越深入。而玄学清谈、言意之辨等思想界的活动也都有助于开拓思想和深化语言认识。其中陆机的《文赋》①就是较早的对这种语言艺术性追求的理论总结。

从对语言艺术特质的探讨来看，陆机的文学语言研究可概括为四个方面。第一，摆脱经学束缚，强调文学上的"意"。两汉文学往往注重文学的教化功用，文学批评也不是独立的。随着魏晋时代文学的自觉，文学意义上的"意"就凸现出来了。陆机在《文赋》的序中称"每自属文，尤见其情。恒患意不称物，文不逮意"，由此提出"文"、"意"、"物"三要素，明确了文论要研究文学语言的任务。第二，探索了文学的创作构思过程。在文学附属经学的时代，文学自身的规律并未得到深入探讨，而陆机则探索了创作的内部规律。既强调要依据现实情感进行创作，也重视经典语言的学习，显示出"文的自觉"在理论上的体现。第三，对文章写作技巧和修辞的探讨。包括对具体语言修辞手法的论述、对文学与思想关系的探讨，以及剪裁、音律和避免文病的问题，体现了文学语言研究的多面性。第四，对文体多样性的认识。自曹丕后继续探索文体问题，提出"诗缘情而绮靡，赋体物而浏亮"，对不同文体的语言特征进行了描述。总之，陆机的《文赋》可以说是魏晋文学自觉以来第一次较为重要的理论总结。尽管篇幅不长，但涉及面广、论述问题多，昭示了文论的良好前景。

到南朝时，丰富的文学实践活动进一步推动理论发展。南朝的文学

---

① （晋）陆机：《文赋》，载严可均《全上古三代秦汉三国六朝文》（全晋文卷九十七），中华书局1985年版，第2013—2014页。

批评在整个中国文学批评史上都占有重要地位，所讨论的问题空前启后，能涵盖后来的作者并指导后来的批评家。[①]其中最重要的有刘勰和钟嵘。钟嵘的《诗品》[②]以上、中、下三品为经，并按诗歌的内容与风格归结出"国风"、"楚辞"和"小雅"三派风格，逐一品评百余家诗人。相比于《文心雕龙》的体大虑周，钟嵘之所以还要写一部《诗品》，并特别强调五言诗，无疑是认为诗歌才是美文的代表："动天地，感鬼神，莫近乎诗"、"五言居文词之要，是众作之有滋味者也……岂不以指事造形，穷情写物，最为详切者耶"。关于五言诗，钟嵘提出其本质是"至乎吟咏情性，亦何贵于用事"，审美原则是"即目直寻"，"观古今胜语，多非补假，皆由直寻"。表现方法为"三义说"，"故诗有三义焉：一曰兴；二曰比；三曰赋。文已尽而意有余，兴也；因物喻志，比也；直书其事，寓言写物，赋也。宏斯三义，酌而用之，干之以风力，润之以丹彩，使味之者无极，闻之者动心，是诗之至也。"强调诗歌既要有刚健的风格和质朴有力的语言，也要有华丽的辞藻，体现了对语言的全面认识。

魏晋六朝的文论名家辈出，由曹丕到钟嵘的发展历程显示了人们对语言的本质、特征、功用和应用方法及技能的探索。作为文学语言的研究，文论能在南朝达到一个高峰，既是受汉末以来美文实践发展需求的推动，也是人们讲究语言和重视语言的观念在理论上的体现。

3. 佛教文学的发展

魏晋六朝的文学主要有儒释道三大块，上文描述的是儒道思想自然发展影响下的传统文学。如果单从玄学和由道家发展而来的道教角度来看，则有玄学诗、游仙诗、以葛洪《列仙传》为代表的仙传和干宝《搜神记》为代表的志怪小说，等等，此处不赘。

相比于儒道两家，佛教文学作为新兴势力是当时整个文学格局中最具活力的一派，它对中国传统文学的冲击力也是最大的。首先，从语言形式和内容来看，正如梁启超说的，佛教文学带来"国语实质之扩大"、"语

[①] 郭绍虞：《中国文学批评史》（上卷），百花文艺出版社2001年版，第96页。
[②] （梁）钟嵘著、陈延杰注：《诗品注》，人民文学出版社1980年版，第1—5页，总论。本段下文不再一一标注。

法及文体之变化"①，以及白话俗语、四字格的演变等②。其次，佛经特有的文化与思维方式，在境界、趣味、想象力等方面都影响了中国人，还给中国文学带来了新的文学体制和新的语言表达手段。最后，佛教文学本身自成一体，因而传统的散文、诗歌、小说乃至戏曲和变文，等等，或受佛教文学影响，或直接因佛教而产生。佛教文学同时还带来大量新的体裁、题材、主题和母题，以及故事情节、人物形象，等等。限于篇幅，下面仅从文体角度作简略分析。

佛经文学首先影响了散文。佛经本身就有很多充满想象力和譬喻的记叙类文学，拥有佛传文学、本生经、譬喻经、因缘经等多种体裁③。如《妙法莲华经》、《维摩诘经》、《华严经》等都有优美的故事、生动的情节和富有文采的文笔，其精妙的佛教思想、超脱的人物品格风度以及宏阔的文化思想境界，对士人阶层无疑具有很深的影响④。佛经对散文的另一种影响表现在论辩类文学。佛学精微的思想、严密的逻辑、谨严的体制对汉人而言是非常具有吸引力的。因而在护法辩理等实际需求的刺激下，论理文也大受佛教文学的启发和影响。

第二种影响在于诗歌和韵文类。佛经文字讲究韵律，中国也有发达的诗歌传统，两相结合，于是产生特殊的佛教诗歌文学。比如经论中常见的偈颂，通过读经、念经、转经唱导等活动频繁出现，对僧侣和文人都有很大影响。佛偈翻译尽管以保留原文的思想哲理意味为主，但不能否认它还是一种诗歌。陈允吉认为，偈颂对本土语音研究如声律说与永明体文学、对七言诗在形式上的完善成熟、对本土长篇叙事诗乃至之后隋唐的诗僧都有影响。⑤再如赞体的文体形式和功能的演变也是主要受佛经文体的影响：佛教赞呗在内容上专赞佛菩萨功德、在形式上韵散兼行的特点，并伴随佛经传播而影响到中土文人的赞体写作，从而影响了赞体的发展态势。⑥再

---

① 梁启超：《翻译文学与佛典》，载《梁启超全集》，北京出版社 1999 年版，第 3805—3806 页。

② 参见胡适《白话文学史》，东方出版社 1996 年版；俞理明：《佛经文献语言》，巴蜀书社 1993 年版。

③ 参见孙昌武《佛教与中国文学》的第一章第一节。

④ 参见侯传文《佛经的文学性解读》，中华书局 2004 年版。

⑤ 陈允吉：《论佛偈及其翻译文体》，《复旦学报》（社会科学版）1992 年第 6 期。

⑥ 高华平：《赞体的演变及其所受佛经影响探讨》，《文史哲》2008 年第 4 期。

从题材内容的角度来看，玄言诗、山水诗和宫体诗的发展也离不开佛教因素。①

第三种影响在小说故事类。鲁迅《中国小说史略》在从魏晋六朝到明清神魔小说的论述中就多次提到佛教的影响。②佛经带来了轮回转世、因果报应等宗教概念，空、灭、幻象等精致的学理，佛传、本生故事等题材内容，以及对各个佛、菩萨、各色人物和对大千世界、地狱等地方的描写，这些都是非常适宜于在小说这样的文体中进行发挥的。小说本来就是一种亲民的文学样式，佛教也重视一般民众，所以民间佛教信仰和观念就很容易与小说结合起来。③而诸如《搜神记》等志怪小说，以及包括笑话和逸闻琐事在内的志人小说也与佛教有密切联系④。六朝及之后的传奇、变文、话本、俗讲，等等，也都不同程度地受到佛教的影响。

佛教文学纷纷登台亮相，其文学思想也渗入当时的文学批评中。尽管当时佛教尚未形成独立的文学批评，但它的一些美学范畴、思想倾向和审美趣味都对文人形成不同程度的影响，从而汇入整个文学批评的发展大潮中，在文学史上占据了重要的位置。

总之，汉末以来美文实践不断进步、修辞意识不断提高。相比于先秦儒家重视道德伦常的文学语言观和两汉有诸多制约的文学实践，魏晋六朝文学却得益于自由的思想文化环境而爆发出惊人的活力。其文学独立意识和语言修饰意识抬头，对文学作品的语言形式越来越重视，发展出各种文学体式，对不同语言的风格和审美特征的认识也越来越深刻和全面，并伴随着文论的发展高潮。同时佛教影响的深入也使佛教文学实践与文学观逐步汇入文学大潮。由此，整个文学语言的发展就显得异常活跃而繁荣了。

二 罗马晚期的文学衰落与基督教文学的雪中送炭

1. 罗马晚期世俗文学的没落

与魏晋六朝相反的是，罗马后期的古典文学随着政治社会一起没落下

---

① 可参见蒋述卓专著《佛经传译与中古文学思潮》、李大伟博士学位论文《佛音缭绕的六朝文学》第三章等。
② 鲁迅：《中国小说史略》，上海古籍出版社2001年版。
③ 孙昌武：《佛教与中国文学》（第2册），上海人民出版社2007年版，第198页。
④ 李大伟：《佛音缭绕的六朝文学》，博士学位论文，山东大学，2009年，第174页。

去。公元前1世纪至公元1世纪前期为罗马的文学黄金时代,有维吉尔、贺拉斯、奥维德(Ovid/Publius Ovidius Naso 公元前43—公元17/18)等一批大家。他们师法希腊古典文学,在模仿中竞争并力求超越,留下众多拉丁文学经典。到公元1—2世纪,罗马帝国开始衰落,政治腐败、经济衰退、社会愈发腐化。统治阶级以骄奢淫逸的生活来逃避现实,与魏晋的腐朽士族颇为类似。此时的罗马文学一方面是维护权贵的官方文学,竭力粉饰太平;另一方面则是抨击专制和嘲讽社会道德堕落的文学。[1]总体而言,整个文学失去了昂扬的文化精神,人们不再关心国家政治,转而关注个人幸福,个体意识逐渐强化。虽然罗马人将希腊文学发展得更为精致,却趋于肤浅和形式化。文学作品越来越脱离社会生活,回避现实问题,转而追求浮于表面的娱乐以及华美而奇特的艺术形式,这种形式主义表现于文学的各个方面,包括散文、诗歌、演说术和戏剧表演,等等;出现了各种怪诞的格律和形式,却内容空洞并缺乏深意。[2]王焕生《古罗马文学史》(第六编)谈到这一时期的语言文学活动,指出公元2世纪后尽管也出现过一些诗歌,但有重大社会意义和艺术价值的已不多见,[3]其研究内容有历史散文、演说术、古代作品的疏注以及一些叙事文学,无非是古典文学的遗韵,没什么有影响的作家和作品。

与文学衰落相应的是文学批评的凋落光景。[4]相比于希腊罗马的辉煌,1—4世纪的拉丁修辞学著作寥寥无几,对昆体良提出的庞大修辞体系并没有什么大的突破,[5]实践上也没有西塞罗这样的大家,更多的是技术性的照本宣科式的继承和运用。[6]尽管帝国各地还有大量修辞学校,却更多用于培养实用人才,以应付于诉讼法律等实际事务,这与魏晋士人对文学的积极追求形成鲜明的反差。

如果从语言的角度来看,希腊语在罗马晚期的失势也是文学文化衰退

---

[1] 王焕生:《古罗马文学史》,人民文学出版社2006年版,第300页。

[2] 同上书,第412页。

[3] 同上书,第411页。

[4] 杨慧林、黄晋凯:《欧洲中世纪文学史》,译林出版社2001年版,第103页。

[5] Rita Copeland, *Rhetoric, Hermeneutics and Translation in the Middle Ages*, Cambridge: Cambridge University Press, 1991, p. 38.

[6] M. L. Clarke, *Rhetoric at Rome: A Historical Survey*, London & New York: Routledge, 1996, p. 140.

的标志。公元初的 200 年间，文人一般都懂双语，也有不少用双语写作的作家，如弗隆托（Marcus Cornelius Fronto 约 100—170）、阿普列尤斯（Lucius Apuleius Madaurensis 约 124—170）、德尔图良，等等；4 世纪起，希腊语水平开始衰退，尤其是在西班牙、高卢、意大利和北非等地（即帝国西部），连当时基督教文化的集大成者奥古斯丁都不懂希腊语。[①]语言是文学与文化的基础，希腊语如此衰退，对古典文化和文学而言显然是致命的。

2. 以普罗提诺（Plotinus 204/205—270）为代表的早期基督教文艺思想

罗马世俗文学的衰落自然也影响到文艺批评，晚期罗马自贺拉斯、朗基努斯（Longinus 约 1—3 世纪）等人之后就没什么大的发展了。随着基督教的兴起，文艺的发展也开始转向宗教。然而基督教文艺的本质毕竟是以宗教为体、文艺为用，比如教父从事的解经活动，对圣经文本进行道德教义的阐发，就是一种基督教体制下的文艺批评，无法完全遵循文艺的规律，与同期中国文论的纯艺术取向是大不相同的。

此外，基督教文艺观与当时的社会思想背景也有很大关联。晚期希腊以来哲学思想呈现出明显的伦理化倾向，即哲学的主要目标不是追求智慧，而是追求幸福。[②]随着罗马晚期社会经济的破败，个人主义倾向愈发明显，悲观主义色彩浓厚，理性思维越来越向非理性的宗教靠拢。人们似乎很难在此岸找到幸福感，唯有充满神秘主义的彼岸才是可以依靠的。在此背景下，新柏拉图主义顺势崛起，产生基督教的新文艺观，其中尤以普罗提诺为代表。

普罗提诺是西方文论由柏拉图的"理念"学说向中世纪神学文艺观发展过程中的重要角色，他把柏拉图主义、基督教的神学观念以及东方神秘主义的思想熔于一炉。[③]其美学的哲学基础是关于太一、理智和灵魂三大本体的学说，认为美的等级结构是：第一等级为理智美，其根源是太一；第二等级是自然的理式美、人的灵魂美，以及德性、学术、艺术的美；最低等级是感性知觉的美，包括物质世界的现实美

[①] F. J. E. Raby, *A History of Christian - Latin Poetry: from the Beginnings to the Close of the Middle Ages*, London: Oxford at the Clarendon Press, 1966, p. 3.
[②] 赵敦华：《西方哲学简史》，北京大学出版社 2002 年版，第 83 页。
[③] 朱光潜：《西方美学史》，人民文学出版社 2002 年版，第 113 页。

和艺术作品的美。①这样,美的等级就与神学属性挂钩起来,越是接近本体和理智的东西等级越高。普罗提诺既然将美的本质和根源追溯到现象背后,使艺术成为追寻超越的途径和工具,那么对语言文学而言,也要探究文字背后的启示和真理。

普罗提诺的文艺思想大致可从文艺的本质、创作和欣赏三个方面来分析。首先,就文艺的本质而言,他认为作为万物本源的"太一"是最完美的,它本身就是真善美的统一,从"太一"流溢出的理性、灵魂直到感性世界都分有其美。"神是如此伟大……可理知世界的能力不是别的,就是它的是,就是它的美"(九章集Ⅴ,8,9)。②既然艺术模仿自上帝,那么神性艺术就高于人性艺术,审美的最高境界就在彼岸而非此岸③。其次,就文艺创作而言,既然最高境界在"太一",那么创作者就应向最高标准学习,所以创作就成了一种模仿。"凡在感觉世界显示为形式的,无不出于那个可理知的世界"(Ⅴ,9,10),"理智则是万物的原型和最高级的本源,它得到灵魂的模仿,而灵魂又提供宇宙中的元素"(Ⅴ,9,3—4)。显然普罗提诺是继承了柏拉图的艺术模仿论。最后,就文艺鉴赏论而言,既然文艺的最高境界在彼岸,那么艺术欣赏也就不能诉诸肉体和感官,而要靠灵魂:"至于那超越的美,是任何感官都无法看见的,唯有灵魂能不借助于任何工具看见它们,谈论它们——我们必须上升到它们那里,凝思它们,而把感觉留在下面。"(Ⅰ,6,4)

要之,普罗提诺的文艺思想是基督教文艺观的重要源头,他认为艺术源头是上帝,至高境界的艺术在彼岸,因而世俗文学就不值一提。再进一步而言,文艺是虚构的而不是真实的,希腊罗马的文艺讲究感官享受,代表的是人本主义和现世主义,那么它们就是与教义格格不入的。④这种观念也是基督教内敌视古典文学和世俗文学的一个主要原因。

---

① 凌继尧:《希腊化和罗马美学思想的演进》,《东南大学学报》(哲学社会科学版) 2002年第5期。

② Plotinus, tr. Stephen MacKenna, *The Enneads*, London: Faber and Faber Limited, 1969. 中译本[古罗马]普罗提诺《九章集》(上、下册),石敏敏译,中国社会科学出版社2009年版。本节以下部分随文标注。

③ 赵怀俊:《走向神坛之路——古希腊至中世纪文论转向规律探:斐洛与普罗提诺》,博士学位论文,上海师范大学,2006年,第168—178页。

④ 朱光潜:《西方美学史》,人民文学出版社2002年版,第123—124页。

3. 基督教接过文学大旗

在世俗文学没落的情况下，基督教接过文学大旗，延续了文学实践的发展道路。从语言发展的角度来看，随着基督教文化思想的发展，形成一套基督教的语言文学是自然也是必需的。不过基督教产生于希腊罗马文化圈，其自身本没有什么文学积淀，所以它其实是把宗教思想文化注入较为成熟的传统文学体式，再逐步发展出有宗教特色的内容以替换掉传统内容而形成的，其中有的是宗教内容与传统文学样式的结合，有的是充满宗教色彩的新文体。从公元初《新约》诞生到5世纪，逐步出现历史类著作、护教文、论理文、教义论著、释经、布道演说、辞书和词典、宗教书信等各种文体，形成一套独特且可持续发展的宗教语言文学体系。

基督教文学是个非常大的论题[1]。正如上文谈到佛教文学时所说的，宗教文学在语言的形式和内容、文化与思维方式以及文学体式等多方面都会促进语言的发展。这里同样也仅从文体角度，就基督教对语言的促进作用进行简要的论述。

首先，圣经自身就是具有多种文体和成熟优美语言的文学作品，也有学者认为基督教拉丁语文学的萌芽就是从把圣经译成拉丁语开始的。[2]其次是护教文。由于护教的需求，它成为基督教最早的文学样式之一，早期的著名拉丁基督教作家德尔图良就是一位护教文大师。第三种是解经，通过阐释行为把希腊哲学引入宗教文本，是基督教语言发展的一个重要途径。

第四种是布道（preach）。这是基督教文学的一个非常重要的内容，它主要用于礼拜、教学和传教。[3]布道有四种文体。[4]第一种是传教布道

---

[1] 可参见：Frances Young et al., *The Cambridge History of Early Christian Literature*, Cambridge: Cambridge University Press, 2008。

[2] Frances Young et al., *The Cambridge History of Early Christian Literature*, Cambridge: Cambridge University Press, 2008, p. 131.

[3] O. C. Edwards, History of Preaching, In W. H. Willaimon & Richard Lischer, *Concise Encyclopedia of Preaching*. Louisville: WJKP, 1995, pp. 184 – 185. 转引自 Alistair Stewart - Sykes, *From Prophecy to Preaching: a Search for the Origins of the Christian Homily*, Leiden et al.: Brill, 2001, p. 4。

[4] 本段下文对四种文体的介绍基本参考 George Kennedy, *Classical Rhetoric and its Christian and Secular Tradition from Ancient to Modern Time*, Chapel Hill: The University of North Carolina Press, 1980, pp. 135 – 141。

(missionary sermon),与犹太教订立誓约的演说相似,主要内容是向受众强调上帝的权威,说明戒律并指出违法戒律誓约的严重后果。第二种是先知书(prophecy),也出自希伯来圣经传统。其内容或形式不太固定,或是受神启者讲预言,或是评论当下的某些事件。第三种是讲道(homily),是最重要的一种布道。在教徒集会上讲解圣经不可能面面俱到,因而往往只是拿一段出来针对某个问题进行详细讲解和阐发,目的是要强调教义,进行道德教育。讲道与解经有极为密切的联系,解经的发展也大大推动了讲道的发展。第四种是仪典布道,也叫颂词(panegyrical sermon)。4世纪基督教地位得到官方承认后产生了公共领域举办活动的需求,颂词正是在这一时期发展起来的。它专门进行宗教赞颂演说,其代表是尤西比乌和卡帕多西亚三教父。这种演说[1]结构上继承希腊修辞的特征,有大量铺叙和辞格描写,但整体文体风格却更接近圣经的语言[2]。

第五种是诗歌。拉丁基督教诗歌兴起于4世纪,出现了拉丁语赞美诗(hymn),其源头可追溯到希伯来圣经的《圣歌》,又从拉丁古典诗歌传统以及古典文学中吸收养分。[3]由于大量教父在早年接受的是古典文法和修辞教育,而且古典文学的积淀毕竟要远胜于基督教,因而教父们把宗教题材和主题与成熟的语言文学体制相结合,探索出新的基督教文学。比如教堂日常的祈祷、唱诗和晨经暮课等仪式和规章制度的发展对宗教文学提出了要求,在此背景下,安布罗斯等人探索发展了赞美诗(hymn)[4],奥古斯丁对韵律诗和圣歌(psalm)也有贡献[5]。普鲁但修(Aurelius Clemens Prudentius 348—约413)创作了欧洲第一部完整的寓意诗《灵魂之争》(*Psychomachia*),其内容是宗教题材,但形式上正如西塞罗对哲罗姆的影响一样,其风格直接继承了维吉尔,格律和形式则又近似贺拉斯,使流行

---

[1] 部分作品收入他的《教会史》中,如《推罗献辞》。参见[古罗马]尤西比乌:《教会史》,[美]保罗·L.梅尔英译评注、瞿旭彤译,生活·读书·新知三联书店2009年版,第439—457页。

[2] 刘亚猛:《西方修辞学史》,外语教学与研究出版社2008年版,第150页。

[3] F. J. E. Raby, *A History of Christian - Latin Poetry: from the Beginnings to the Close of the Middle Ages*, London: Oxford at the Clarendon Press, 1966, p. 4.

[4] Ibid., pp. 31 – 32.

[5] Ibid., p. 20.

的宗教诗形式有所突破。①

此外,基督教的发展使一些可用于宗教目的的传统文学体式发生宗教化。比如基督教徒也研究历史,整理教会资料、编撰教会史。尤西比乌的《教会史》即是基督教历史著作的杰作,之后的哲罗姆也参与过相关工作②。与此相关的还有各种福音类著作,兼有传记和小说的性质。再如圣徒传记(hagiography)也是基督教文学中最流行的样式之一,③一些殉教士的材料甚至还得到教会的刻意收藏和润饰加工以用于宣传目的。④与此相关的是,还出现了《克莱门传奇》(Clementine Romance)这类宗教人物题材的小说。⑤基督教还有一种自传和自省类著作,注重发掘对自身心性的思考和沉思,如奥古斯丁的《忏悔录》、波埃修斯的《哲学的慰藉》(The Consolation of Philosophy/De Consolatione Philosophiae),与马可·奥列留(Marcus Aurelius Antoninus Augustus 121—180)的《沉思录》(Meditations)等传统文学恐怕也不无关联。

需要指出的是,正如魏晋南北朝的文学发展有地域差异一样,基督教文学同样如此。比如在东部希腊教会地区,基督教与希腊文化的关系就更为紧密。2世纪时就兴起过第二次智者运动,试图复兴希腊文化,再次繁荣修辞学。尽管基督教对异教神话的内容和华丽辞藻不满,但随着4世纪时大量统治者和文人的皈依,出现了很多学习借鉴古典文学和修辞的基督教作家。如希腊教父中演说和布道文成就最大的克里索斯托,就师从著名的哲辩师和古典修辞学家利巴努斯(Libanius/Libanios 约314—392/393),并有"金口约翰"的美称。正是在这样的背景下,才有了"基督教文学"的发展,比如对颂词形式的创制、对布道语言的探索⑥,以及对宗教演说

---

① 陆扬:《欧洲中世纪诗学》,上海社会科学院出版社2000年版,第44—46页。

② Fritz-Heiner Mutschler & Achim Mittag, *Conceiving the Empire: China and Rome Compared*, Oxford: Oxford University Press, 2008, p. 389.

③ Young, Frances; Ayres, Lewis & Louth, Andrew. *The Cambridge History of Early Christian Literature*, Cambridge: Cambridge University Press, 2008, p. 358.

④ Fritz-Heiner Mutschler & Achim Mittag, *Conceiving the Empire: China and Rome Compared*, Oxford: Oxford University Press, 2008, p. 388.

⑤ Ibid., p. 389.

⑥ George Kennedy, *Classical Rhetoric and its Christian and Secular Tradition from Ancient to Modern Times*, Chapel Hill: The University of North Carolina Press, 1980, p. 39.

的探索，等等①。不过在西部的拉丁教会地区，对希腊文化的异教性仍有较大抵触乃至敌视，而引发基督教可否使用古典文学与修辞的争议（详见下节）。

基督教文学虽然在很多方面无法与古典文学相媲美，但它保留了部分古典文化，使其能在漫长的中世纪延续下去而不至于完全断流。对基督教而言，古典文化的滋养能提升其文化品位，满足其往更高层次发展的需求。对教父们来说，文学是他们在入教后保留原有文化旨趣、发挥知识特长的重要途径，可满足他们多层次的精神诉求，使他们能更好地认同基督教，将信仰与知识有机结合起来，在基督教体制下延续自己的文化学术道路。所以说基督教文学既仰赖古典文化的底子，又在神学体系内整合传统文学与修辞，从而发展出以圣经为中心的宗教文学活动，具有鲜明的宗教特征。文人型教父在发展基督教的同时也留下了相当多的文学作品，包括诗歌、书信、演讲、布道，等等，这些文体也是基督教语言的发展成果，从拉丁基督教文学的发祥地北非到意大利、高卢和西班牙，拉丁语逐步成为教会唯一的仪式语言和正式语言，②从而形成丰富立体的宗教文学语言体系，有利于基督教的后续发展。

三 两种文学格局的比较

上文分析比较了魏晋六朝与晚期罗马的文学格局。在中国，政治社会与文化思想格局的变化使文学地位大大提高，进入"为艺术而艺术"的"文学的自觉时代"③。"文的自觉"也是"语言的自觉"，从文学实践到文论演进都有很好的发展势头。中国自身的文学气象生机勃勃，佛教东传又带来一整套充满活力和异域风情的语言文学。因而与前代相比，魏晋六朝文学的发展动力就十分充沛，仿佛一辆汽车不但强化了原有的发动机，又新添一部发动机，前进速度自然今非昔比。

---

① 可参见 George Kennedy, *A New History of Classical Rhetoric*, Princeton, New Jersey: Princeton Uiversity Press, 1994。

② F. J. E. Raby, *A History of Christian – Latin Poetry: from the Beginnings to the Close of the Middle Ages*, London: Oxford at the Clarendon Press, 1966, p. 3.

③ 鲁迅：《魏晋风度及文章与药及酒之关系》，载《鲁迅全集》（第三卷），人民文学出版社 2005 年版，第 526 页。

相比之下，西方则是另一派场景。罗马文化黄金时期的文学和语言主要由希腊和罗马两大块构成。到罗马晚期，希腊的文化文学不断衰落并最终退缩东部，整个文学发展就等于失去一侧动力。而另一侧动力也大为削弱：基督教尽管接过文学大旗，但从普罗提诺为代表的神学文艺观就可以看出所谓"基督教文学"重宗教轻文学，其文学成就难以与古典文学相提并论。这样，晚期罗马的文学与前代相比等于只剩下小半部分驱动力了。

中西两家，一个是传统文学愈发活跃，一个是传统文学逐步没落；一个有佛教新元素来锦上添花，一个是基督教对传统的折扣式继承，最多只能算是雪中送炭。魏晋六朝后，文学自唐而宋持续发展、一脉相承；西方则进入漫长的中世纪，教会文学成为大宗。因此，从纯文学的角度来看，中西方从 2 世纪起就开始了不对称的发展。

尽管从整个文学运势来看中西方有不小差异，但就文学与思想文化发展的关系而言，这一时期的中西方文学还是体现出了一些共同的规律。

对一种思想文化体系而言，其"思想文学"可以分为主体和变体模式。"经"是主体模式，围绕着"经"有各种语言变体，两者是主体与变体、一与多、通用与特殊的关系。儒家思想文学的主体是五经，变体是各种注疏、文学典籍以及文人著述；就道家或玄学而言，主体以三玄为主，变体包括各种注疏、文学以及文人著述；就佛教而言，前者是经律论，后者包括各种注疏、佛教文学以及文人著述。基督教的思想文学中，主体是圣经，变体包括各种注疏、宗教文学以及先知、教父、圣徒等宗教文人的著述。经既是思想典籍，也是一种文学，其思想文化具有典范性，其语言的风格、体式、品位也有示范性。就"经"而言，思想文化性是主要的，文学性是次要的。但对围绕着经的各种语言变体来说，却往往更需要发挥文学性，并借助各种语言活动来传播它所依附的主体典籍，传播思想文化。这些经的变体从思想文化上看是"经"的延伸和辐射，要辅助"经"参与跟其他典籍进行思想文化和话语权利的竞争；从文学上看，需要具有足够的吸引力，与其他文学进行语言的竞争[①]。

---

① 变体一方面要为主体"经"服务；另一方面又往往会导向独立的文学道路。对世俗性的儒家文学而言，文学史上就始终存在重情和重理的论争；对宗教性强烈的佛教与基督教来说，则文学的宗教思想性基本上能压制住纯文学性的发展，始终将其控制在为宗教服务的范围内。

"思想文学"的复杂性可以从三个方面进行分析。以佛教为例，首先佛教文学是佛教的一部分。佛教必须借助语言和文学作为承载和传播思想的工具。其次，佛教又受整个语言和文学环境的影响，而不可能脱离外部环境。中国的佛教文学始于翻译，当佛教文献逐渐译成汉语时，佛教就一步步移植到汉语汉文化的土壤中，并随之产生汉语佛教和佛教汉语。之后的各种注经、解经、创作等语言活动都依赖一般汉语和特殊的佛教汉语，并围绕汉语佛经开展；而佛教汉语又与一般汉语和汉语文学接触融合，发展出属于佛教文学的散文、诗歌、小说等文学形态[1]。最后，佛教又要用佛教文学与一般文学中隶属于其他思想文化体系的语言和文学竞争。竞争资本就是佛教文学，即佛经与围绕着佛经各种文学所形成的文化势力。佛教文学既受一般文学（或是世俗文学）的影响，又与其竞争，并要千方百计地反过来影响后者。佛教文化势力在宗教/世俗、雅/俗，以及精英/大众等各个领域都要与其他文化、文学和文本进行语言和文化的竞争。总之，佛教文学是佛教文化的组成部分，一般（或世俗）文学之于佛教文学是其所处大环境和影响因素，又是其反渗透、反改变及反归化的竞争对象。

佛教如此，儒家、道家（教）和基督教亦然。在中国，这种竞争形成了儒释道的平衡；在西方，则是基督教独大。这种思想格局也反映到文学上。佛教文学无法全面压制其他文学，如诗歌领域，佛理诗以及后来的禅诗在整个诗歌中只能算是小宗；但在俗文学领域，佛教的思想和母题，以及俗讲、变文等形式的地位和影响都是很大的。整体而言，佛教文学在与儒道文学的竞争中形成互通互补的平衡，成为整个文学的重要组成部分。而在西方，由于基督教的文化垄断地位，再加上传统文学自身的衰落，因而文学性并不出众的宗教文学却能借助其思想文化母体的压倒性优势而占据文学界的统治地位，宗教赞美诗、布道文、解经文等在罗马后期到中世纪初期几乎就是文学的代表了。

从语言的角度来说，文学是语言的精华和主要层面；从思想角度来看，文学对一种思想文化体系而言是其媒介和工具，又会与其自身的思想

---

[1] 这种融合性的文学形态，其融合度和文化偏向又往往能反映佛教与主体环境文化竞争的结果。

文学相互影响、相互竞争。这种语言文学与思想文化发展的关联既适用于魏晋六朝，也适用于晚期罗马。明确这一层关系，我们就可以把社会文化发展与语言文学发展联系起来，做出进一步探索。

第二节　语言文质之争：崇文还是抑文

上一节从静态角度描述了逐步成型的文学新格局，这个过程实际上充满各种矛盾冲突，并需要经历各方面的调整与整合。正如血型不匹配的血液融合时会在表层形成凝结物而影响原本的运作机制一样，佛教文化之于中国以及希腊罗马传统之于基督教都存在较大的差异，所以在这种"文化输血"中就很容易引起各方面的冲突，而作为文化载体和表征的语言文学自然首当其冲。疏通与调适这种语言文学的矛盾，既是文化融合过程中的一项主要任务，又是文化融合成功的一大重要标志。

在各种语言的矛盾冲突中，文质之争是一个焦点问题。[①]佛教与基督教语言的发展是在中西方深厚的文学与修辞传统环境下进行的。魏晋六朝的文学处于一个逐步走向"缘情绮靡"的时代，而当时的人们却普遍认为佛经的语言是相当直质的，两者如此格格不入，自然引发不少争议。在罗马，基督教一度敌视作为异教的古典文化，认为以圣经为代表的基督教语言是传达真理的，它根本不需要修辞和文采。这一矛盾从宗教传播起就开始逐步积累了，而到圣经重译时，鉴于它在基督教体系中的重要地位，以及翻译作为语言转换与再造的特殊性，语言的文质矛盾终于激化到无法回避的地步。

语言问题的本质是文化问题，出身传统文化环境又处在特定思想文化体系中的文人努力调和不同"文统"，其目的就在于形成一种兼具传统与时代特色的融合性语言，促进"道统"的良性发展。对儒家、佛教、基督教等思想文化体系而言，应该怎样使用语言以及应该使用怎样的语言，不仅是个语言问题，更是事关文化传统能否得到继承、吸收与借鉴的问

---

① 文质之争是与佛教和基督教密切相关的语言论争，其他语言论争还有《文心雕龙》提到的文笔之争、南北朝时期的古今文体之争等，具体可参见蒋述卓《佛经传译与中古文学思潮》第21—22页。

题，也是事关新的思想文化的文化品格与发展前途的问题。对佛教与基督教而言，文质矛盾的解决使其宗教的风格与品质得到初步的确立，所淬炼出的语言观对之后的宗教语言实践具有深远影响。下文将分别论述佛教和基督教语言的文质之争，分析其特征与内涵，然后再从文化角度整体上分析中西语言文质之争的意义与内涵。

一　佛教汉语的文质之争①

1. 早年的文质问题

当佛经进入中国文化的多元系统以汉语进行翻译时，两种语言的不同文化旨趣就开始交锋了。最初的文质问题，首先是译者在无意识中造出直质的语言。我们在译经一章中已提及②，早期翻译缺乏双语人才，多由外来僧口授加汉人执笔落实为书面语再加以润色而成，从原文到外来僧再到笔受要打多个折扣，这样的译语自然很成问题。从安世高"贵本不饰，天竺古文，文通尚质，仓卒寻之，时有不达"（出，254），到支谶"凡此诸经，皆审得本旨，了不加饰"、"译人时滞，虽有失旨，然弃文存质，深得经意"③，多为不成熟的直译。这在主观上是因为译者唯恐错译，翻译时往往强调原意传达和内容可靠，而不敢对语言多加修饰，甚至硬译原经的语言表达形式，这样的译文当然不符合汉语习惯。客观上而言，则是译者的语言水平有限，外来译师和汉人笔受的沟通也未必十分通畅。上述两种原因导致译本中有理解不到位或无法表达而干脆不译的情况，有后世能以意译而当时则以音译的情况，也有表达上不够严谨而易生歧义的。④很多译本实际上是对原文的自由发挥和摘录，到处充满模糊不清和未标准化的术语表达，乃至方言式的表达和句法结构。⑤总之，或原文理解不到位而影响表达，或汉语书面语不过关，都会导致译本语言给人"质"的

---

① 本部分以《佛经汉译文质问题的再思考》为题发表于香港《翻译季刊》（Translation Quarterly）2015 年第 2 期，在此有一定篇幅的改动。
② 第四章第三节关于翻译史意义的部分。
③ （梁）慧皎撰、汤用彤校注：《高僧传》，中华书局 1992 年版，第 10 页。
④ 梁启超：《翻译文学与佛典》，载《梁启超全集》，北京出版社 1999 年版，第 3802—3803 页。
⑤ ［荷］许理和：《佛教征服中国：佛教在中国中古早期的传播与适应》，李四龙、裴勇等译，江苏人民出版社 2005 年版，第 36 页。

感觉。

　　第一代译者草创艰难，重在翻译传教而无暇对译事本身进行思考总结。到支谶的再传弟子支谦时，对最早的译品进行了初步反思，其《法句经序》记载了早期的文质论争（出，273）。其中以竺将炎为代表的质派反对支谦提出的文饰要求，因为竺将炎通梵文，明白梵汉语言的差异和翻译的困难，认为按支谦那样文饰的话，译本与原本的差异就会进一步拉大。而出于宗教意识和对佛典的崇拜，他认为佛经的语言是神圣而不可改变的，理应按原本一字一词翻译，"勿失厥义，是则为善"。

　　质派的做法有很多问题。一方面是客观上语言水平不高，能翻成什么样就是什么样了。如竺将炎"虽善天竺语，未备晓汉，其所传言，或得胡语，或以义出音，近于质直"，即虽懂梵文但汉语水平有限，无法完全胜任翻译的任务，其译品只是说出大意而已。"或得胡语，或以义出音"是不翻出意思而用音译了事；"译所不解，则阙不传"是对原文难以理解的地方就干脆不翻出来。在今天看来这样的翻译是不合格的，但在当时对"什么才是翻译"是没什么概念的，因而这样的译本即便在译者自己看来是"质"的，对得起自己的良心的，但客观上而言质量不一定高，甚至也未必算得上是忠实的。另一方面如上段所分析的是主观上不愿修饰，认为"佛言依其义不用饰"，所以要"因循本旨，不加文饰"，以致"近于质直"。这里的"不加文饰"不仅仅指不加修饰和文采，而是指按照原经的表达习惯进行直译，而不顾梵（胡）汉两种语言在用词（如术语）、句法和文体风格等各方面的差异，这样译出来的语言不符合汉人的审美习惯，所以称之为"质"。也就是说，"质"是"不文"或"非文"，即不符合汉语文化习惯的语言、不符合汉语文章传统的语言。尽管佛经是翻译出来的，但在读经的汉人看来既然写的是汉语，就应该要"文"，否则无论是"或得胡语，或以义出音"还是完整保留原文而不行删减的做法①，都是"不文"或"质"的表现。

　　支谦反对质派的做法，任继愈说的"质派在理论上获得胜利，但实

---

　　① 朱志瑜也认为，佛经翻译中文质两者的内涵，包括繁简这对矛盾。参见朱志瑜：《释道安翻译思想辨析》，载王宏志《翻译史研究》（第一辑），复旦大学出版社2011年版。

际的结果,却是文派最后成书"①,即是指支谦在自己的译本中采取了不同的策略。他"以季世尚文,时好简略,故其出经,颇从文丽"(出,270),其译本"曲得圣义,辞旨文雅"②;"于诸本中辞最省便,又少胡音"而"遍行于世"(出,270)。无论是"简略"和"省便"还是"少胡音"与"文丽",其标准无疑都是汉语汉文化的规范③。不过支谦译本的缺点正如道安所言,"叉罗、支越,斫凿之巧者也。巧则巧矣,惧窍成而混沌终矣"(出,290),属于不成熟的意译。④质派固然因为追求原文形式而导致语言僵化、影响义理的明晰性以及妨碍阅读与传播效果,但文派也有问题。它虽然提高了可读性,却往往随意删削节录而无法忠实再现原经,结果还是会影响阅读理解与研究。更重要的是,支谦时期在双语水平和佛学修养上还远远无法与后来的鸠摩罗什相比。他对原经的理解水平自然还有时代局限,而且又用格义法,为"佛教玄学化之开端"⑤。其语言保留了早期译文的语言特色,文字表达多有含糊与意义不明的地方⑥,以至于"理滞于文"(出,310)。尽管这不完全是语言因素造成的,但结果还是会导致表达不畅而语焉不详,给人不够"文"的印象。所以在水平不高的情况下进行自认为满意的文派译法,同样不能满足后人对阅读和研究的要求。

总之,早期佛经翻译时,主观上或过于严格按照原文形式翻译或随意发挥,客观上则语言或佛学水平不够,因而文质两派的译本都是不尽如人意的。与语言优美、义理明晰的本土典籍相比,尤其是与当时僧俗两界均熟知的《老》、《庄》相比,佛经译本自然给人"质"的感觉。

随着佛经的不断翻译,各种问题也在积累。4 世纪的道安出于解经目的而一直对佛经译本的问题有所关注,并在晚年直接参与译事。当时随着

---

① 任继愈:《中国佛教史》(第一册),中国社会科学出版社 1981 年版,第 175 页。
② (梁)慧皎撰、汤用彤校注:《高僧传》,中华书局 1992 年版,第 15 页。
③ 即图里(Toury)提出的"Norm"。
④ 朱志瑜提出,佛经译论有对同一人的评价用语之间差异很大的现象,主要是因为"文"、"质"在当时是个相对的概念,不同译者对"直译"的理解不统一。参见《论中国佛经翻译理论:文质说》,《翻译季刊》1998 年第 8、9 期,第 100 页。
⑤ 汤用彤:《汤用彤全集》(第一卷 汉魏两晋南北朝佛教史),河北人民出版社 2000 年版,第 253 页。
⑥ 任继愈:《中国佛教史》(第一册),中国社会科学出版社 1981 年版,第 396 页。

佛教影响的扩大和当政者的介入，翻译问题的重要性开始凸现。而译场建立则标志着大规模翻译的开始，关注翻译问题的人多了，意见冲突也开始显现，那么文质问题自然摆上了桌面。比如就文体风格而言，正如第一节所分析的，当时中国文学的特征是非常讲究语言形式美，道安"五失本"中的第二条"秦人好文"正是指这一点。受重文习气影响的文人看到所译佛经的直质语言自然会感到很不适应，从而与坚持保留佛经风格的观点产生了冲突。实际上文质冲突的内涵是多方面的，第四章关于道安的论述曾指出，道安明白梵、汉两种语言文化的客观差异，认为质派一味迁就原作的策略会影响阅读和传播，有语序、内容和文体等诸多问题；既然翻译内容要案本而语言形式却难以不失本，那就需要找出"失本"的因素并明确"失本"的界限和容忍度。道安几经探索和讨论后给出的解决方案是以"五失本"为限。不过在这五条原则中，他对语序和繁简问题的态度较为坚定，对文质问题却连自己都不敢肯定，并最终改变观点转而反对"失本"。这其中一个很重要的原因就在于道安始终无法绕过文质问题这个坎。当时普遍都认为佛经本来就是质朴的，这种错误的观念切实地影响了翻译策略：既然佛经是"质"的，那翻译也应该保持这种"质"。在这个逻辑面前，道安再怎么讨论"失本"问题也不能凌驾于佛经"原貌"之上。这就是道安提出失本问题却无法解决问题的历史症结。

所谓"误区"是指佛经实际上也讲究文学性，但因为佛经翻译多为胡语译本转译而来，译成胡语时就已经失去了原文的形式美。这种经过一道翻译而简化的语言却被当作佛经原文，以致人们误认为佛经本来就是这个样子的，因此才有佛经语言本来就是直质的、且应该译成直质的想法。所以尽管翻译实践有文质两派，但就理论而言则基本是质派占上风。

总之，通过分析道安及其以前的翻译情况可以得出两点结论：第一，客观上翻出来的佛经语言是偏质的，这是长期历史实践的实际结果；第二，主观上人们普遍认为佛经语言本就是直质的，而且也应该翻成直质的。[①]

2. 鸠摩罗什在实践上化解文质矛盾

上文小结的两点，到鸠摩罗什时都迎刃而解。值得注意的是，佛经翻

[①] 而第一点作为既成历史对第二点起到的"先入为主"作用，恐怕也难以忽略。但限于篇幅无法深入分析。

译的文质问题,既有形式和内容的矛盾,也有翻译语言与汉语语体的矛盾①。

  罗什首先解决了形式与内容的矛盾。早期译经有不成熟的直译,语言僵硬、不考虑阅读体验;有不成熟的意译,或格义附会,或随意删削归化。此外,翻译所据原本的版本及其质量、译者的语言和佛学水平等,很多都差强人意。译者对翻译认识的模糊,翻译中的随意删削、摘录等问题,都体现了当时人对"何为翻译"这个问题的模糊认识。理论上佛教徒尊崇佛经,翻译态度是认真的;但实际上出于种种原因,往往是译者觉得应该怎么翻就怎么翻、能翻成什么样就什么样,上文所举《法句经序》即是典型。在这种情况下,文质问题自然就包含形式与内容的矛盾。随着长期实践经验的积累,尤其是道安的译本比较工作和"五失本、三不易"的提出,使人们对翻译的认识水平有了很大提高。到罗什时期,翻译所据原经、译者双语水平、佛学修养和对原经的理解、对格义之风的反思以及译场制度的发展等都有利于实现"真正的翻译",那么摆脱形式与内容矛盾就很自然了。

  罗什再进而解决了文体矛盾的问题,主要原因在于他澄清了对佛经语言的误解。尽管罗什也不完全从梵文原经翻译,但他在西域和天竺多年,熟悉佛经原本。

    什每为叡论西方辞体,商略同异,云:"天竺国俗,甚重文制,其宫商体韵,以入弦为善。凡觐国王,必有赞德,见佛之仪,以歌叹为贵,经中偈颂,皆其式也。但改梵为秦,失其藻蔚,虽得大意,殊

---

① 潘文国老师在多个场合提出,佛经的文质之争植根于我国传统的文章学。汪东萍撰文指出,文质之争需要解决译文是否需要文饰的问题,是译文语言风格的争论,而不是形式与内容的问题;意译和直译之争则渊源于西方传统文化,讨论如何传达原文的问题,是翻译方法的争论。我们认为汪文的结论基本正确,但不能一概而论。佛经翻译早期的翻译观是模糊的,当时的文质之争是两方面兼而有之的,比如一些为了文而删削无度的现象,显然不完全是文体的问题,而是一种以译文为本的翻译策略,或者说就是意译了。形式与内容的矛盾从道安提出"五失本、三不易"后才被人们明确认识到并开始着手解决,到罗什翻译后,文质之争才演变为纯粹的译文语言风格的争论。参见汪东萍、傅勇林《从头说起:佛经翻译"文质"概念的出处、演变和厘定》,《外语与外语教学》2010 年第 4 期。

隔文体。有似嚼饭与人,非徒失味,乃令呕秽也。"①

从支谦到道安,都不可能说出"天竺国僧,甚重文制"这样的话来;即便说出来,别人也未必就肯信。罗什凭借其众所周知的经历、学识和声望,使自己的意见得到信服,从而颠覆了对佛经语言的历史性错见。"佛经也重文"这个有点颠覆性的看法,对质派"佛经是直质的,所以翻译也得是直质"的逻辑起到了釜底抽薪的作用。罗什的新说法使道安当年始终绕不过去的坎就此消除。既然佛经也重文采,那问题就不再是要不要"文",而是该怎么"文"和多大程度的"文"了。此时再进而讨论译文是否要按汉人习惯加以文饰和修辞的问题就比较有利了。

罗什能在翻译中实践其翻译观和改变佛经翻译的文体,还有三个有利因素。首先,道安以来大量翻译都要在译场中进行,翻译后的文本要经过多道工序,尤其是译师的译文要由汉人记录成书面语并加以润饰,那么对译文语言如何进行修辞、进行多大程度上的修辞,就成为亟待解决的问题。这是促使罗什去解决问题的客观因素。所以我们才会在鸠摩罗什的记载中多次看到有关文体的讨论。而之前的小规模翻译中,这种问题或许就无须讨论,全靠个人去发挥了。其次,道安提出"五失本"的过程已经为罗什做了铺垫,只不过当时无法得到贯彻而已。罗什的翻译观在为道安解围的同时也吸收了道安的资源,如道安的很多弟子都参与了罗什的翻译工作。最后,早期佛经翻译时佛教地位不高,笔受的文化层次也有限。罗什译经时,参与者多有文化修养极高的文人,尤其有不少来自文学气息浓厚的南方的僧人,对译品文风自然很看重。②上一节所说的文学大环境正是在这一层面上起到了作用。

如果拿罗什所译的原文与他的译本进行比较的话,就可以发现译文的文采要超过原文,所谓"天竺国俗,甚重文制",也许一定程度上还不如

---

① (梁)慧皎撰、汤用彤校注:《高僧传》,中华书局1992年版,第53页。
② 佛经文体各异,它与中古文学的关系也是多方面的。比如蒋述卓《佛经传译与中古文学思潮》指出佛经翻译对齐梁重情写艳文风的影响;高文强《佛教与永明文学批评》则得出相反的结论,认为佛经带来的是平易和简易之风。这实际是不同时期、不同流派的影响。而本节则从以佛经翻译的文质之争为中心,论述佛译经文文体的形成与语言特征的确立,着眼于宏观的影响,而无法就具体问题进行讨论。

秦人好文的程度。在印度本土,《金刚经》、《阿弥陀经》的原文不过是文白夹杂的语言,而罗什的翻译则既传达了异国情调,又发挥了原作的精神,创造出的语言在汉语中也算得上是成功的文学作品①,这里面有罗什为适应汉语文化环境、充分迎合汉人习气而"矫枉过正"的原因。当然,罗什所能利用的还是汉语文学的根底,将汉语文学中能与佛经对应的要素发扬光大,才能使佛经译本得到更大程度的接受,让佛经文学成为汉语文学的有机组成部分。

鸠摩罗什的翻译初步奠定了佛典翻译的文体。首先,其翻译质量高,内容上摆脱了格义的流弊,形式上则因为采用译文中心进行翻译,故语言流畅优美,更接近当时整个文坛尚文的习气。其次,逐步成熟的译场制度与早期翻译条件相比,更能保障译品质量。最后,译本凭借译场和罗什的个人声望而流传,其数量之大和范围之广,足以形成规模优势和品牌效应。因此罗什的译本能取代旧译成为教徒们实际使用的译本。他译的《法华经》、《维摩诘经》等都是学佛必备。教徒日习夜诵,沉浸于罗什的译笔,自然不但以经文之内容为范,也以其语言为范。因而梁启超说"自罗什诸经论出,然后我国之翻译文学,完全成立",②这个"翻译文学的成立"自然离不开语言文质问题的基本解决。

3. 慧远的理论总结

到慧远时文质之争有了理论总结。他看到:

　　自昔汉兴,逮及有晋,道俗名贤,并参怀圣典,其中弘通佛教者,传译甚众。或文过其意,或理胜其辞,以此考彼,殆兼先典。后来贤哲。若能参通晋胡,善译方言,幸复详其大归,以裁厥中焉。(出,380)

慧远指出之前的翻译或过文或过质,都有弊病。如今要在精通双语的基础上做到"厥中",即采取折中策略。他在《大智论钞序》中进行了解释:

---

① 金克木:《梵竺庐集(丙)·梵佛探》,江西教育出版社1999年版,第418、420页。
② 梁启超:《翻译文学与佛典》,载《梁启超全集》,北京出版社1999年版,第3799页。

> 于是静寻所由，以求其本，则知圣人依方设训，文质殊体。若以文应质，则疑者众；以质应文，则悦者寡。是以化行天竺，辞朴而义微，言近而旨远。义微则隐昧无象，旨远则幽绪莫寻，故令玩常训者牵于近习，束名教者惑于未闻。若开易进之路，则阶藉有由；晓渐悟之方，则始涉有津。远于是简繁理秽，以详其中，令质文有体，义无所越。辄依经立本，系以问论，正其位分，使类各有属。（出，391）

有罗什论佛经文体在前，慧远一辈已无佛经语言都是"质"的误会。他较为全面、客观地看待文体问题，提出"圣人依方设训，文质殊体"，即佛经语言本来就有不同样式和风格，是根据不同情况调节语言以适应不同目的的结果。既然如此，就要避免"以文应质"和"以质应文"的错位，而应遇文译文、遇质译质，实现"类各有属"。尤其是针对拘泥于原文的积习，慧远再次强调译文形式如果过于贴近原文，看上去是忠实了，但影响阅读理解，反而不利于宣扬教义，所以只要遵循"质文有体，义无所越"的原则，就能放心大胆地"简繁理秽"。

慧远的折中观也是对当时文学旨趣的调和与顺应。他感到，一般的文人既然习惯了美文，读到直质的佛经语言后难免不习惯。

> 童寿以此论深广，难卒精究，因方言易省，故约本以为百卷。计所遗落，殆过参倍。而文藻之士犹以为繁。咸累于博，罕既其实。譬大羹不和，虽味非珍；神珠内映，虽宝非用。信言不美，固有自来矣。若遂令正典隐于荣华，玄朴亏于小成。则百家竞辨，九流争川，方将幽沦长夜，背日月而昏逝，不亦悲乎！（出，391）

鸠摩罗什的翻译已经删繁就简了，汉人却还是"犹以为繁"。对此，慧远的观点是尽管佛经是翻译而非原本，但既然是在中国传播，就必须符合汉语诗学的审美趣味，否则就像美食不合口味、珠宝藏匿起光芒一样，有违翻译目的。"信言不美，固有自来矣"反映了魏晋六朝根深蒂固的语言修辞传统，连作为宗教经典的佛经也不能不有所调整进行适应，可见文化融合之难。

总结上文，佛经的文质之争在早期缺乏理论意识和实践不成熟时，既有形式与内容的矛盾，也是文体和语言风格之争。罗什来华后澄清了对佛经语言的历史误会，则文质之争变成文体和语言风格的问题，即佛经语言是否要修辞和文饰的问题。佛经作为一种文学，佛经翻译作为佛教文学的汉语书写，必然受到汉末以来重美文、尚修辞之风的影响。罗什译经所创造的新文体既不是按原经照搬，又不完全是当时轻内容重形式的华丽文风，而是一种中西（汉、胡、梵）结合、自成一体的译经体。这种新的语言形式是百年来的佛教传播与佛教文化逐步融入中华文化体系的一种结晶。佛教终于在这一时期初步确立其语言风格和文化品格，解决了发展佛教汉语的基本理论问题，为佛教汉化奠定基础。

二　基督教拉丁语的文质之争

基督教语言也经历了文质之争。在世俗文学和古典修辞没落、基督教不重视甚至敌视文学和修辞的情况下，传统文化的内涵不断流失。然而大量教父又是受过古典教育的，他们并不希望看到一个没有文化的基督教，而如果要提升文化层次，语言就是一项重点工作。随着教会的发展尤其是圣经权威文本的确定，关于基督教应该采取怎样的语言以确立其语言文化品格与基调的问题就成为一个焦点。实践上，哲罗姆这位"西塞罗的信徒"趁重译和修订圣经之机，大量借鉴古典文学与修辞，提升了基督教语言的文学性和文化内涵。理论上，奥古斯丁则将修辞从古典文化中剥离出来进行改造，在神学框架下给予适当的地位。以他们为代表的一批教父努力探索基督教语言文化与传统语言文学的关系，一定程度上提升了基督教的文化内涵。下面主要聚焦哲罗姆，奥古斯丁的论述则在第三节进行。

1. 基督教对古典文学与修辞的几种态度

基督教对古典文学与修辞的态度有多种。首先是敌视态度。在基督教得势前，罗马皇帝甚至不允许教徒接触文学和雄辩术[1]，基督教自身也将其视为异教产物，认为都是华而不实的东西，远不如圣经中所揭示的真理。在语言活动中，把握上帝的真理是唯一重要的事，语言形式和修辞都

---

[1] Augustine, *The Confessions*, Ⅷ, 5（http://www.ccel.org/ccel/schaff/npnf101.html）.

是无关紧要的。①比如早期护教士的代表德尔图良就是反传统文化的急先锋。他否认希腊罗马文化与基督教的关联，也否认文学艺术的价值。德尔图良敌视世俗文学，认为"每次演戏都是恶人的集会"②，"是一种对邪恶之神的偶像崇拜，因而戏剧是与上帝事业对立的"③。他所说的"如果你要欣赏舞台艺术，我们自己有大量作品——圣诗、警句、圣歌、箴言；这一切并非虚构，而是真实的，并非技巧之作，而是确凿的实际"④，以及哲罗姆的"贺拉斯同《诗篇》有什么关系，维吉尔可曾写过《福音书》，西塞罗又可曾为护教士们做过辩护"⑤，都体现了世俗文学与宗教文学的矛盾。其次是辩护和竞争的态度。高峰枫指出，基督教作家对古典的态度是积极为圣经文体辩护，与古典文学进行竞争并试图压制和超越。⑥

相比于敌视和辩护竞争的态度，则是较为温和的"格义"派。杨慧林与黄晋凯的《欧洲中世纪文学史》一书对此有零散的论述，我们可以将其归纳总结为以下几种：一者，将基督教文学与世俗文学进行平行比较。如公元4—5世纪的哲学家和语法学家马可比乌斯（Macrobius Ambrosius Theodosius 约5世纪早期）提出诗学比较观点，被批评家用于希腊文本与希伯来文本的比较。⑦再如哲罗姆说的"大卫便是我们的西摩尼得斯，我们的品达，我们的阿乐凯奥斯，以及我们的贺拉斯，我们的加图以及我

---

① Rita Copeland, *Rhetoric, Hermeneutics and Translation in the Middle Ages*, Cambridge: Cambridge University Press, 1991, p. 43.

② Tertullian, *The Shows*, Ⅲ. (http://www.ccel.org/ccel/schaff/anf03) 中译本：《论戏剧》，载［古罗马］德尔图良《护教篇》，涂世华译，上海三联书店2007年版，第125—152页。

③ Tertullian, *The Shows*, XIII - XV

④ Tertullian, *The Shows*, XXIX

⑤ Jerome, *Letter XXII*, 29 (http://www.ccel.org/ccel/schaff/anf03).

⑥ 参见高峰枫《早期基督教作家对圣经文体的辩护》，《国外文学》2008年第3期。高氏具体分析到，基督教作家的辩护经过几个阶段：首先是真切地感到拉丁圣经文字的粗俗和不雅，承认自己不如西塞罗那样的语言；其次是从平民立场出发，认为基督教就是大众的宗教，要让更多人受益而不是局限于文化精英；接着是批判古典文学华而不实，"美言不信"；第四是指出圣经文学在原来的文化语境中其实也是有文学性的；最终，沿着这个思路，基督教发展出自己的美学观，认为古典作家思想贫乏，不过以华美辞章掩盖空洞内容，而基督教不仅带来思想革命，也带来修辞学的改进。圣经平易而简朴的语言符合"道成肉身"的教义。神可以承担肉身，取人的样式，而神的道理也自然要寄托在凡俗、鄙俚的语言当中，因此原本低俗的可以一跃而成为神圣和庄严的。在这种思路中，圣经鄙俗的文体在基督教神学思想上反而具有了正当性。

⑦ 杨慧林、黄晋凯：《欧洲中世纪文学史》，译林出版社2001年版，第108—109页。

们的西维鲁斯"①,并根据希腊传统的概念将《约伯记》视为悲剧;《传道书》视为哀歌;《摩西五经》视为英雄诗②。二者,进行溯源。如伊西多尔认为希伯来人的诗歌及其研究要早于希腊人,"远在荷马之前,摩西就在《申命记》中使用了英雄诗体"③。三者,采用寓意解经式的理解。基督教解经者不仅认为圣经是有寓意的,连古希腊文学也是有启示意义的,赫西俄德(Hesiod/ Hēsíodos 约公元前750—前650)的教诲诗、俄耳甫斯(Orpheus 公元前8—6世纪)的宗教诗和伊索(Aesop/Aisōpos 约公元前620—前564)的寓言都能引发讽喻的解释;6世纪的富尔根蒂(Fabius Planciades Fulgentius 约5世纪末—6世纪初)甚至把维吉尔的作品视为道德哲学语言,并认为他的田园诗是对基督诞生的预言,这种对异教文学的讽喻解读在整个中世纪都非常流行。④这三种做法,都是从基督教的立场来理解乃至曲解古典文学,以基督"格义"希腊。

我们认为,基督教在坚守信仰立场的同时,也在积极吸收借鉴古典语言文化。随着教会的发展,基督教的地位逐步上升,知识分子和文化精英不断加入,基督教的性质也会随之发生改变。有文化的教徒不只是把基督教当作普通宗教,而更是作为一种信仰和文化体系,他们对神学与教义问题有很大的兴趣和需求。很多教父在皈依基督教以前都接受过古典教育,具有深厚的语文功底;也有很多教父本人就是文学家,如纳西盎的格列高利、安布罗斯、哲罗姆,等等,只不过他们的文学集中于宗教领域。既是文人,又是教父,这就涉及身份认同和文化融合的问题。到4—5世纪时,基督教已有取代希腊罗马的文化地位而成为综合文化体系的趋势了。精英教父相比下层的普通信徒更理性、也更有追求,他们认识到基督教的语言决不能再是那种朴素而粗糙的语言,圣经经文、解经、布道乃至赞美诗,等等,都是基督教文化的一部分,这些语言活动也必须能与古典文学媲美,只有提升基督教的文化内涵才更符合基督教的利益,也符合其作为罗马官方宗教的地位。因此,文人教父在理论思考和语言实践中都自觉或不自觉地运用他们的古典语文素养,努力提升基督教语言的文化内涵,朝

---

① Jerome, *Letter* Ⅲ, 8.
② 杨慧林、黄晋凯:《欧洲中世纪文学史》,译林出版社2001年版,第109页。
③ 同上书,第116页。此条原文无注释,未核实。
④ 同上书,第117页。

"文"的方向推进。

2. 哲罗姆与文质之争

基督教内部对古典文学与修辞的不同态度使语言问题成为基督教发展的一个重要话题，如哲罗姆及其圣经翻译就是当时的一个主要争议点。

首先简要说明一下哲罗姆前各种圣经拉丁语译本的情况。早期拉丁语译本与早期佛经翻译一样质量堪忧，其原因有多种。第一，翻译没有规范，谁都可以翻译，译者素质又参差不齐。有的译者语文功底欠佳，行文生涩粗鄙。第二，由于早期的传教对象多为下层民众，布道时往往看着希腊文本口头宣教，为求通俗易懂而主动采用通俗语言。①第三，出于宗教虔诚的态度，译者尽量贴近原文形式，不敢多做调整，宁可牺牲译本语言的通顺性与可读性。这与佛经翻译中质派信奉的"信言不美，美言不信"是类似的。有的学者甚至还认为，圣经古拉丁译本的文字不尽如人意，原因在于早期基督徒敌视古典文化，试图与其决裂，因而故意绕开古典雅言，有意放弃拉丁语中本已有的词语。②从上述三个方面可以看出，哲罗姆时代的圣经译本语言与道安时代佛经译本语言不成熟的情况是很类似的。

哲罗姆认识到基督教不再是早期只面向下层人民的小教宗，而应有更高的文化追求，要让基督教语言吸收古典文化的精髓，使圣经像荷马与维吉尔的作品那样也以其文采而为后人传颂。既然圣经原本已定，就应通过翻译实现这一目标。对哲罗姆而言，坚持译文中心观不仅是翻译策略，更体现了对待古典文学和修辞的态度。比如有人指责他不该引用异教内容，认为是玷污了基督教的圣洁。对此，哲罗姆在书信中阐述了自己对世俗文学的看法③。他先是列举摩西、所罗门和诸先知的作品中对异教内容的引用；然后指出，如果将圣经完全按原文逐词译成拉丁语，是无法保留韵律的，这正如把《荷马史诗》译成拉丁语时也无法保留韵律一样，同时他

---

① 高峰枫：《早期基督教作家对圣经文体的辩护》，《国外文学》2008年第3期。

② 这是荷兰学者Schrijnen在20世纪30年代提出的看法，认为教会内部存在所谓"基督教拉丁文"。他的学生Christine Mohrmann继续发挥此说，在四卷本文集D'etudes sur le latin des Christiens（Rome：1958—1965）前两卷中有多篇文章论及这一问题。参见高峰枫《早期基督教作家对圣经文体的辩护》注释8。

③ Jerome, *Letter LXX*, 2（http：//www.ccel.org/ccel/schaff/npnf206）。

还列举保罗在《使徒行传》中说的一些有诗体形式的话来说明圣经也讲究文学性,所以,在翻译中讲究文采就像把世俗的智慧当作俘虏和女仆一样来利用,是为宗教服务的①。另外在《致帕马丘书》等文及与奥古斯丁的往来书信中,哲罗姆也谈到自己对翻译语言和基督教语言的看法(详见第四章《译经》)。哲罗姆的说法大致可以说是一种"诗辩",即为基督教文学借鉴世俗文学的辩护,从而为以后基督教传统的无数类似辩护提供了一个框架,以手段和目的来看待两者的关系,肯定"异教"的修辞有助于追求基督教智慧。②正如其所言,"朴实无华的弟兄不能因为自己什么都不懂而自认圣人,受过教育并谈吐不凡的弟兄也不应凭口才就自认圣人。两相权衡,神圣而质朴的还是胜过罪恶而华丽",③可见哲罗姆仍坚持宗教第一的立场,但又坚决为讲究文辞的合理性与必要性进行辩护。

  除了正面回应,哲罗姆还多次在书信和序文中采用修辞说法,以顺从传统的面目来掩盖他实际成文的语言。哲罗姆在一封信中谈到自己做过一个梦,梦见自己死去后,其灵魂被带到审判官前,人家问他是谁、做什么的,他回答自己是一个基督徒,没想到对方说道,"你撒谎,你是个西塞罗的信徒,而不是基督的信徒。因为你的财宝在哪里,你的心也在哪里",然后对他一顿毒打。他只能答道"上帝啊,再给我个机会让我拥有世间的书籍吧,再给我个机会让我读书吧,是我背弃了你",对方才放了他。这时候他才从梦中醒来,发现身上的伤痕,从此加倍虔诚发愤阅读神学书籍,而不再像以前那样把精力都放在异教书籍上面。④哲罗姆之后又在《加拉太书注疏》的序言中谈道,"言辞的典雅、拉丁语表达的优美,都是对希伯来语的玷污。你也知道我已经15年没读西塞罗、维吉尔或是其他的世俗作家了,……我害怕那个梦再次萦绕于我心头。"⑤事实是否如此呢?鲁菲努斯在与哲罗姆的论战中就毫不客气地指出,实际上哲罗姆

---

  ① Jerome. *Letter LXX*, 2.
  ② [加]谢大卫:《圣书的子民:基督教的特质和文本传统》,李毅译,中国人民大学出版社 2005 年版,第 72 页。
  ③ Jerome, *Letter III*, 9.
  ④ 关于此梦的描述可参见 Jerome, *Letter XXII*, 30.
  ⑤ Jerome, *Preface to Commentary on Glatians*, Ⅲ. 因 CCEL 为节译本未收此篇,故此处转引自 Megan Hale Williams, *The Monk and the Book: Jerome and the Making of Christian Scholarship*, Chicago and London: The University of Chicago Press, 2006, p. 206。

并不是真的要与异教划清界限，他违反了自己所发的不再读异教书籍的誓言，甚至还对送到他那里接受教育的孩子教授维吉尔和希腊的历史文学。①因此，哲罗姆主动进行上述表态，恐怕是出于一种修辞②，因为去读他的注疏语言，就可以发现他并没有在这种表态后就真的不再用古典文学和语言了。③反倒是哲罗姆在这篇序言中说的"整个世界都在讲我们的农民基督徒和渔夫基督徒的语言"④，多少倒更能反映他的真实心声。此外，哲罗姆还多次强调自己的健康状况不良并患有眼疾，在翻译过程中是助手帮他朗读并由速记员落笔的。⑤如此强调自己助手的作用，正是要推卸责任、缓解自己的压力，以掩盖实际操作中使用的富有古典文化内涵的语言。实际上哲罗姆也确实在《以西结书》的一段注释中暗示了他之所以要强调自己对助手的依赖，就是怕反对者攻击他的译笔风格。⑥

除了翻译，注疏语言也体现了基督教语言确立的文质矛盾。上段部分引文即出自哲罗姆注疏的序言。注疏作为圣经的附属品，其宗教意味比一般文体更浓，因而对讲究文采与修辞的做法就更为敏感。但哲罗姆却有自己的想法。传统注疏具有强烈的口语风格，可能是受学校教授学生的环境影响，而哲罗姆在释经时用的却是一种创新文体，有加工的痕迹，讲究修辞和文采，这种风格正是修辞学校的语言文化在宗教语言领域的延伸。⑦哲罗姆还拥护和借鉴奥利金的解经观点以及解经方法，并翻译过奥利金的圣经注疏。由于解经本身就有演说讲质，要能打动听众起到宣扬教义的效

---

① Rufinus, *The Apology of Rufinus*, Ⅱ, 6-7.

② 如果我们把哲罗姆的梦和鸠摩罗什死后不烂的舌头（还可以与玄奘译经时做过的一个是否删削的梦作一个比较）相比较就可以发现，宗教典籍的特殊性和宗教政治等因素使其翻译的忠实性问题比一般翻译要敏感得多。解铃还须系铃人，哲罗姆的梦和鸠摩罗什的舌头都具有神秘主义色彩，正是这些非理性要素才有助于加强译作的权威性以压制反对意见。

③ Megan Hale Williams, *The Monk and the Book: Jerome and the Making of Christian Scholarship*, Chicago and London: The University of Chicago Press, 2006, p. 206.

④ Jerome, *Preface to Commentary on Glatians*, Ⅲ.

⑤ Megan Hale Williams, *The Monk and the Book: Jerome and the Making of Christian Scholarship*, Chicago and London: The University of Chicago Press, 2006, pp. 208-209.

⑥ Ibid., p. 221.

⑦ Ibid., p. 208.

果，因而哲罗姆的翻译语言也偏重读者/听众，注重实际效果。①

哲罗姆之于古典文学和文化是"承袭"②也好、是把它当作"俘虏"③也好，客观上都使得古典文化通过基督教的语言文学得到保留，使基督教语言的气质由"质"向"文"跨进了一大步。进而言之，如果说西塞罗要求义对义的翻译，体现了"拉丁语相对于希腊语的独立和拉丁文化对希腊传统的批判性接受"④，那么他提出的翻译就是要与原作竞争的思想则是拉丁文化进一步发展的体现和要求。而哲罗姆对西塞罗式语言及其翻译思想的借鉴同样也秉承了这样的精神，体现的是基督徒文化自觉意识的抬头，是他们对基督教吸纳希伯来、希腊和罗马文化的殷切期望，以及在维护基督教信仰主体地位的同时丰富其文化内涵、提升其文化层次的美好愿景。

三 文质之争的内涵与意义

魏晋六朝的思想文化融合格局造成了一种新的语言。从语言的思想内涵来看，汉语文化的话语权不再是两汉时期的儒家独尊，而是儒释道的多元存在。同样，从罗马学希腊、到基督教再学希腊与罗马，西方文化的融合在不断演进。融合与会通的过程必然伴随着矛盾、冲突和争论，而这些矛盾、冲突和争论的一个主要战场就是语言文学领域，其中就包括文质之争。通过上文，我们可以归纳出佛教与基督教跨文化发展过程中所出现的文质之争的共性。

第一，文质争论在形式上贯穿体现于翻译与创作等活动中。佛教之于汉人几乎是全新的事物，其庞大的经律论体系通过翻译涌入汉文化，从汉末初传时为一字一词的理解与表达所感到5世纪的僧肇能直接用汉语撰写经论，这个消化过程长达数百年，它既仰赖翻译以传入教义，也需要教

---

① L. G. Kelly, *The True Interpreter: a History of Translation Theory and Practice in the West*, New York: St. Martin's Press, 1979, p. 100.

② Rita Copeland, *Rhetoric, Hermeneutics and Translation in the Middle Ages*, Cambridge: Cambridge University Press, 1991, p. 50.

③ [加] 谢大卫:《圣书的子民：基督教的特质和文本传统》，李毅译，中国人民大学出版社2005年版，第66页。

④ Rita Copeland, *Rhetoric, Hermeneutics and Translation in the Middle Ages*, Cambridge: Cambridge University Press, 1991, p. 46.

徒、居士和广大文人的接受与再创作，使汉语佛教文学发展起来。同样在西方，希腊语《新约》译成拉丁语后在罗马帝国的广大区域传播开来。以拉丁语和希腊语为母语的教父各自从事注经、解经等活动，而布道、讲辞、宗教抒情文学等文体虽然都能在圣经中找到源头，但仅靠一部圣经显然是不够的，正是后世文人教父的不断探索，才建构起宗教文学体系。因此，是翻译与著述、论辩、创作等语言活动共同让新的语言文化和文学体系建立起来，而文质问题则与两者的建构均有密切的联系。

第二，文质问题在内涵上包含语言融合的问题。有不少学者认为佛教汉语是一种混合式的汉语。①除了佛经语言，儒道两家的语言内涵也因为多种文化的发展而变得更为丰富。西方同样如此。哲罗姆的翻译语言"是一种非常有幸的融合，它严格遵守希伯来语的结构，而单词与韵律却蕴含着丰富的意蕴，这种圣经语言体现了良好的文学性……从翻译技巧的角度来看，体现了良好的折中。"②如果再考虑到魏晋六朝与罗马晚期的民族交流和人口迁移问题，则当时汉语与拉丁语的混合性将更为明显。而这种语言融合的实质，则是文化会通的产物。

第三，文质问题的文化会通性具有复杂的内涵，具体而言可以分为四个方面。一者，东西之争。天竺和西域对当时的中国而言就是"西方"，两大文化迥然不同，语言特征也是方枘圆凿。道安的"五失本"与罗什的"嚼饭与人"即是明证。在西方，对罗马来说基督教来自东方，而基督教眼里的希腊哲学和罗马的腐朽文化与基督教的宗旨也是格格不入的。因而文质之争也是当时的东西文化融合的问题。二者，古今之争，即传统与当下的矛盾。先秦与两汉有丰厚的文学文化传统，道安、慧远和当时许多僧侣、居士等都是饱读诗书之士。同样，希腊罗马也有丰厚的文学文化传统，德尔图良、哲罗姆、奥古斯丁等一大批教父都出身古典教育，很多教父在改宗前还是修辞教师。文质之争一定程度上也就是如何继承传统、

---

① 可参见朱庆之《佛教汉语研究》。这是一本论文集，作者多为国内外专门研究佛经汉语的专家。

② B. Keder – Kopfstein, *The Vulgate as a Translation. Some Semantic and Syntactical Aspects of Jerome's Version of the Hebrew Bible* (Jerusalem 1968). 转引自 Denis Brown, *Vir Trilinguis: A Study in the Biblical Exegesis of Saint Jerome*, Kampen, The Netherlands: Kok Pharos Publishing House, 1992, p. 120。

对待古典的问题。三者,雅俗之争,即社会阶层的矛盾。作为有层次的宗教,必须具有较高的文化内涵,其语言就必须讲究文质与修辞,这就不同于引车卖浆者的宗教,仅局限于信仰、仪式乃至迷信。无论是佛经翻译还是圣经翻译,都在考虑如何努力靠近乃至超越古典语言文学传统的问题。由此,文质之争一定程度上也是宗教的文化品格之争。四者,人神之争。道安的"三不易"就提到人神与圣俗之间相去甚远,圣经翻译中也要面对七十士本这样顶着神启光环而大行其道的旧译本。然而宗教与迷信的不同就在于它发展到一定程度后要往高层文化发展,宗教语言活动就不能是完全非理性的,而要发扬人的主体性,理性而客观地研究语言问题。所以说文质之争在一定程度上也是人神之争,是理性与非理性之争。

中西方文质之争的差异大致可分为如下三个方面。第一,文质之争的方向不同。主要原因可能是世俗文学的发展势头不同。同样是社会政治没落而减轻对文人与文学的约束,中国文学就此而大放异彩,西方世俗文学却消沉下去。中国的文质之争在于"文"得过头,需要有所抑制,这才有了文笔之争和文质之争。罗马的情况则相反,哲罗姆和奥古斯丁等不得不顶着各种压力,在宗教范围内为文学与修辞寻找合适的位置,努力使基督教语言提升"文"的一面。第二,对于文学与语言的认识程度和态度不同。中西方的文质之争都有形式与内容的探讨,也有文体风格与审美标准的讨论,但由于第一点所讲的"文"的发展方向不同,因而中国自汉末以来出现了文的自觉,突出语言的地位,努力运用和开发语言。文体文风的多元、文人团体的多样以及文学批评的发展都是明证。而西方则没有出现类似的"文的自觉"。尽管教父们讨论了各种语言问题,但都出于宗教实际功用的目的,没有以"为艺术而艺术"的态度去发展语言文学。第三,宗教性不同。魏晋六朝的思想舞台是多元化的,整个文学与语言的世俗性和文学性就更大。而西方则是基督教一家独大,因而在其影响下,文学与语言的宗教性质就更强烈。

第三节　宗经语言观与立经的文化意义

思想文化的发展既改变了文化格局,也改变了文学和语言的格局,从而引发文质之争等各类论争。而随着新的思想文化格局的逐步成形,在解决争议、形成共识的基础上对包括翻译在内的整个语言文学问题进行系统总结和思考就显得非常必要了。尤其是到4、5世纪时，在历经百年的文化会通之后，如何确立新的语言观以适应新时代并较好地完成立经的历史任务，逐步成为迫切需要解决的问题。诸如"如何处理新旧语言文学的关系"、"新形势下应确立怎样的语言品质与风格"、"怎样的语言修辞才最合适于表达和传播思想"等问题，逐渐成为文人与教徒普遍关注的热点议题。他们未必都是专门研究语言的学者，但都根据自己所信奉的思想文化对语言问题进行了深入思考，努力引导和巩固文化语言状态向其预期的方向发展，其中的佼佼者以刘勰和奥古斯丁为代表。两者面对文化变局引发的"文统"之争，表达了语言文学应师法典籍的"宗经"语言观，即"文以载道"，语言为"道"（思想文化）存在并服务于"道"，并将这一宗经观贯彻到语言的本体观、道德观、修辞观和变体论中，对当时的文化语言活动进行了理论总结。下文将从这四个方面进行论述并对立经的文化意义进行简要的阐发。

一 语言本体观：真道为文本

语言观的基础是对语言的本体思考。对于语言形式与思想内容的相互关系，刘勰与奥古斯丁都认为语言是服务于"道"的符号或工具，"道"为"文"之本。

刘勰的思考方式体现为他的"言意观"，这与先秦和魏晋的言意之辨不无关联。一方面，"言"有不尽意之处，如《文心雕龙·神思》篇"意授于思，言授于意"、"意翻空而易奇，言征实而难巧也"。另一方面，人的活动又无法脱离语言，因而才要研究如何提高语言表达能力，尽力"达意"。然而对于语言应当具有什么特点与要求、怎样的语言才有利于达意、怎样的语言是要避免的等问题，一直以来都缺乏系统探讨，这种空白与汉末以来思想文化和文学的迅速发展势头很不相称。因此刘勰才要探索文章和语言之道，通过文体论、创作论和鉴赏论对如何"尽言"进行系统探讨，其中既有从谋篇构思到章句练字的具体讨论，也有《隐秀》篇"义主文外"和《物色》篇"以少总多"等发散性思维，不一而足。

"尽言"终究是要"达意"，"意"则指向"道"。《文心雕龙》全书都在论文，枢机却是前五篇，构成"道—圣—文"这条线索。从《原道》"莫不原道心以敷章，研神理而设教"、"道沿圣以垂文，圣因文而明道"，到《征圣》对师法周孔的强调，再及《宗经》"经也者，恒久之至道"和"建言修辞"要宗经的强调，都说明"道"才是语言活动的出发点和根本目的，而"经"作为道与文的最佳结合，自然是最佳的语言典范。

奥古斯丁也探讨了言与意的关系。他认为"语言"有两套，一套是人与人沟通的语言；另一套是人与神沟通的语言[①]。前者可以通过理性来"尽意"，如《论基督教教义》卷二的百科知识和卷三的模糊语言解读都切实围绕如何提高读经能力展开，探索如何以言尽意。后者则体现了奥氏的神学色彩，他说的"神是不可言说的"（CD，Ⅰ，6.6）不啻是基督教的"言不尽意"。其《论三位一体》深入探索了上帝、道与言的关系，指出"上帝的超凡入圣远远超出了日常语言的能力。我们关于上帝的思想，真于我们关于上帝的言谈，而上帝本身之所是，又远真于我们关于他的思想"[②]，即客观事物、思想概念和语言符号三者依次排列。理解圣经必须依靠神赐的智慧，语言之本在于信仰和启示[③]。

语言既然服务于教义之"意"与上帝之"道"，那么在解经、翻译和布道等宗教语言活动中就可以采取灵活态度。因此，奥古斯丁赞同寓意解经法，认为可以从字面和非字面两个角度来解释圣经[④]，"凡利用或崇拜某种有意义的物体但不知道它所意指的含义的人，就是受符号捆绑的。相反，利用或者尊敬某种神所指定的有益符号，明白它的力量和意义所在，不是敬拜可见的、暂时的符号，而是敬拜所有这些符号所指向的对象的，就是没有被符号捆绑的。"（CD，Ⅰ，6.6）"凡认为自己领会圣经或其中部分内容，但对经文的解释不是意在增进这双重的爱，即爱神和爱我们的

---

① Edward Morgan, *The Incarnation of the Word: the Theology of Language of Augustine of Hippo*, London: T&T Clark International, 2010, p.3.

② Augustine, *On the Holy Trinity*, Ⅶ, 3, 7（http://www.ccel.org/ccel/schaff/npnf107.html）。中译本参见［古罗马］奥古斯丁著：《论三位一体》，周伟驰译，上海人民出版社2005年版。

③ Ibid., Ⅲ, 9, 13.

④ 孙宝玲：《圣经诠释的意义和实践》，建道基金会2008年版，第34页。

邻人的，并没有真正领会圣经。相反，凡从经文引申出的意义可用于增进爱的，即使他并没有完全准确符合作者在文中所要表达的意思，他的错误也不是有害的"（CD，Ⅰ，36，40）；"人若是有信、有望、有爱，并且坚守着它们，就不再需要圣经"（CD，Ⅰ，39，43），可见在基督教语境下也能"得意忘言"，这个"意"就是信、望和爱。

总之，刘勰虽作《文心雕龙》以论"文"，根本目的却是言"道"；奥古斯丁则将语言作为探索教义的工具。对两者来说，"道"才是语言活动的根本。

二 语言道德观：善用尽文德

"道"与"德"密切联系。言语者以言解道和传道，就应遵循特定的道德准则，使语言得到善用。

中国自先秦以来就有"修辞立其诚"的传统，"文德"与"道德"紧密联系，因为只有道德高尚的人才能说出感人的言辞，表达"信言"和"善言"①。对修辞者而言，语言道德一方面表现为言语内容的可信与真实；另一方面则表现为言辞与主体的心性与情思等方面的匹配。

关于前者，《文心雕龙》中的直接论述并不多，如作为文章标准的六义观，第一句"情深而不诡"即要求说话作文应有真情实感；《程器》篇"君子藏器"、"贵器用而兼文采"等则专论作家的道德品质，主张德才兼备。更多的讨论是后者。从书名"文心"到书尾"文果载心，余心有寄"；从首篇《原道》的"雕琢情性，组织辞令"、"原道心以敷章"到《征圣》"陶铸性情"、"志足而言文，情信而辞巧"，都强调作文先"宗经"，不仅"宗"语言形式和思想内容，也要学习圣人磨砺心性。文体论同样如此：从《明诗》到《书记》的二十篇文体论中，有关文体起源、本质或语言特征的论述中频繁提到心、性、气、情等字眼，如《明诗》"诗者，持也，持人情性"、《书记》"言以散郁陶，托风采"等。创作论从《神思》"陶钧文思，贵在虚静"到鉴赏论的《才略》、《知音》等篇，也一直强调主体心性和情思。

---

① 陈光磊、王俊衡：《中国修辞通史》（先秦两汉魏晋南北朝卷），吉林教育出版社2001年版，总论第11页。

刘勰对文章主体情性的重视既受传统影响，更与时代背景有关。针对文坛过于讲究形式和无病呻吟的弊病，他提倡以思想内容和真实情感为本，"夫缀文者情动而辞发"（《知音》）。刘勰并不反对修辞与文饰，而是说"采"以"情"为基础，否则就是修辞的不当运用。因而《情采》、《物色》、《比兴》等都是"剖情析采"。而情采统一的典范则是"圣贤书辞"，它们是"文"、"道"结合的语言典范，其作者"文质附乎性情"、"为情而造文"，是有语言道德的"彬彬君子"。

与刘勰相比，奥古斯丁的教父身份和传教任务使他更直接关注道德伦理。他著有《驳说谎》等一批论著，并且是第一个将基督教伦理学纳入神学的理论家。[①]他遇到的问题是教会的保守势力对古典文化持消极乃至敌视态度，极端者甚至不允许教徒阅读古典文学，遑论学习其语言修辞了。而修辞教师出身的奥古斯丁既能洞悉修辞的弊病及其"恶用"，也深知语言修辞的价值和力量。他认识到基督教的发展离不开古典文化养分的滋润，但古典修辞重论辩、轻内容，使人更重视语言规律而非来自上帝的永恒真理[②]，这种修辞难以为基督教徒所容，因而要对其加以改造，才能在神学框架下得到善用。

语言道德问题的本质，是基督教文化与希腊罗马文化的一种冲突。古典修辞往往强调情感（ethos），甚至鼓励为修辞目的而进行虚构乃至欺诈，奥古斯丁则希望去除弊端、吸收古典修辞的优点，发展适合于基督教的修辞模式，即一种源自信仰、表达言者真实情感和追求真理的语言模式[③]。也只有通过这样的扬弃，才能将古典修辞顺利纳入基督教文化体系，提升宗教语言文学的档次，这正是奥古斯丁关注修辞道德的一个重要原因。

刘勰与奥古斯丁都关注语言道德问题，他们既考虑语言行为者的心性，强调语言形式与思想情感的结合，又讲究说话内容的可信与真实，动机与目的的道德性。其中刘勰更强调前者，奥古斯丁则重后者，这一方面

[①] ［古罗马］奥古斯丁：《驳说谎》，载《道德论集》，石敏敏译，生活·读书·新知三联书店 2009 年版，导言第 2 页。

[②] Augustine, *The Confessions*, Ⅰ, 18.

[③] ［美］施文娟：《西方文化教育谬误之源——从修辞与讽刺的历史演变谈起》，吴晖译，江西教育出版社 2004 年版，第 231—232 页。

与两者身份（文论家/教父）有关；另一方面也与两人在实际语言活动中发现的问题（过于讲究语言形式/修辞的不当应用）有关。

三　语言修辞观：和美显文质

修辞是刘勰与奥古斯丁语言观的重心，也是他们对时代问题的直接回应。《文心雕龙》问世于绮靡文风盛行的齐梁年间，《论基督教教义》则成书于罗马陷于蛮族的乱世，这样的时机是很有意味的。南朝文坛流弊丛生，片面追求形式美和艺术性，因而刘勰要抑制过"文"的风气，强调文质调和。奥古斯丁也是调和，但方向却相反。他面临的问题是古典文化日益衰落，因而希望把古典文学与修辞引入基督教以提升其文化品质。无论是抑制还是引导，都是对修辞之"度"的调节，使语言达到适度的中和美，更好地服务于"道"。

刘勰的思考从修辞的本质开始。开篇《原道》伊始即从语言起源阐明修辞乃语言之本质，认为文与天地并生，人和天地一样要有文（纹），"言之文也，天地之心哉"直接道出了修辞是本性而非外饰的特性。刘勰特意在"文之枢纽"中安排《辩骚》篇，体现出在不违背五经雅正文风的前提下酌取楚辞般的绮丽文采，做到奇正相参与华实并茂的意愿①。进一步而言，语言为道服务，就要师法"道"与"道"之"文"。一方面是思想内容上符合"道"，"辞之所以能鼓天下者，乃道之文也"（《原道》）；另一方面是形式上向善于使用修辞的"道"学习，尤其是"圣贤书辞"（《情采》）。重视和擅长使用修辞才能"言以文远"（《情采》）。

反过来说，修辞既然是语言的本性并与"道"结合，那么只重辞藻而忽视内容与载道功能的文章恰恰是背离了语言的本性。由此，刘勰提出"辞"和"情"好比经与纬，理在辞先才是立文之本，所以要做到"文附质"和"质待文"的结合（《情采》），"斟酌乎质文之间"（《通变》）。这种修辞观也充分体现于文体论各篇对文体本质的描述及作品的评语中，从《明诗》"感物吟志"、《乐府》"和乐精妙，固表里而相资"直到《书记》"随事立体"等，不一而足。

---

① 王运熙：《文心雕龙探索》，上海古籍出版社2005年版，第11页。

与刘勰相反，奥古斯丁的任务是要引起人们对修辞的重视，并希望能将古典修辞改造和整编为宗教的修辞。他的做法分为三步。首先，他说明修辞并非只是异教者专属的武器，基督徒同样可以加以利用。"修辞法既可以用来巩固真理，也可以用于加强谬误。谁敢说真理及其捍卫者就该赤手空拳面对谬误？……雄辩能力是正反双方都可拥有的，并且对加强双方都有极大的作用，恶人既然能利用它为邪恶而卑鄙的事业而服务，并且进一步推进不义和错谬，那良善的人为何就不能学会把它用来为真理一辩呢？"（CD，Ⅳ，2，3）其次，他以大量实例说明圣经也讲究修辞，是传道的语言典范，所以"正典作品的作者们不仅是智慧的，同时也是懂修辞的，这种修辞是与他们的品行和身份相适应的"。（CD，Ⅳ，7，21）最后，要继承古典教育的精髓，通过学习文学作品来提高修辞能力，但必须把宣传异教文化的文本替换为符合教义的宗教文本；比如可以向圣经和各类教会作品学习修辞技巧（CD，Ⅳ，3，4—5）。

奥古斯丁的创新在于他跳出古典修辞的框架，将修辞转用于宗教领域，以解道和传道为范例，以文本的接受和生产为线索而构筑起一个新的修辞模式①。在这一模式中，人们就像古典修辞中的发明（invention）一样从圣经中寻找修辞的主题与内容进行阐释②，阐释的重要工具则是寓意解经法。寓意法可以解释那些按字面义理解会有损教义的语句和含有神圣寓意的语句（CD，Ⅲ，9，13—10，14），而不可狭隘地将其视为美化和修饰③。从这一点来说，奥古斯丁与刘勰是一致的，即一方面强调修辞以思想内容为本；另一方面又鼓励适度运用修辞。虽然奥氏受历史局限无法将古典修辞全盘继承，而只是根据宗教需求将之与讲经布道结合起来，但当时也只有让古典文化做妥协才能使其与基督教两相得益，否则就可能陷入古典文化随罗马城而一起湮没、基督教又缺乏文化内涵的"双输"境地。

总之，刘勰与奥古斯丁因历史任务的差异而从不同方向引导修辞的发展。无论是前者对发展"泡沫"的挤压，还是后者对"需求不足"的刺

---

① 刘亚猛：《西方修辞学史》，外语教学与研究出版社 2008 年版，第 155 页。
② Rita Copeland, *Rhetoric, Hermeneutics and Translation in the Middle Ages*, Cambridge: Cambridge University Press, 1991, pp. 154 – 156.
③ ［美］施文娟：《西方文化教育谬误之源——从修辞与讽刺的历史演变谈起》，吴晖译，江西教育出版社 2004 年版，第 225 页。

激,都体现了为道而谋的修辞观。

四 语言变体论：文以载道的实践体系

在理论思考基础上,刘勰与奥古斯丁提出可操作的实践模式,将各种语言活动视为经的变体,从而构建出一个由"道"而"经"再到各种体裁的宗经语言体系。

刘勰的文体观首先表现在对"文"的界定上,即"圣贤书辞,总称文章"(《情采》),有情有理、表达一定思想的都可视为"文"。刘勰的"文"是文章和语言载体,而不是狭义的纯文学,所以《文心雕龙》的研究对象也就不限于诗歌等少数纯文学文体,而是涵盖从"诗"到"书记"等二十种体裁。其中"颂赞"是宗庙中的正歌、"祝盟"是向神祷告、"铭箴"是警告性话语和记录功德的;从诔碑、哀吊、史传到封禅、章表、奏启等,更多是具有仪式、请求、纪念、警告等性质的应用文,而非纯文学。《宗经》则把这些体裁都归结于"五经"而形成一个体系,即"故论说辞序,则易统其首;诏策章奏,则书发其源;赋颂讴赞,则诗立其本;铭诔箴祝,则礼总其端;纪传铭檄,则春秋为根",所有文章体式都可挂靠到作为思想文化典籍的"五经",而"五经"又指向"道",从而"致化归一,分教斯五"(《宗经》)。这样以"五经"为本体,各种体裁为变体,就共同组成了"文以载道"的网络。

各类体裁不但在思想内容上而且要在语言上学习经典,即"夫文以行立,行以文传,四教所先,符采相济,励德树声,莫不师圣,而建言修辞,鲜克宗经。"(《宗经》)对此,刘勰在《序志》提出:"若乃论文叙笔,则囿别区分,原始以表末,释名以章义,选文以定篇,敷理以举统,上篇以上,纲领明矣。"这四句话分别是指:说明各种文体的由来、形成和演变;说明文体的名称和意义并指出其基本要素;提供范文,通过实例品评探讨不同文体的注意事项;以及规律总结,而这四步也正是《文心雕龙》创作论二十篇的基本分析模式。[①]这样,从理论分析研究到文章写作,从总的文道关系到具体的体裁,就形成一个有原则可依、有范例可循

---

① 蒋哲杰:《〈文心雕龙〉的言语行为思想》,《华北水利水电学院学报》(社科版) 2011年第1期,第96页。

的修辞体系。

相比于刘勰的体大精思，奥古斯丁只是粗略地从风格角度进行论述，不过其精神仍是要师法典籍。首先，他指出表达要尽量清晰，不应模仿圣经里那种模糊的语言（CD, IV, 8, 22），但说话清楚不代表可以粗俗（CD, IV, 11, 26）。他引用西塞罗的话说，演说的目的是教诲、愉悦和感动，其中教诲最为重要（CD, IV, 12, 27），并把三种目的与相应的风格联系起来："凡能以低沉的风格说细小的事，给人知识；以平和的风格说中等的事，给人愉悦，以威严的风格说重大的事，影响心灵的，这就是雄辩家了。"（CD, IV, 17, 34）奥古斯丁还论述了不同风格的语言特征，并大篇幅引用圣经及教会作家的实例来说明各风格的特征（CD, IV, 20, 39—IV, 21, 50），如："关于平静、沉着的风格，我们有一个使徒保罗的例子，他说……使徒以下的话体现的是温和风格……"这类分析与刘勰"选文以定篇"的目的是一致的，即以经典为范指导语言实践；一方面可证明圣经也讲究文学和修辞，为自己借鉴古典修辞寻找合法依据；另一方面又通过圣经与教父的语言范例来提升修辞水平，并保证文与道的结合。

奥古斯丁的思路与刘勰的"原道—征圣—宗经"非常接近，其修辞例证"宗"圣经，修辞典范"征"圣人与教父，最终都指向教义。但由于受历史局限，他无法在理论上做出更多创新，而更多致力于古典修辞的基督教转用，将《论基督教教义》作为讲经指导手册来完成"宗经"的任务。在这一点上，刘勰的历史平台更高、能做的工作也就更多，这是两人的不同之处。

需要说明的是，我们不能高估刘勰与奥古斯丁在当时的实际影响，但其思想却是时代的真实反映。南朝的绮靡文风固然是对语言形式的强调过度而导致失衡局面，但不可否认文学与语言的迅猛发展势头。从以刘勰为代表的有识之士的理论反思，到南北一统后文学实践上的合流，魏晋六朝数百年的语言文学积淀是逐步调整的。因而研究刘勰的语言观，对我们理解和认识前后数百年语言发展的态势都有很大帮助。同样，基督教尽管排斥古典修辞，但它又必然形成自己的"修辞"。各种宗教语言活动，包括注经、解经、译经、论辩、宣讲、布道，等等，自然形成一个特别的语言场域和独特的修辞风格。奥古斯丁代表着当时教会中努力吸收转换古典文化的力量，是帮助我们理解晚期罗马以来语言发展历史的关键环节。

五 关于立经的思考

关于立经，有两点需要作进一步说明。

第一点是关于立经的本质。立经是文化资本的重组和确立。借用文化社会学理论，可以将宗教组织视为场域，其中的宗教文人就是知识分子，而他们的宗教权威和读写能力就构成了宗教文化资本。佛教与基督教的跨文化发展就是让宗教场域移植到新的环境，依靠宗教知识分子参与文化竞争，扩大宗教资本，由此产生一系列围绕着经本而开展的语言活动。

在文化语言活动中，作为知识分子的僧侣与文人正如布尔迪厄所言是统治阶级中被统治的一部分，他们拥有一定权力，即因为占有文化资本而有某种特权，并对其产生一定影响，但他们相对于占据政治和经济权力的人来说又是被统治者[①]，其宗教语言活动受各种政治、社会、经济、民族等因素的影响，所以翻译活动要放在当时整个历史文化的语境下加以考量。当宗教传播进入新的语言环境时，就开始了与异语言文化的资本竞争。佛教与基督教要在异域生存发展，就必须用当地语言建构其资本和权威，经文的解释与翻译等活动就是让母体的文化和语言资本实现本土化的过程。围绕着经文的各种语言活动也就成为各种权力、利益及作为其代表的语言资本的活动。如果佛教和基督教无法适应传播目的地的场域，传教就会失败。作为外来思想，它们的存在必然冒犯本土思想，侵犯其利益，因而竞争与妥协就不可避免。这里的竞争未必是零和博弈，在很多情况下，文化资本的分配可以是共赢。比如玄学借用佛家论题和佛教借用格义实现的曲线发展，基督教借用希腊哲学建构起神学等，都说明不同思想信仰可采用合资形式来争夺文化市场。

在注经、解经、译经等活动中，竞争与合作无处不在。因为要传播教义，就要认知与表述教义，这就涉及语言问题的方方面面。这些问题在注疏、解经和翻译等活动中不断得到审问，最终汇集为如何以本地语言建构

---

① ［法］布尔迪厄：《文化资本与社会炼金术：布尔迪厄访谈录》，包亚明译，上海人民出版社1997年版，第85页。

新的宗教资本的问题。在一定时期的动荡之后要诉诸动态的平衡，进行思想文化格局的调整、补偿与整肃，让一度打破的平衡再次恢复和建立起来，因而立经之"立"是主动的"立"，是在"破"与"合"的基础上的进一步发展。

第二点是关于"立"的主体性问题。语言活动必然要体现活动者的主体性问题，然而宗教活动的特殊性往往又会限制主体性，那么这其中到底有没有或有多大程度的主体性呢？我们认为这个问题可以从三个方面来回答。

第一，主体性是必然存在的。每部经书的书写、解释和翻译等都有明确的责任者的记录。以翻译为例，尽管当时很多翻译是集体行为，传播、抄写与翻译有时会存在较为模糊的界限，但是作为译经者必然要负最终责任，无论是佛经译场中的主译僧还是西方语言团队里的教父，虽然他们离不开助手，但不能就因此以解构主义的方法把作者角色完全消解掉[①]。实际上译主职责的内涵恰恰与宗教发展阶段对应，以佛经翻译为例，历经了外国人主译期、中外人共译期和本国人主译期三个阶段，体现的是由外国人主导推介佛教到中国人主动接受和索取佛教的阶段性发展。也就是说，国人的接受由早期模糊而肤浅的被动接受逐步发展到有了自己的思维和接受方式，于是外来僧的作用逐步减弱，直至退居辅助角色乃至淡出历史舞台。

第二，主体性是不可回避的问题。早期的译者完全被宗教经本的宗教性所笼罩，深感人神差异之巨大，在翻译中拼命想"隐身"（韦努蒂语），但实际上却躲不开，原因在于他们没能深刻领会地认识到翻译的语言学规律。到后来随着宗教发展和翻译经验的积累，他们意识到译者根本无法隐身时，才能直面问题。尽管从宗教与文学的区别来说，宗教翻译肯定比文学翻译更排斥译者的主体性，因而才有哲罗姆说的"圣经除外，因为在此即使词序也是神秘的"，[②]不过这句话出自哲罗姆之口却是相当吊诡。哲罗姆基于他对整个宗教发展与翻译活动的科学认识坚定了意译的做法，所

---

① 李奭学：《中国晚明与欧洲文学：明末耶稣会古典型证道故事考诠》，生活·读书·新知三联书店2010年版，自序第6页注释1。

② Jerome, *Letter LVII. To Pammachius on the Best Method of Translating*, 5（http://www.ccel.org/ccel/schaff/npnf206）.

以才有意言出极端来堵住反对者之口，为自己掩饰。宗教译者固然是代圣人立言，可语言文字自有其规律，译者实际上是不可能隐身的。只不过宗教译者们必须在言论上强调自己的隐身，在言论上要显得自己越忠实越好。正是行意译的鸠摩罗什留下了死后舌头不烂的传说、哲罗姆留下了梦中被斥为西塞罗信徒的故事，说明了他们对忠实问题的清醒认识和对自己发挥主体能动性的一种自我约束。

无论传教的主体是个人、社会组织，还是国家，都有一个推动者。从早期灵活而又遮掩的小规模传教，到文人们主动靠近新宗教，再到主政者的不干涉、鼓励乃至倡导，都需要本土人士的接受，也需要顺应本土的文化底层。那么需要多大程度的变化来进行融合，如何新创一套有效的语言与话语，在思维方式、表达习惯与现实利益上与本土文化切近，就必须动用主体的智慧才能保证宗教移植的成功。所谓立经者就得突出其主体性和操纵性，行动上去"立"了才能使新宗教"立"足。

第三，在特定的历史语境中，意识形态、赞助人以及普遍的对语言文学的看法（诗学规范）等因素都会影响到语言活动的参与者，并左右其翻译决策。早期译者受制于社会历史语境，思想上对佛教或基督教还无法完全理解和接受，语言和翻译能力也有缺陷，因而主体性的发挥始终是有掣肘的。虽然主观上非常崇经，恪守直译与忠信，客观上却难免力不从心，翻出来的经本反而质量不高。而到后期，诸如鸠摩罗什和哲罗姆等辈进行意译时，已是此一时彼一时。宗教发展形势需要文化与语言的融合，译者的思想与语言能力也达到一定水准，在文化自信与历史责任感之下进行的意译既考虑到宗教翻译的特殊性和文本的实际条件，又充分认识到主体能动性的范围和翻译活动的本质，其译本才更能实现主客体的融合，良性地发挥出译者的主观能动性。

小结

"立"是历经正题、反题、合题的重新建立。宗教语言活动从注疏、阐释、翻译到重立，与思想文化的跨文化发展进程是一一映射的。通过注经，传统得以传承；通过解经，融合后的新思想寄宿于旧文本而发展；通过译经，可以扩展到新的语言文化体系。如果说注疏和阐释是进入原典，翻译是获取原典，那么接下来就要恢复和重建原典。事实上，宗教内外的文人始终在探索和调整宗教语言形式、语言风格和语言品格。他们在语言活动中会思考这样的问题，即怎样的语言才最适宜和最有利于思想文化、应该确立一种怎样的语言风格，以及如何处理与传统文学及语言的关系，等等。人们在注经、解经和译经中不断积累经验，语言实践与理论逐步系统化、合理化和明晰化，将思想文化状态以语言形式表现和确立下来，也将语言形式以语言观确立下来，为文化融合画上阶段性的句号。

第六章 结语

> 东海西海，心理攸同，南学北学，道术未裂。
> ——钱锺书（《谈艺录·序》）

一 研究小结

本研究的特色在于从文化的角度研究语言。就文化史而言，从先秦与古希腊到两汉与罗马，中西方的发展可以大致进行平行观察；而魏晋六朝与晚期罗马作为轴心时代后的第一个大转折，是两大文明开始分道扬镳的十字路口，因而具有特殊的历史意义。这一时期的思想文化格局发生巨变，新与旧、本土与外来相互交流、冲突与融合，历经数百年才逐步稳定下来形成新的格局，并进而奠定了之后中西方千年思想文化格局的基础。这种思想文化的巨变发展必然会影响到语言面貌及其文化内涵。因此，我们将目光聚焦于与思想文化密切相关的文化语言活动，研究语言活动的内容、形态和相关的语言观，以及与之密切相关的翻译活动的形态、内容与观念。

研究以"经"为主线索。"经"作为思想文化典籍，既是文化的、也是语言的，是文化—语言的界面。就文化而言，本著的"思想文化"在中国指儒家、玄学（道家）和佛教三个主角；在西方则只有基督教这唯一主角，但希伯来文化、希腊文化以及罗马文化是始终参与其中的配角，配角中又以希腊文化最为重要。就语言而言，一种思想文化体系的语言可大致分成作为主体的"经"，以及围绕经的各种语言变体，两者是主体与变体、一与多、通用与特殊的关系。围绕着这种经的本体与变体，可以开展各种文化语言活动。一种思想文化在新环境中从无到有、从有到优地发展起来，在一段相对完整的发展周期内，从继承、发展、传播、冲突到融合的过程中会有不同的阶段性任务，促使人们以不同方式利用语言和塑造语言，从而对从属于这种思想文化的语言乃至整个语言造成各种影响，因而我们选取注经、解经、译经、立经四种语言活动分别研究思想文化的演变发展对语言的影响，以描述和阐释佛教与基督教的文化体系进行跨文化发展的进程。

在四章主体内容中，我们通过中西方共同的文化背景来描绘语言活动的图景，包括活动的形态、特征、发展线索、主要成就、重要观点，并探索语言活动的上述方面与翻译的各种关联。从整体上来看，佛教与基督教不仅要通过狭义的文本翻译实现语言转换，更要通过注疏、翻译、创作这一宏观的语际移植过程，沿着"理解—转换—表达"这条翻译链建构汉语佛教与佛教汉语以及拉丁语基督教与基督教拉丁语，在目的文化圈实现语言与文化的双重融合，完成思想文化的翻译。因而我们用语言活动涵盖翻译，从而将与翻译密切相关的活动与翻译一起纳入语言活动这一范畴，实现基于语言活动的翻译史研究。

二 研究启示

本研究在翻译史领域外，还尝试对两个问题进行回答。

第一个问题是实践问题，也即关于中西文化的疑问。在这个全球化时代，中西文化的比较与融合是个热门话题。要研究文化融合与发展有什么特征和规律，历史无疑是一面很好的镜子。魏晋时佛教传入，是中国第一次真正意义上的东（东土）西（天竺和西域）文化大融合；同期的基督教兴起后整合了希伯来、希腊和罗马文化，也是西方历史上的一个文化大融合时代。与前代相比，先秦与古希腊是中西文明的轴心时期，相当于幼年；汉与罗马是两个辉煌的帝国，相当于少年，两大文明的总体发展趋势是不断进步的。然而始于2世纪的危机之于两者却仿佛青春期的巨变一样，其命运就此分道扬镳——6世纪后鼎盛的东方与孱弱的西方俨然已是气质迥异的青年了。由此，追问2—6世纪这个变型期就显得很有必要了。如果说"没有晚清，何来五四"，那么同样可以说"没有魏晋南北朝，何来隋唐"、"没有晚期罗马，何来中世纪"？正所谓幸福都是相同的，不幸则各有不同，中西文明是何以从汉末和罗马晚期开始走上不同道路的，对历史学家来说是一个非常吸引人的话题。对此，我们认为既然语言既受历史文化影响、其自身又是历史的重要组成部分，那么语言的研究应该也能给文化和文明史的研究带来一定启示。具体而言，本著所研究的语言活动或许可以帮助我们管窥文化活力的走势。

第一是释经。在中国，汉代的儒家经学已具有一定体系和规模，形成各学派竞争的活跃态势。尽管汉末遭遇经学危机，但玄学兴起和佛学传入又使注疏活动振兴起来。魏晋六朝虽整体上战乱频繁，但乱中有静，文化教育和文人活动从未间断，各个政权都不乏重视文教的统治者。即便不考虑玄学时代短暂的解经高潮，作为传统文化根基的经学传统也是不绝如缕并保持着较高活力的，这里面离不开儒道（后来又成为儒释道）之间以及官方和民间之间的张力在推动。相比于中国的经学史，晚期罗马到中世纪初期的注疏活动已经随着古典文化的衰落而开始僵化，教会取得大权后就开始管控意识形态、打压异端，更是进一步打击文化典籍的学术活动。中世纪的教会集各种权力于一身，对思想文化尤其是涉及圣经的问题极为严苛。教会对圣经的解释成为唯一解释，释经活动自然成了一潭死水。

第二是译经。佛经门类众多，翻译活动也是多元发展，不同译本呈现竞争趋势。而且佛教不是国教，统治阶级只是加以利用，基本不直接参与其内部的教义争论，因而佛教才能在唐代形成各家各宗。相应地，翻译活动一直延续到宋代才停歇下来。相比之下，对基督教而言理论上只能有一种圣经，而且哲罗姆翻译时得到教皇支持，其译品具有钦定性质。当后来哲罗姆的译本成为教会普遍认可的权威版本并盛行中世纪时，翻译就既不需要、也更不允许了。

第三是立经。"立经"一章所总结的中西方文学状态已经反映了魏晋六朝与晚期罗马的文化活跃度。汉代以后中国进入文学大发展期，"文的自觉"引起"语言的自觉"，从文学实践到文论都有很大发展，佛教语言文学的传入更是锦上添花。之后的唐朝国力强盛，与周边文化的交流也再上一层楼，文学发展自然一派繁荣。相比之下，罗马文学原有希腊和罗马两条支流，至罗马晚期希腊文化退缩东部，基督教虽然接过文学大旗，但其宗教性远大于艺术性，勉强起到雪中送炭的作用，西方文学发展也就进入沉寂期，不复有古典时代的辉煌。

如果仅从思想文化发展对语言的影响来看，由注经而立经的过程在中国顺应了儒释道的发展，在西方也顺应了基督教的发展。这些语言活动起到了类似的作用,也体现了类似的文化影响语言的规律。但如果横向比较的话,则可以发现西方在上述文化语言活动中所展现出来的动力和潜力都不如中国。魏晋以来,文化不断发展。南朝出现形式主义泛滥的文学固然是一种不好的现象,却也反映了文化活力的充沛。此外,佛教和道教的出现并未使中国文化宗教化,各种思想文化大体形成相对平衡的多元态势,这就有利于文化语言活动的不断推进。①相反在西方,基督教越是发达,整个文化的宗教性就越强。基督教发展早期时尚能有选择地继承古典文化,但当它成熟稳定和统治文化舞台后就不再那么积极了。中世纪的古典学只能根据神学的需求缩水成七艺,文化语言活动的成就与活力也就无法再与希腊罗马、甚至在一定范围和一定程度上也无法与晚期罗马相提并论了。

正如人的健康状态与气色有关联一样,文化特征也影响到语言。中西文明的差异自魏晋六朝和晚期罗马后已成定局,语言活动多少可以起到"滴水映日"的效果。这也是本著作为一种语言研究对文化研究的启示。

我们所关注的第二个问题是理论的问题,即学科视野与研究对象的问题。如果翻开一部今人所写的语言史,会发现基本谈的都是语言形式,即音形义的发展演变。翻开汉语语言学史,魏晋六朝的内容无非几部文字、音韵和训诂的书。从汉代的四大小学名著到隋代的《切韵》,中间几百年似乎没什么太大的亮点。同样,一般的西方语言学史谈到晚期罗马和中世纪时也就简单论述一下几部语法著作而已。翻开文学史,则满眼著名作家、文学流派以及文学思想、文论著作;魏晋六朝文学倒是成绩斐然,相比之下晚期罗马到中世纪的文学却是相去甚远,以致很难让人相信两者还有进行比较研究的可能与必要。

如果沿用传统学科的视野,则本研究将因缺乏合适的研究对象而中断。实际上,在各种思想文化的发展过程中,有大量文人和教徒注释典籍、讲解和阐发典籍、翻译典籍、进行口头论辩和书面对话、对典籍语言的修辞等问题进行探讨并付诸实践。这些文化语言活动也涉及语言研究,

---

① 平衡不是指三分鼎足,而是说在中国,佛教虽然一直受到压制,但尚能保持一定的势力,在整个文化圈内分一杯羹。相比之下,中世纪基督教的垄断地位要高得多,一定程度上压制了其他思想文化的生存。

其特点是既是语言的,又有很强的文化性。但这些活动在语言学史、语言史、文学史乃至哲学史中一般都不会得到特别关注,甚至经常被忽略。但通过研究,我们已经证明这些内容是非常重要的,只不过囿于学科划分的限制而难以获得足够的关注而已。

研究对象的复杂性决定了如果仅从语言角度来研究,或仅从文化角度来研究,都不够完整和深入。因此,我们特别以语言活动为研究对象和视角,从更宏观和更交叉的角度进行研究,就是希望在这块多学科结合处加强研究力度。我们所研究的这几种活动既是语言的活动,又是文化的活动;活动中体现出来的语言观既有内容的思考(哲学、宗教和思想),也有对语言这一工具和媒介本身的思考。相应的,我们在实际研究中就充分考虑研究人物的多重身份(文人、僧侣、译者、作者,等等),结合哲学、宗教、历史等多学科资源,对与语言密切相关的问题做出新的解释。

这样一种思路应用于翻译史研究上,在理论和实践上都可以带来不一样的面目。一方面,有助于拓展翻译研究的范围。宗教跨文化发展的主要语言手段固然是翻译,但同时也需要其他相关语言活动的支撑。把与翻译密切相关的注疏与创作纳入研究范围进行综合考察,有助于深化对翻译活动的理论认识,而不同于以往囿于译技探讨或是纯粹在译者自述的文本中打转。另一方面,有助于拓展翻译研究的内容。我们着眼于思想文化史发展的脉络对佛教与基督教的翻译传播进行比较研究,以互释互参探索翻译活动的规律,这研究视角和方法相比于一般的翻译史研究能挖掘到更多研究命题,无论是对于佛经翻译与基督教翻译这对研究对象,还是使用的比较方法,本研究都有一定开拓性,所得出的一些结论也能惠及当下的译学发展。

就本研究的实际应用价值而言,我们认为佛教与基督教的译传历史经验可以古为今用,即佛教走进中国和基督教走进罗马的方式特征,可以为当下的"中国文化走出去"提供启示。从本著的论述中可以看到,两大宗教在传播过程中并没有依靠单一的文本翻译,而是通过解释、翻译和语言文学的建构,在传播地培育有可持续发展能力的土壤,使佛教与基督教的移植获得成功。同样,今天的典籍外译工作恐怕也不应局限于文本翻译,而要同时辅以宣传和解释工作,培养不同层次的读者,并建立起适合于表达中国古典文化的当代英语(或其他语言,这里仅以英语为例),这种英语应该是属于英语分支的中国英语（但非中式英语）[①]，这才是典籍外译的最后目标，也只有建立起这种语言，形成由语言到文化的体系，才能使典籍外译的道路通畅起来。

在这样一个过程中，人才是关键。正如佛经汉化和圣经拉丁化的进程一样，僧侣们既坚守基本教义、又特别注意依靠本土人士。比如佛经翻译中的合作模式，一方面译者是中外结合，尤其是早期以更熟悉典籍的梵僧或番僧为主，依托团队进行翻译；另一方面又边研究、边翻译，在翻译中培养人才、在传教中培养读者和受众。而基督教强调的是吸收具有深厚古典文化功底的文人入教，在个体身上实现文化会通，让他们用自己熟悉的语言去创立适合于基督教的语言。我们再看今天的中国，也不妨以借鉴这种合作模式，鼓励有志于典籍外译事业的专家走出去，以传教的热情去做译介中华文化。对于一些熟悉本土语言、文学与文化，并且已经长期在国外工作生活的中国人，要充分发挥其优势，让他们担当起类似于鸠摩罗什和哲罗姆的角色，通过自己的活动传播推介中国，培养愿意译介中国文化的弟子。同时也要注意利用和培养更多普通的熟悉中国文化的外国人，让他们充当中华文化的信徒，而不是把文化传播事业局限于非常有限的汉学家，这样，文化外推的事业才更容易进行下去。

人是复杂的，文化也是复杂的，所以人的活动是复杂的，文化语言活动也是复杂的，其发展运行机制极其微妙，牵一发而动全身。本著尝试从思想文化的层面来重审文化活动与语言活动，从论题范围、比较难度到资料研读都难免粗疏和尝试之处，但论题的丰富内涵召唤着我们要不断努力探赜。

---

① 傅惠生：《〈汉英对照大中华文库〉英译文语言研究》，《外语教学理论与实践》2012年第3期。

参考文献

一 原始材料

（一）中国

1. 《二十四史》，中华书局版。

2. 《十三经注疏》，中华书局版。

3. 《大正新修大藏经》，大藏出版株式会社1988年版。
中华电子佛典协会：《大藏经》（www.cbeta.org）。

4. （汉）许慎著、（清）段玉裁注：《说文解字注》，浙江古籍出版社2010年版。

5. （汉）刘熙：《释名》，四部丛刊本。

6. （魏）何晏集解、皇侃义疏：《论语集解义疏》，王云五主编《丛书集成初编》，商务印书馆1935年版。

7. （魏）王弼著、楼宇烈校释：《王弼集校释》，中华书局1980年版。

8. （魏）阮籍著、陈伯君校注：《阮籍集校注》，中华书局1987年版。

9. （晋）郭象注、（唐）成玄英疏：《南华真经注疏》，中华书局1998年版。

10. （梁）释僧祐撰，苏晋仁、萧炼子校注：《出三藏记集》，中华书局2008年版。

11. （梁）僧祐撰：《弘明集》；（唐）道宣撰：《广弘明集》，上海古籍出版社1991年版。

12. （梁）刘勰著、范文澜注：《〈文心雕龙〉注》，人民文学出版社

1962年版。

13. （梁）慧皎撰、汤用彤校注：《高僧传》，中华书局1992年版。

14. （梁）钟嵘著、陈延杰注：《诗品注》，人民文学出版社1980年版。

15. （北朝）颜之推著、王利器撰：《颜氏家训集解》（增补本），中华书局2002年版。

16. （隋）陆德明：《经典释文·序》，四部丛刊初编。

17. （隋）陆法言：《切韵序》，载吴文祺、张世禄《中国历代语言学论文选注》，上海教育出版社1986年版。

18. （隋）彦琮：《辩正论》，载罗新璋：《翻译论集》，商务印书馆1984年版。

19. （唐）释道宣：《续高僧传》，载（梁）慧皎等：《高僧传合集》，上海古籍出版社1991年版。

20. （唐）道世撰，周叔伽、苏晋仁校：《法苑珠林校注》，中华书局2003年版。

21. （宋）赞宁著、范祥雍点校：《宋高僧传》，中华书局1987年版。

22. （清）郭庆藩撰、王孝鱼点校：《庄子集释》，中华书局2004年版。

23. （清）严可均校撰：《全上古三代秦汉三国六朝文》（全四册），中华书局1985年版。

（二）西方

24. *The Holy Bible*, King James Version, Random House, 1991.

25. Augustine, *Against Lying*（http://www.ccel.org/ccel/schaff/npnf103.html）.

26. Augustine, *Christian Doctrine*（http://www.ccel.org/ccel/schaff/npnf102.html）.

文中一律缩写为：CD

27. Augustine, *City of God*（http://www.ccel.org/ccel/schaff/npnf102.html）.

28. Augustine, *Harmony of the Gospels*（http://www.ccel.org/ccel/schaff/npnf106.html）.

29. Augustine, *Letter XXVIII*, *Letter LXXV*, *Letter LXXV*, (http://www.ccel.org/ccel/schaff/npnf101.html).

30. Augustine, *On the Holy Trinity* (http://www.ccel.org/ccel/schaff/npnf103.html).

31. Augustine, *On Lying* (http://www.ccel.org/ccel/schaff/npnf103.html).

32. Augustine, *Pslam LI*, 19, St. Augustine Exposition on the Book of Psalms (http://www.ccel.org/ccel/schaff/npnf108).

33. Augustine, *Soliloquia* (http://www.ccel.org/ccel/schaff/npnf107.html).

34. Augustine, *The Confessions* (http://www.ccel.org/ccel/schaff/npnf101.html).

35. Augustine, The Teacher, J. H. S. Burleign tr., *Augustine: Earlier Writings*, Louisville, Kentucky: Westminster John Knox Press, 1953, pp. 64–101.

36. Clement of Alexandria, *The Stromata, or Miscellanies* (http://www.ccel.org/ccel/schaff/anf02.html).

37. Eusebius, Bishop of Caesarea, *History of the Martyrs of Palestine*, Cureton, W. D. D. ed., London and Edinburgh: Williams and Norgate, 1932.

38. Jerome, *Commentary on Galatians*, 转引自 Denis Brown, *Vir Trilinguis: A Study in the Biblical Exegesis of Saint Jerome*, Kampen, The Netherlands: Kok Pharos Publishing House, 1992.

39. Jerome, *Commentary on Hosea* (http://www.ccel.org/ccel/schaff/npnf206).

40. Jerome, *Letter XXII*. To Eustochium.

41. Jerome, *Letter XXXIII*. To Paula.

42. Jerome, *Letter XXXVI*. To Pope Damasus.

43. Jerome, *Letter XLIII*. To Marcella.

44. Jerome, *Letter LII*. To Nepotian.

45. Jerome, *Letter LIII*. To Paulinus.

46. Jerome, *Letter LVII*. To Pammachius on the Best Method of Translating.

47. Jerome, *Letter LXI*. To Vigilantius.

48. Jerome, *Letter LXIX*. To Oceanus.

49. Jerome, *Letter LXX . To Magnus an Orator of Rome.*

50. Jerome, *LetterLXXX . From Rufinus to Macarius.*

51. Jerome, *Letter LXXXIV . To Pammachius and Oceanus.*

52. Jerome, *Letter CXXV : To Ruticus.*

53. Jerome, *Preface to Job.*

54. Jerome, *Preface to Micah.*

55. Jerome, *Preface to the Book of Hebrew Questions.*

56. Jerome, *Preface to the Book on Hebrew Names.*

57. Jerome, *Preface to the Book on the Sites and Names of Hebrew Places.*

58. Jerome, *Preface to the Books of Samuel and Kings.*

59. Jerome, *Preface to the Chronicle of Eusebius.*

60. Jerome, *Preface to the Commentary on Ecclesiastes.*

61. Jerome, *Preface to Tobit and Judith.*

62. Jerome, The Translator: *Preface to the Vulgate Version of the Pentateuch*, In Stefan Rebenich, *Jerome* , London: Routledge, 2002, pp. 102 – 104.

63. Jerome, *Preface to The Four Gospels.*

Jerome 著作除标明外一律出自 http://www.ccel.org/ccel/schaff/npnf 206。

64. Origen, *Commentary on John , Books 1 – 10* (http://www.ccel.org/ccel/schaff/anf09.html) .

第三章缩写为：CJ

65. Origen, *De Principiis* (http://www.ccel.org/ccel/schaff/anf04.html) .

66. Plotinus, *The Enneads*, Stephen MacKenna tr. , London: Faber and Faber Limited, 1969.

67. Rufinus, *The Apology of Rufinus* (http://www.ccel.org/ccel/schaff/npn203.html) .

68. SaintCyril, *Lecture V. Of Faith* (http://www.ccel.org/ccel/schaff/npnf206) .

69. Tertullian , *The Apology* (http://www.ccel.org/ccel/schaff/anf03) .

70. Tertullian, *The Shows* (http://www.ccel.org/ccel/schaff/anf03) .

71. Theodore of Mopsuestia, *Commentary on the Nicene Creed*, Alphonse

Mingana tr., Chapter 1 (http://www.tertullian.org/fathers/theodore_ of_ mopsuestia_ nicene_ 02_ text. htm).

以上 CCEL 电子出版物的对应印刷出版物为：Philip Schaff, *Nicene and Post - Nicene Fathers Series I*, *St. Augustine Volumes*, New York：The Christian Literature Publishing Co., 1890.

Philip Schaff, *Ante - Nicene Fathers* Vol. 1 - 10, New York：The Christian Literature Publishing Co., 1890.

（三）西方典籍的汉译本

72. ［古罗马］昆体良：《雄辩术原理》，载《昆体良教育论著选》，任钟印译，人民教育出版社 1989 年版。

73. ［古罗马］斐洛：《论凝思的生活》，石敏敏译，中国社会科学出版社 2004 年版。

74. ［古罗马］德尔图良：《护教篇》，涂世华译，上海三联书店 2007 年版。

75. ［古罗马］俄里根：《属灵的寓意——〈约翰福音〉注疏》（上、下），柳博赟译，华夏出版社 2010 年版。

76. ［古罗马］普罗提诺：《九章集》（上、下册），石敏敏译，中国社会科学出版社 2009 年版。

77. ［古罗马］纳西盎的格列高利：《神学讲演录》，石敏敏译，生活·读书·新知三联书店 2009 年版。

78. ［古罗马］尤西比乌：《教会史》，［美］保罗·L. 梅尔英译评注、瞿旭彤译，生活·读书·新知三联书店 2009 年版。

79. ［古罗马］奥古斯丁：《忏悔录》，周士良译，商务印书馆 2001 年版。

80. ［古罗马］奥古斯丁：《论基督教教义》，载《论灵魂及其起源》，石敏敏译，中国社会科学出版社 2004 年版。

81. ［古罗马］奥古斯丁：《论三位一体》，周伟驰译，上海人民出版社 2005 年版。

82. ［古罗马］奥古斯丁：《上帝之城》，王晓朝译，人民出版社 2007 年版。

83. [古罗马] 奥古斯丁：《道德论集》，石敏敏译，生活·读书·新知三联书店 2009 年版。

84. [古罗马] 奥古斯丁：《论信望爱》，许一新译，生活·读书·新知三联书店 2009 年版。

85. [古罗马] 奥古斯丁：《论四福音的和谐》，S. D. F. 萨蒙德英译、许一新译，生活·读书·新知三联书店 2010 年版。

二 研究论著

86. [美] 爱德华·萨丕尔：《语言论》，陆卓元译、陆志韦校订，商务印书馆 2005 年版。

87. [美] 奥尔森：《基督教神学思想史》，吴瑞诚、徐成德译，北京大学出版社 2003 年版。

88. [法] 布尔迪厄：《文化资本与社会炼金术：布尔迪厄访谈录》，包亚明译，上海人民出版社 1997 年版。

89. 曹虹：《慧远评传》，南京大学出版社 2002 年版。

90. 曹仕邦：《译场——中国古代翻译佛经严谨方式》（http：//ccbs. ntu. edu. tw/FULLTEXT/JR‐MAG/mag93507. htm）。

91. 曹仕邦：《中国佛教的译场组织与沙门的外学修养——大乘佛教奠基于东亚的两大要素》，《中华佛学学报》1999 年总第 12 期。

92. [美] 查尔斯·霍默·哈斯金斯：《12 世纪文艺复兴》，夏继果译，上海人民出版社 2005 年版。

93. 陈福康：《中国译学理论史稿》，上海外语教育出版社 1992 年版。

94. 陈琳、张春柏：《从玄奘与哲罗姆的比较看中西翻译思想之差异》，《外语研究》2006 年第 1 期。

95. 陈光磊、王俊衡：《中国修辞通史》（先秦两汉魏晋南北朝卷），吉林教育出版社 2001 年版。

96. 陈荣灼：《王弼解释学思想之特质》，载杨儒宾《中国经典诠释传统（三）：文学与道家经典篇》，华东师范大学出版社 2008 年版。

97. 陈望道：《修辞学发凡》，上海教育出版社 1997 年版。

98. 陈寅恪：《四声三问》，载《金明馆丛稿初编》，生活·读书·新知三联书店 2001 年版。

99. 陈允吉：《论佛偈及其翻译文体》，《复旦学报》（社会科学版）1992 年第 6 期。

100. 陈允吉：《佛教与中国文学论稿》，上海古籍出版社 2010 年版。

101. 褚潇白：《修辞之恶——论奥古斯丁〈忏悔录〉对修辞学的批评》，《文艺理论研究》2012 年第 4 期。

102. 褚孝泉：《语言科学探源》，上海外语教育出版社 2006 年版。

103. 范明生：《晚期希腊哲学和基督教神学：东西方文化的汇合》，上海人民出版社 1993 年版。

104. 范子烨：《中古文人生活研究》，山东教育出版社 2001 年版。

105. 方汉文：《比较文化学》，广西师范大学出版社 2003 年版。

106. 方汉文：《中国传统考据学与西方阐释学》，《安徽师范大学学报》（人文社会科学版）2003 年第 4 期。

107. 方立天：《慧远及其佛学》，中国人民大学出版社 1984 年版。

108. 方广锠：《道安评传》，昆仑出版社 2004 年版。

109. 方仪力：《西塞罗的翻译思想与修辞学的内在联系探讨》，《外语研究》2013 年第 3 期。

110. 冯浩菲：《中国训诂学》（上册），山东大学出版社 1995 年版。

111. 傅惠生：《我国的佛经译论体系》，《上海翻译》2010 年第 1 期。

112. 傅惠生：《〈汉英对照大中华文库〉英译文语言研究》，《外语教学理论与实践》2012 年第 3 期。

113. 傅有德：《犹太释经传统及思维方式探究》，《文史哲》2007 年第 6 期。

114. 高华平：《赞体的演变及其所受佛经影响探讨》，《文史哲》2008 年第 4 期。

115. 高峰枫：《奥利金论圣经三重义》，载《欧美文学论丛》2004 年。

116. 高峰枫：《早期基督教作家对圣经文体的辩护》，《国外文学》2008 年第 3 期。

117. 高人雄：《初译与再译的文学切磋——佛经传译中的胡汉文化合流二论》，《西域研究》2012 年第 2 期。

118. 葛兆光：《中国思想史》（导论：思想史的写法），复旦大学出版社 2001 年版。

119. 葛兆光：《中国思想史》（第一卷），复旦大学出版社 2001 年版。

120. 郭绍虞：《中国文学批评史》（上卷），百花文艺出版社 2001 年版。

121. 郭英杰、赵青：《鸠摩罗什和圣奥古斯丁翻译艺术比较》，《洛阳师范学院学报》2010 年第 6 期。

122. ［美］韩大伟：《西方经学史概论》，华东师范大学出版社 2012 年版。

123. 韩强：《王弼与中国文化》，贵州人民出版社 2001 年版。

124. ［德］汉斯·昆：《基督教大思想家》，包利民译，社会科学文献出版社 2001 年版。

125. 何佩智：《德尔图良》，载叶秀山、傅乐安编《西方著名哲学家评传》（第 2 卷），山东人民出版社 1984 年版。

126. 何锡蓉：《佛学与中国哲学的双向构建》，上海社会科学院出版社 2004 年版。

127. 洪顺隆：《由〈文心雕龙·宗经〉论经学与文学的关系》，载中国《文心雕龙》学会编《〈文心雕龙〉研究》（第二辑），北京大学出版社 1996 年版。

128. 侯传文：《佛经的文学性解读》，中华书局 2004 年版。

129. 侯外庐等：《中国思想通史》（第二卷），人民出版社 1980 年版。

130. 胡庚申：《翻译适应选择论》，湖北教育出版社 2004 年版。

131. 胡龙彪：《拉丁教父波爱修斯》，商务印书馆 2006 年版。

132. 胡奇光：《中国小学史》，上海人民出版社 1987 年版。

133. 胡适：《白话文学史》，东方出版社 1996 年版。

134. ［美］胡斯都·L.冈察雷斯：《基督教思想史》，陈泽民译，金陵协和神学院 2002 年版。

135. 黄宝生：《佛经翻译文质论》，《文学遗产》1994 年第 6 期。

136. 季羡林：《季羡林谈佛》，当代中国出版社 2007 年版。

137. 贾奋然：《〈文心雕龙〉"言意之辨"论》，《中国文学研究》2000 年第 1 期。

138. 姜广辉主编：《中国经学思想史》（第一卷），中国社会科学出版社 2003 年版。

139. 姜哲：《中西方诠释学比较研究——汉代经学阐释学的基本概念及其生存论意义》，博士学位论文，复旦大学，2011年。

140. 蒋述卓：《佛经传译与中古文学思潮》，江西人民出版社1993年版。

141. 蒋哲杰：《〈文心雕龙〉的言语行为思想》，《华北水利水电学院学报》（社科版）2011年第1期。

142. 蒋哲杰：《道安"五失本"本义考》，《宗教学研究》2011年第4期。

143. 蒋哲杰：《从文化会通看王弼的"得意忘言"与奥利金的"寓意解经"》，《理论月刊》2013年第4期。

144. 蒋哲杰：《文学翻译用意译，宗教翻译用直译？——哲罗姆翻译观之辨析》，《解放军外国语学院学报》2013年第5期。

145. 蒋哲杰：《从解经到译经：论道安之于中国翻译研究的萌芽意义》，《法音》2014年第4期。

146. 蒋哲杰：《从道安与奥利金的文献研究看中西翻译理论的萌芽》，《西安外国语大学学报》2014年第5期。

147. 蒋哲杰：《佛经汉译文质问题的再思考》，香港《翻译季刊》（*Translation Quarterly*）2015年第2期。

148. 焦桂美：《南北朝经学史》，博士学位论文，山东大学，2006年。

149. 金克木：《梵竺庐集（丙）·梵佛探》，江西教育出版社1999年版。

150. ［英］凯利：《早期基督教教义》，康来昌译，中华福音神学院1984年版。

151. 孔慧怡：《重写翻译史》，香港中文大学翻译研究中心2005年版。

152. 黎新农：《浅谈安提阿学派及其解经法》，《金陵神学志》2005年第1期。

153. 李大伟：《佛音缭绕的六朝文学》，博士学位论文，山东大学，2009年。

154. 李岗：《基督教释经学与中国训诂学的几点比较》，《宗教学研究》2005 年第 3 期。

155. 李素洁：《道安疑伪经判别标准研究》，硕士学位论文，上海师范大学，2007 年。

156. 李蹊：《骈文的发生学研究：以人的觉醒为中心之考察》，河北大学出版社 2005 年版。

157. 李奭学：《中国晚明与欧洲文学：明末耶稣会古典型证道故事考诠》，生活·读书·新知三联书店 2010 年版。

158. 李小川：《论哲罗姆的翻译思想——〈致帕玛丘信〉解读》，《中国科技翻译》2011 年第 4 期。

159. 李勇：《耶路撒冷与雅典之争：奥利金〈约翰福音释义〉中两希文化的融合》，博士学位论文，山东大学，2010 年。

160. 李志强：《先秦和古希腊的语言观研究》，学苑出版社 2008 年版。

161. [美] 兰姆：《基督教释经学》，詹正义译，美国活泉出版社 1983 年版。

162. 梁启超：《清代学术概论》，东方出版社 1996 年版。

163. 梁启超：《翻译文学与佛典》，载《梁启超全集》，北京出版社 1999 年版。

164. 梁启超：《佛学研究十八篇》，上海古籍出版社 2001 年版。

165. 梁漱溟：《东西文化及其哲学》，上海人民出版社 2006 年版。

166. 梁晓虹等：《佛经音义与汉语词汇研究》，商务印书馆 2005 年版。

167. 凌继尧：《希腊化和罗马美学思想的演进》，《东南大学学报》（哲学社会科学版）2002 年第 5 期。

168. 林荣洪：《基督教神学发展史》（一），中国神学研究院 1990 年版。

169. 刘化兵：《陆九渊"六经注我，我注六经"本义辨析》，《中国文学研究》2008 年第 2 期。

170. 刘剑锋：《论早期中土佛教解经学的转向》，《兰州学刊》2005 年第 5 期。

171. 刘军平：《西方翻译理论通史》，武汉大学出版社 2010 年版。

172. 刘宓庆：《中西翻译思想比较研究》，中国对外翻译出版公司 2005 年版。

173. 刘师培：《中国中古文学史 论文杂记》，人民文学出版社 1984 年版。

174. 刘卫宁：《两晋南北朝儒经义疏研究》，博士学位论文，暨南大学，2008 年。

175. 刘卫宁：《儒经义疏名义、体式考正》，《社会科学论坛》2008 年第 4 期。

176. 刘象愚：《经典、经典性和关于经典的论争》，《中国比较文学》2006 年第 2 期。

177. 刘亚猛：《西方修辞学史》，外语教学与研究出版社 2008 年版。

178. 刘泽亮：《宗说俱通——佛教语言观》，宗教文化出版社 2007 年版。

179. 鲁迅：《中国小说史略》，上海古籍出版社 2001 年版。

180. 鲁迅：《魏晋风度及文章与药及酒之关系》，载《鲁迅全集》（第三卷），人民文学出版社 2005 年版。

181. 罗根泽：《中国文学批评史》，上海书店出版社 2003 年版。

182. 罗宗强：《玄学与魏晋士人心态》，浙江人民出版社 1991 年版。

183. 罗宗强：《魏晋南北朝文学思想史》，中华书局 1996 年版。

184. 吕澂：《中国佛学源流略讲》，中华书局 1979 年版。

185. 陆扬：《欧洲中世纪诗学》，上海社会科学院出版社 2000 年版。

186. 陆扬：《解读〈鸠摩罗什传〉：兼谈中国早期佛教文化与史学》，载《中国学术》（第 23 辑），商务印书馆 2006 年版。

187. ［英］罗·亨·罗宾斯：《普通语言学概论》，李振麟、胡伟民译，上海译文出版社 1980 年版。

188. ［英］R.H. 罗宾斯：《简明语言学史》，许德宝等译，中国社会科学出版社 1997 年版。

189. 罗新璋：《文虽左右，旨不违中——读鸠摩罗什译籍》，《中国翻译》1997 年第 6 期。

190. 马丽：《论鸠摩罗什的佛典翻译及其历史贡献》，硕士学位论文，东北师范大学，2002 年。

191. 马祖毅等：《中国翻译通史》（古代部分全卷），湖北教育出版社 2006 年版。

192. ［英］麦克斯·缪勒：《宗教的起源与发展》，金泽译，上海人民出版社 1989 年版。

193. 孟凡君：《论西方译学发展的文化传统——兼论中国译学对西方译学的借鉴和吸收》，《中国翻译》2005 年第 5 期。

194. 缪朗山：《西方文艺理论史纲》，中国人民大学出版社 1986 年版。

195. 牟润孙：《论儒释两家之讲经与义疏》，载《注史斋丛稿》，中华书局 1987 年版。

196. 牟世金：《〈文心雕龙〉译注》，齐鲁书社 1980 年版。

197. 潘德荣：《文字与解释——训诂学与诠释学比较》，《学术月刊》1996 年第 2 期。

198. 潘德荣：《从神迹到智慧——诠释学探源》，《世界哲学》2006 年第 3 期。

199. 潘德荣：《从叙事到隐喻：斐洛的诠释思想》，《安徽师范大学学报》（人文社会科学版）2006 年第 5 期。

200. 潘文国：《汉英语对比纲要》，北京语言大学出版社 2001 年版。

201. 潘文国：《中国译论与中国话语》，《外语教学理论与实践》2012 年第 1 期，第 6 页。

202. 潘文国：《作为文化史的语言研究——英汉语的语言研究史对比》，载《英汉对比与翻译》（2012），上海外语教育出版社 2012 年版。

203. 彭公璞：《简论汉唐经学中的语言哲学思想》，《武汉大学学报》（人文科学版）2008 年第 6 期。

204. 钱锺书：《全晋文卷一五八·翻译术开宗明义》，载《管锥编》（补订重排本第四册），生活·读书·新知三联书店 2001 年版。

205. 饶宗颐：《华梵经疏体例同异析疑》，载《梵学集》，上海古籍出版社 1993 年版。

206. 任继愈：《中国佛教史》（第一册），中国社会科学出版社 1981 年版。

207. 任继愈：《中国佛教史》（第二册），中国社会科学出版社 1985

年版。

208. 任继愈：《中国佛教史》（第三册），中国社会科学出版社 1988 年版。

209. 任继愈：《中国哲学史》（二）（修订版），人民出版社 2003 年版。

210. 尚永琪：《六朝义疏的产生问题考略》，载《中国典籍与文化》编辑部《中国典籍与文化论丛》（第六辑），中华书局 2000 年版。

211. 尚永琪：《3—6 世纪佛教传播背景下的北方社会群体研究》，博士学位论文，吉林大学，2006 年。

212. 尚永琪：《鸠摩罗什》，云南教育出版社 2009 年版。

213. 邵春驹：《魏晋南北朝游集文化研究》，博士学位论文，扬州大学，2012 年。

214. 申小龙：《佛教文化与中国语文传统的理论与方法》，《汉字文化》1995 年第 3 期。

215. 申屠炉明：《南北朝儒家经学义疏三论》，《江苏社会科学》2001 年第 4 期。

216. ［美］施文娟：《西方文化教育谬误之源——从修辞与讽刺的历史演变谈起》，吴晖译，江西教育出版社 2004 年版。

217. 时空：《中国佛教寺院的讲经仪式》，《华夏文化》1994 年增刊第 1 期。

218. 孙宝玲：《圣经诠释的意义和实践》，香港建道基金会 2008 年版。

219. 孙昌武：《佛教与中国文学》（第 2 版），上海人民出版社 2007 年版。

220. 孙昌武：《佛教写经、刻经与中国书法艺术》，《文学与文化》2010 年第 1 期。

221. 孙洪山：《道安与哲罗姆翻译思想同质现象考辨》，《黑河学刊》2010 年第 8 期。

222. 孙尚勇：《经学章句与佛经及汉魏六朝文学理论》，《西北大学学报》（哲学社会科学版）2009 年第 7 期。

223. 谭载喜：《中西译论的相似性》，《中国翻译》1999 年第 6 期。

224. 谭载喜：《中西译论的相异性》，《中国翻译》2000年第1期。

225. 谭载喜：《西方翻译简史》（增订版），商务印书馆2004年版。

226. 唐秀莲：《僧肇的佛学理解与格义佛教》，宗教文化出版社2010年版。

227. 汤用彤：《汤用彤全集（第一卷）：汉魏两晋南北朝佛教史》，河北人民出版社2000年版。

228. 汤用彤：《汤用彤全集（第二卷）：隋唐佛教史稿》，河北人民出版社1996年版。

229. 田永胜：《论王弼易学与易传的关系》，《人文杂志》1999年第3期。

230. 田永胜：《王弼思想与诠释文本》，光明日报出版社2003年版。

231. ［德］瓦格纳：《王弼〈老子注〉研究》，杨立华译，江苏人民出版社2008年版。

232. 汪东萍、傅勇林：《从头说起：佛经翻译"文质"概念的出处、演变和厘定》，《外语与外语教学》2010年第4期。

233. 汪东萍：《佛典汉译传统研究——从支谦到玄奘》，博士学位论文，华东师范大学，2012年。

234. 王宝利：《再论章句到章句之学》，《社会科学论坛》2007年第8期下。

235. 王宝利：《章句之学衰落原因新探》，《湖北社会科学》2007年第10期。

236. 王葆玹：《今古文经学新论》，中国社会科学出版社1997年版。

237. 王洪军：《中古时期儒释道整合研究》，天津人民出版社2008年版。

238. 王宏印：《中国传统译论诠释——从道安到傅雷》，湖北教育出版社2003年版。

239. 王宏志：《一本〈晚清翻译史〉的构思》，《中国比较文学》2001年第2期。

240. 王焕生：《古罗马文学史》，人民文学出版社2006年版。

241. 王力：《中国语言学史》，复旦大学出版社2006年版。

242. 王军：《哲罗姆论翻译——〈致帕玛丘信〉解读》，《湘南学院学报》2007 年第 2 期。

243. 王克非：《翻译文化史论》，上海外语教育出版社 1997 年版。

244. 王铁钧：《中国佛教翻译史稿》，中央编译出版社 2006 年版。

245. 王启涛：《魏晋南北朝语言学史论考》，巴蜀书社 2001 年版。

246. 王文颜：《佛典汉译之研究》，（台湾）台北天华出版事业股份有限公司 1984 年版。

247. 王文颜：《佛典重译经研究与考录》，（台湾）台北文史哲出版社 1993 年版。

248. 王文颜：《佛典疑伪经研究与考录》，（台湾）台北文津出版社 1997 年版。

249. 王晓朝：《基督教与帝国文化——关于罗马护教论与中国护教论的比较研究》，东方出版社 1997 年版。

250. 王晓朝：《信仰与理性：古代基督教教父思想家评传》，东方出版社 2001 年版。

251. 王晓朝：《教父学研究：文化视野下的教父哲学》，河北大学出版社 2003 年版。

252. 王晓朝：《奥古斯丁对基督教释经学的重要贡献》，载《圣经文学研究》（第 3 辑），2009 年。

253. 王晓毅：《魏晋言意之辨的形成及其意义》，《山东社会科学》1989 年第 5 期。

254. 王晓元：《翻译话语与意识形态：中国 1895—1911 年文学翻译研究》，博士学位论文，香港岭南大学，2006 年。

255. 王燕：《魏晋南北朝训诂与"三教"互促发展研究》，硕士学位论文，曲阜师范大学，2008 年。

256. 王运熙：《〈文心雕龙〉探索》，上海古籍出版社 2005 年版。

257. 王钟陵：《中国中古诗歌史——四百年民族心灵的展示》，人民出版社 2005 年版。

258. ［德］威廉·冯·洪堡特：《论人类语言结构的差异及其对人类精神发展的影响》，姚小平译，商务印书馆 2004 年版。

259. 温司卡：《斐罗的解经思想及其传统》，载陈村富《宗教与文化——早期基督教与教父哲学研究》，东方出版社 2001 年版。

260. 吴承学、何诗海：《从章句之学到文章之学》，《文学评论》2008 年第 5 期。

261. 夏登山、邵有学：《论翻译思想史的研究对象与撰写方法》，《外国语》2011 年第 1 期。

262. 萧华荣：《雄辩术与古文论——古希腊与先秦的比较》，《文艺理论研究》1987 年第 5 期。

263. 萧华荣：《中国古典诗学理论史》（修订版），华东师范大学出版社 2005 年版。

264. 解兴华：《"本"的意义——试论释道安的佛学思想》，《江淮论坛》2010 年第 3 期。

265. [加] 谢大卫：《圣书的子民：基督教的特质和文本传统》，李毅译，中国人民大学出版社 2005 年版。

266. 谢天振：《译介学》，上海外语教育出版社 1999 年版。

267. 谢天振等：《中西翻译简史》，外语教学与研究出版社 2009 年版。

268. 徐时仪等：《佛经音义研究通论》，凤凰出版社 2009 年版。

269. 许道勋、徐洪兴：《中国经学史》，上海人民出版社 2006 年版。

270. 许抗生：《僧肇评传》，南京大学出版社 1998 年版。

271. [荷] 许理和：《佛教征服中国：佛教在中国中古早期的传播与适应》，李四龙、裴勇等译，江苏人民出版社 2005 年版。

272. 许志伟：《基督教神学思想导论》，中国社会科学出版社 2001 年版。

273. 杨恒：《〈世说新语〉所涉僧人、名士交游研究》，硕士学位论文，青海师范大学，2009 年。

274. 杨慧林、黄晋凯：《欧洲中世纪文学史》，译林出版社 2001 年版。

275. 杨鉴生：《王弼及其文学研究》，博士学位论文，复旦大学，2004 年。

276. 杨乃乔：《悖立与整合——东方儒道与西方诗学的本体论、语言论比较》，文化艺术出版社 1998 年版。

277. 杨乃乔：《经学与儒家诗学——从语言论透视儒家在经典文本上

的"立言"》,《中国社会科学》1995 年第 6 期。

278. 姚小平:《17—19 世纪的德国语言学与中国语言学》,外语教学与研究出版社 2001 年版。

279. 印顺:《初期大乘佛教之起源与开展》(上、下),中华书局 2009 年版。

280. 游汝杰:《中国文化语言学引论》(修订版),上海辞书出版社 2003 年版。

281. 余敦康:《魏晋玄学史》,北京大学出版社 2004 年版。

282. 余嘉锡:《世说新语笺疏》,中华书局 1983 年版。

283. 余淑慧:《中古译场的翻译与政治——以道安译论之转变为例》,台湾《编译论丛》,2010 年第 3 期。

284. 俞理明:《佛经文献语言》,巴蜀书社 1993 年版。

285. 俞允海、潘国英:《中外语言学史的对比与研究》,上海三联书店 2007 年版。

286. 袁柯:《公元 379 年的道安僧团与中国化佛教》,硕士学位论文,西南大学,2009 年。

287. 臧要科:《三玄与诠释——诠释学视域下的魏晋玄学研究》,河南大学出版社 2009 年版。

288. 章雪富:《基督教的柏拉图主义:亚历山大里亚学派的逻各斯基督论》,上海人民出版社 2001 年版。

289. 章雪富、石敏敏:《早期基督教的演变及多元传统》,社会科学文献出版社 2003 年版。

290. 章雪富:《圣经和希腊主义的双重视野:奥利金其人及神学思想》,中国社会科学出版社 2004 年版。

291. 章雪富:《希腊哲学的 Being 和早期基督教的上帝观》,中国社会科学出版社 2005 年版。

292. 张伯伟:《中国古代文学批评方法研究》,中华书局 2002 年版。

293. 张伯伟:《佛经科判与初唐文学理论》,《文学遗产》2004 年第 1 期。

294. 张春柏、吴波:《从佛经与圣经翻译看中西方翻译传统的相似性》,《上海翻译》2005 年第 2 期。

295. 张春柏、陈舒：《从"文质之争"看佛经翻译的传统》，《国外外语教学》2006年第1期。

296. 张德让：《翻译会通研究——从徐光启到严复》，博士学位论文，华东师范大学，2010年。

297. 张箭：《三武一宗灭佛研究》，博士学位论文，四川大学，2001年。

298. 张静：《重审"小学"性质的语言学与语文学之争》，《黄山学院学报》2006年第6期。

299. 张立新：《神圣的寓意：〈诗经〉与〈圣经〉比较研究》，云南大学出版社1999年版。

300. 张隆溪：《经典在阐释学上的意义》，载黄俊杰编《中国经典诠释传统》（一　通论篇），华东师范大学出版社2008年版。

301. 赵敦华：《基督教哲学1500年》，中国社会科学出版社1994年版。

302. 赵敦华：《西方哲学简史》，北京大学出版社2002年版。

303. 赵怀俊：《走向神坛之路——古希腊至中世纪文论转向规律探：斐洛与普罗提诺》，博士学位论文，上海师范大学，2006年。

304. 钟涛：《六朝骈文形式与其文化意蕴》，东方出版社1997年版。

305. 周光庆：《王弼的〈老子〉解释方法论》，《中国社会科学》1998年第3期。

306. 周光庆：《中国古典解释学导论》，中华书局2002年版。

307. 周生杰：《合本子注疏论》，《浙江师范大学学报》（社会科学版）2006年第2期。

308. 周伟驰：《记忆与光照——奥古斯丁神哲学研究》，社会科学文献出版社2001年版。

309. 周裕锴：《中国佛教阐释学研究：佛经的汉译》，《四川大学学报》（哲学社会科学版）2002年第3期。

310. 周振甫：《〈文心雕龙〉今译》，中华书局1986年版。

311. 邹燕凌：《略论梵呗》，《宗教学研究》2005年第1期。

312. 邹振环：《西方传教士与晚清西史东渐：以1815至1900年西方历史译著的传播与影响为中心》，上海古籍出版社2007年版。

313. 邹振环：《晚明汉文西学经典：编译、诠释、流传与影响》，复旦大学出版社 2011 年版。

314. 朱光潜：《西方美学史》，人民文学出版社 2002 年版。

315. 朱庆之：《佛教汉语研究》，商务印书馆 2009 年版。

316. 朱志瑜：《论中国佛经翻译理论：文质说》，《翻译季刊》1998 年第 8、9 期。

317. 朱志瑜、朱晓农：《中国佛籍译论选辑评注》，清华大学出版社 2006 年版。

318. 朱志瑜：《释道安翻译思想辨析》，载王宏志《翻译史研究》（第一辑），复旦大学出版社 2011 年版。

319. 朱自清：《经典常谈》，生活·读书·新知三联书店 1980 年版。

320. Ackroyd, P. R. & Evans, C. F, *The Cambridge History of the Bible* (Vol. 1), Cambridge: Cambridge University Press, 1970.

321. Allan, Keith, *The Western Classical Tradition in Linguistics*, UK: Equinox Publishing Ltd., 2007.

322. Anderson, Graham. *The Second Sophistic: A Cultural Phenomenon*, London and New York: Routledge, 1993.

323. Aune, David E. Prolegomena to the Study of Oral Tradition in Hellenistic World, In Henry, Wansbrough ed., *Jesus and the Oral Gospel Tradition*, London/New York: T&T Clark International, 2004.

324. Bonner, Stanley F, *Education in Ancient Rome: From the Elder Cato to the Younger Pliny*, London and New York: Routledge, 2012.

325. Brown, Denis, *Vir Trilinguis: A Study in the Biblical Exegesis of Saint Jerome*, Kampen, The Netherlands: Kok Pharos Publishing House, 1992.

326. Burton, Philip, *The Old Latin Gospels: A Study of their Texts and Language*, New York: Oxford University Press, 2000.

327. Burton, Philip, *Language in the Confessions of Augustine*, New York: Oxford University Press, 2007.

328. Cheung, Martha P. Y, *An Anthology of Chinese Discourse on Translation*, Shanghai: Shanghai Foreign Language Education Press, 2010.

329. Chin, Catherine, *Grammar and Christianity in the Late Roman*

World, Philadelphia: University of Pennsylvania Press, 2008.

330. Clarke, M. L, *Rhetoric at Rome: A Historical Survey*, London & New York: Routledge, 1996.

331. Colish, Marcia L, *The Stoic Tradition from antiquity to the Early Middle Ages II: Stoicism in Christian Latin Thought through the Sixth Century*, Leiden: Brill, 1985.

332. Copeland, Rita, *Rhetoric, Hermeneutics and Translation in the Middle Ages*, Cambridge: Cambridge University Press, 1991.

333. Delisle, Jean & Judith, Woodsworth, *Translators Through History*, Philadelphia: John Benjamins, 1995.

334. Dines, Jennifer. Jerome and the Hexapla: the Witness of the Commentary on Amos, In Alison Salvesen ed.. *Origen's Hexapla and Fragment*, Tubingen: Mohr Siebeck, 1998.

335. Dulles, Avery Cardinal, *A History of Apologetics*, San Francisco: Ignatius Press, 2005.

336. Fox, R. L. Literacy and Power in Early Christianity, In Bowman, A. K. & Woolf, Greg, *Literacy and Power in the Ancient World*, Cambridge: Cambridge University Press, 1996.

337. Gamble, Harry, *Books and Readers in the Early Church : a History of Early Christian Texts*, New Haven: Yale University Press, 1995.

338. Gerhardsson, Birger, *Memory and Manuscript: Oral Tradition and Written Transmission in Rabbinic Judaism and Early Christianity*, E. J. Sharpe tr., Grand Rapids: William B. Eerdmans Publishing, 1998.

339. Grafton, Anthony & Williams, Megan, *Christianity and the Transformation of the Book: Origen, Eusebius, and the Library of Caesarea*, Cambridge et al.: The Belknap Press of Harvard University Press, 2006.

340. Graves, Michael, *Jerome's Hebrew Philology: a Study Based on his Commentary on Jeremiah: A Study Based on His Commentary on Jeremiah*, Leiden, Boston: Brill, 2007.

341. Hatch, Edwin, *The Influence of Greek Ideas on Christianity*, New York: Harper Brothers, 1957.

342. Hauser, Allen & Watson, Duane, *A History of Biblical Interpretation* (Vol. 1), Michigan: W. B. Eerdmans Publishing Co., 2009.

343. Henderson, John, *Scripture, Canon and Commentary: A Comparison of Confucian and Western Exegesis*, Princeton, N. J: Princeton University Press, 1991.

344. Horbury, William, *Jews and Christians in Contact and Controversy*, Edinburgh: T&T Clark Ltd., 1998.

345. Irvine, Martin, *The Making of Textual Culture: Grammatica and Literary Theory*, 350 – 1100, Cambridge/New York: Cambridge University Press, 1994.

346. Jaeger, Werner Wilhelm, *Early Christianity and Greek Paideia*, Cambridge: Belknap Press of Harvard University Press, 1985.

347. Jenkins, R. G. Observations on the First Two Columns of the Hexapla, In Salvesen, Alison. *Origen's Hexapla and Fragments*, Tubingen: Mohr Siebeck, 1998.

348. Kelly, L. G. Linguistics and Translation in Saint Augustine, In *The Bible Translator* (Vol. 24), 1973.

349. Kelly, L. G, *The True Interpreter: a History of Translation Theory and Practice in the West*, New York: St. Martin's Press, 1979.

350. Kelly, L. G, Latin Tradition, In Baker, Mona. *Routledge Encyclopedia of Translation Studies*, London and New York: Routledge, 2001.

351. Kennedy, George, *Classical Rhetoric and its Christian and Secular Tradition from Ancient to Modern Times*, Chapel Hill: The University of North Carolina Press, 1980.

352. Kennedy, George, *A New History of Classical Rhetoric*, Princeton, New Jersey: Princeton University Press, 1994.

353. Kraus, Matthew Aaron, *Jerome's Translation of the Book of Exodus Iuxta Hebraeos in Relation to Classical, Christian, and Jewish Traditions of Interpretation*, University of Michigan, Ph. D. Dissertation, 1996.

354. Lampe, G. W. H, *The Cambridge History of the Bible* (Vol. 2), Cambridge: Cambridge University Press, 1969.

355. Law, Vivien, *Grammar and Grammarians in the Early Middle Ages*, London & New York: Addison Wesley Longman Limited, 1997.

356. Law, Vivien, *The History of Linguistics in Europe from Plato to* 1600, Cambridge: Cambridge University Press, 2003.

357. Lefevere, Andre. Chinese and Western Thinking on Translation, In Bassnett, Susan & Lefevere, Andre, *Constructing Cultures: Essays on Literary Translation*, Shanghai: Shanghai Foreign Language Education Press, 2005.

358. Lefevere, Andre & Bassnett, Susan. Where are we in Translation Studies, In Bassnett, Susan & Lefevere, Andre, *Constructing Cultures: Essays on Literary Translation*, Shanghai: Shanghai Foreign Language Education Press, 2005.

359. Longenecker, R. N. Biblical Exegesis in the Apostolic Period, Grand Rapids, Michigan: William B. Eerdmans Publishing Company, 1983.

360. Marrow, H. I, *A History of Education in Antiquity*, Wisconsin: University of Wisconsin Press, 1982.

361. Mathew, Martin J, *Origen's Theory of Language and the First Two Columns of the Hexapla*, In The Harvard Theological Review, Vol. 97, No. 1. 2004 (1).

362. Morgan, Edward, *The Incarnation of the Word: the Theology of Language of Augustine of Hippo*, London: T&T Clark International, 2010.

363. Munday, Jeremy, *Introducing Translation Studies: Theories and Applications*, Routledge, 2008.

364. Mutschler, Fritz-Heiner & Mittag, Achim. *Conceiving the Empire: China and Rome Compared*, Oxford: Oxford University Press, 2008.

365. Newmark, Peter, *Approaches to Translation*, Shanghai: Shanghai Foreign Education Press, 2001.

366. Pym, Anthony, *Method in Translation History*, Beijing: Foreign Language Teaching and Research Press, 2007.

367. Raby, F. J. E, *A History of Christian-Latin Poetry: From the Beginnings to the Close of the Middle Ages*, London: Oxford at the Clarendon Press,

1966.

368. Rebenich, Stefan, *Jerome*, London: Routledge, 2002.

369. Reynolds, L. D. & Wilson, N. G, *Scribes and Scholars: A Guide to the Transmission of Greek and Latin Literature*, Oxford: Oxford University Press, 2013.

370. Robinson, Douglas, *The Translator's Turn*, Baltimore and London: The John Hopkins University Press, 1991.

371. Robinson, Douglas, *Western Translation Theory: From Herodotus to Nietzsche*, Beijing: Foreign Language Teaching and Research Press, 2006.

372. Simonetti, Manlio. Hughes, John tr, *Biblical Interpretation in the Early Church: An Historical Introduction to Patristic Exegesis*, Edinburgh: T&T Clark Ltd., 1994.

373. Stanley, Christopher. The Social Environment of "Free" Biblical Quotations in the New Testament, In Evans, Craig A. & Sanders, James A. *Early Christian Interpretation of the Scriptures of Israel: Investigations and Proposals*, Sheffield, England: Sheffield Academic Press Ltd.

374. Steiner, George, *After Babel: Aspects of Language and Translation* (Third Edition), Shanghai: Shanghai Foreign Language Education Press, 2001.

375. Stemberger, Gunter. Exegetical Contacts between Christians and Jews in the Roman Empire, Saebo, Magne ed., *Hebrew Bible Old Testament: The History of Its Interpretation*, Gottingen: Vandenhoeck und Ruprecht, 1996.

376. Stewart-Sykes, Alistair, *From Prophecy to Preaching: a Search for the Origins of the Christian Homily*, Leiden et al.: Brill, 2001.

377. Stump, Eleonore & Kretzmann, Norman, *The Cambridge Companion to Augustine*, Cambridge: The Cambridge University Press, 2003.

378. Venuti, Lawrence, *The Translator's Invisibility: A History of Translation*, Shanghai: Shanghai Foreign Language Education Press, 2004.

379. Willams, James. D, *An Introduction to Classical Rhetoric: Essential Readings*, West Sussex, UK: Wiley-Blackwell, 2009.

380. Williams, Megan Hale, *The Monk and the Book: Jerome and the Mak-

ing of Christian Scholarship, Chicago and London: The University of Chicago Press, 2006.

381. Young, Frances M, *Biblical Exegesis and the Formation of Christian Culture*, Cambridge: Cambridge University Press, 2007.

382. Young, Frances et al., *The Cambridge History of Early Christian Literature*, Cambridge: Cambridge University Press, 2008.

西文人名与书名对照

西文人名对照

阿奎拉（锡诺普的阿奎拉）（Aquila of Sinope 约 2 世纪）

阿普列尤斯（Lucius Apuleius Madaurensis 约 124—170）

阿塔纳修（Athanasius of Alexandria 约 296/298—373）

安布罗斯（Saint Ambrose/Aurelius Ambrosius 约 340—397）

安德罗尼斯（Livius Andronicus 公元前 284—前 204）

奥古斯丁（Augustine of Hippo/Aurelius Augustinus Hipponensis 354—430）

奥利金（Origen/Origen Adamantius 184/185—253/254）

奥维德（Ovid/Publius Ovidius Naso 公元前 43—公元 17/18）

巴西尔（卡萨里亚的巴西尔）（Basil of Caesarea/Saint Basil the Great 329/330—379）

保罗（Paul the Apostle 5—67）

波埃修斯（Boethius/Anicius Manlius Severinus Boethius 约 480—524）

查士丁尼（Justinian I/ Flavius Petrus Sabbatius Justinianus Augustus 约 482—565）

达马苏一世（Pope Damasus I 约 305—384）

戴奥米底斯（Diomedes Grammanticus 约 4 世纪末）

俄耳甫斯（Orpheus 前 8—前 6 世纪）

恩德勒其乌斯（Syverus Sanctus Endelechius 4—5 世纪之交）

斐洛（Philo of Alexandria/Philo Judaeus 约公元前 25—公元 50）

富尔根蒂（Fabius Planciades Fulgentius 约 5 世纪末—6 世纪初）

弗隆托（Fronto/ Marcus Cornelius Fronto 约 100—170）

格列高利（尼斯的格列高利）（Gregory of Nyssa/Gregory Nyssen 约 335—395）

格列高利（纳西盎的格列高利）（Gregory of Nazianzus 约 329—390）

贺拉斯（Horace/ Quintus Horatius Flaccus 公元前 65—前 8）

赫西俄德（Hesiod/ Hēsíodos 约前 750—前 650）

克莱门（Clement of Alexandria/ Titus Flavius Clemens 约 150—215）

克里索斯托（John Chrysostom 约 349—407）

昆尼乌斯（Quinius Ennius 前 239—前 169）

昆体良（Marcus Fabius Quintilianus 约 35—约 100）

利巴努斯（Libanius/Libanios 约 314—392/393）

朗基努斯（Longinus 约 1—3 世纪）

马可·奥列留（Marcus Aurelius Antoninus Augustus 121—180）

马可比乌斯（Macrobius Ambrosius Theodosius 约 5 世纪早期）

马西昂（Marcion of Sinope 约 85—约 160）

涅维乌斯（Gnaeus Naevius 前 270—前 200）

潘代努斯（Pantaenus the Philosopher 2 世纪）

普劳图斯（Titus Maccius Plautus 约前 254—前 184）

普鲁但修（Aurelius Clemens Prudentius 348—约 413）

普罗提诺（Plotinus 204/205—270）

萨鲁斯特（Sallust/ Gaius Sallustius Crispus 前 86—约前 35）

塞尔维斯（Maurus Servius Honoratus 4 世纪末—5 世纪初）

斯拉克斯（Dionysius Thrax 约前 170—前 90）

泰伦斯（Terence/ Publius Terentius Afer 约前 195/185—约 159）

特尔图良（Tertullian/Quintus Septimius Florens Tertullianus 约 155—240）

维吉尔（Virgil/Vergil/Publius Vergilius Maro 前 70—前 19）

西奥多（摩普绥提亚的西奥多）（Theodore of Mopsuestia 约 350—428）

西奥多罗（Theodotion 约公元 200）

西奥多勒（Theodoret of Cyrus 393—458/466）

西奥菲勒（安提阿的西奥菲勒）（Theophilus of Antioch ？—183/185）

西里尔（Cyril of Jerusalem 约 313—386）

西马库斯（伊比奥尼的西马库斯）（Symmachus the Ebionite 约 2 世纪末）

西塞罗（Marcus Tullius Cicero/Tully 前 106—前 43）

希勒尔（Hillel HaGadol 前 110—公元 10）

伊索（Aesop/Aisōpos 约前 620—前 564）

以实玛利（Ishmael ben Elisha 90—135）

以利泽（Eliezer ben Jose 约 100—200）

尤斯塔修斯（Eustathius of Antioch 生卒不详）

尤西比乌（Eusebius of Caesarea 260/265—339/340）

尤西比乌（埃梅沙的尤西比乌）（Eusebius of Emesa 约 300—360）

哲罗姆（Jerome/ Eusebius Sophronius Hieronymus 347—420）

西文书名对照

《埃涅阿斯纪》（*The Aeneid*）

《巴勒斯坦殉道传》（*History of the Martyrs of Palestine*）

《沉思录》（*Meditations*）

《读写技巧》（*Art of Grammar / Tékhnē grammatiké*）

《独语录》（*Soliloquia*）

《革玛拉》（*Gemara*）

《教会史》（*Church History/Historia Ecclesiastica*）

《克莱门传奇》（*Clementine Romance*）

《六文本圣经合参》（*Hexapla*）

《论辩术》（*De Dialectica*）

《论基督教教义》（*On Christian Doctrine / De Doctrina Christiana*）

《论教师》（*De Magistro*）

《论秩序》（*De Ordine*）

《米示拿》（*Mishnah*）

《尼西亚信经》（*The Nicean Creed*）

《灵魂之争》（*Psychomachia*）

《诗艺》（*On the Art of Poetry/Ars Poetical*）

《他纳赫》（*Tanakh*）

《塔木德》（Talmud）

《托拉》（Torah）

《通俗本圣经》（Vulgate）

《希伯来地名书序》（Book on the Sites and Names of Hebrew Places）

《希伯来人名书序》（Book on Hebrew Names）

《希伯来问题序》（Book of Hebrew Questions）

《雄辩术原理》（Institutes of Oratory /Institutio Oratoria）

《〈约翰福音〉注疏》（Commentary on John）

《哲学的慰藉》 （The Consolation of Philosophy/De Consolatione Philosophiae）

后　记

本书是笔者在博士论文《魏晋六朝与晚期罗马的文化语言活动》的基础上修订而成的。在报考和攻读博士阶段，笔者为努力把"中西文化比较"与语言学结合起来而进行了长期的思考，最终选择从宗教（宽泛意义上）入手，根据时代历史特征，以"注经—解经—译经—论经—立经"为线索研究两个文明在历史转型时期所发生的文化语言活动。当时年轻气盛，在论文中搭了一个很大的架子，虽自感偶有些许浅见，但这种做法毕竟不太符合当下学界的通行做法，幸而在导师傅惠生先生的鼓励和指导下，论文倒也做得自得其乐，最终顺利毕业。

毕业后，笔者来到上海海事大学外国语学院工作，并有幸申请到教育部人文社会科学青年基金项目"基于综合语言活动的翻译研究——以三至五世纪佛教和基督教的跨文化发展为例"以及上海海事大学科研基金项目"注疏　翻译　创作——三至五世纪佛教与基督教的跨文化语言活动研究"的资助。项目申报过程中，得到本校前辈蔡永良教授的大力支持与指导，也承蒙各位评审专家的赏识与错爱，才得以立项。

笔者在项目申报时就感觉到创新不是天马行空，研究要接地气、做具体问题，因而课题设计时回归外语学者的本分，紧紧围绕翻译问题展开。在立项后的研究中，我又认识到阐释与翻译的关系确实更为紧密，但佛教语言文学或是基督教拉丁语言文学之"立"颇为复杂，决不可轻描淡写，将来可以另立课题。因此，我们删去"论经"一整章，以及与佛教和基督教不直接相关的个别章节，在"注经"、"解经"章中各添加一整节与翻译密切相关的内容。在向出版社投稿后，又精简掉部分文字和内容。粗略估计，对博士论文的修改比例应该至少有三成。

自毕业以来，从全职学生转型为一名高校教师，被日常教学及各类社会活动牵扯了太多的精力，再加上入职后先行撰写出版了一本与本项目无直接关联的专著，因而在本课题的研究上无法再回到读博时的状态。不过教研经验的积累、期刊论文发表的磨炼、研究能力的提升以及各级课题的申报过程都有助于自己的想法得到不断发展，对后期修改有很大的帮助。正如笔者博士论文的"后记"中所言，支撑着我研究本课题的是对两个大问题的求索。一个是语言与文化的问题，窃以为当代语言研究太重本体，文化语言研究的发展则不尽如人意，因而希望能对此有所探索。另一个是中西对比的问题。一方面，国内的罗马和中世纪研究相对不受重视，遑论拿来作比较了；另一方面，当下的学术界多不愿作大课题。既然读博给了我这样的机遇，那就不应错过，而要大胆尝试。而许理和与高本汉这样的汉学家无疑是很好的榜样，因为他们的博士论文都是尝试用新方法研究外国的语言文化，并都取得了来之不易的成就。笔者以许、高为榜样来自我鞭策，只是怀揣"取法乎上"之心。如今著作初成，唯愿我的探索能得到些许知音。

　　拙作从最初构思到如今出版已将近八年，此间首先要感谢父母的养育与支持，使我能心无旁骛从事学术研究，尤其是"纵容"我做自己喜欢的事而在很大程度上没能尽到家庭义务，至今仍纠结于科研教学与家庭生活之间的时间分配问题，每每都有惭愧之心。其次要感谢学术上的父母，我的导师傅惠生教授。是他将我引入学术界，没有先生的鼓励与拔擢，就没有我的今天。先生的治学态度是我永远的榜样，先生的学术理念是我智慧的源泉。是先生的视野与学识启迪了本著的选题，在此也谨将拙作献给恩师。

　　从华东师大的校园到各类会议乃至海事大学的讲座，我都从未间断过接受来自潘文国老师的教导，在此也表示特别的感谢。博士论文的开题会上，得到了潘文国教授、傅勇林教授和高宁教授的指点，之后的评阅和答辩又先后得到谢天振、杨乃乔、潘文国、张春柏、傅勇林、李向平、王建开和陈琳等诸位教授的指正，使我受益匪浅。工作期间在申报国家社科基金的答辩会上，先后得到戴炜栋、熊学亮、许余龙、彭青龙等教授的指点，受益良多，对本著的修改大有裨益，在此谨表示由衷的感谢。

　　师大学习期间，要特别感谢挚友孙坤的帮助和激励，同时感谢黄琼英、李志强、许燕、谭旭虎、刘庆元、吕占军、魏清光、尹延安、刘剑、

后 记

马孝幸、向鹏等同门师友多年来对我这个小兄弟的照顾和关爱，让我从他们身上获得很多。在潘文国老师的高足身上，我也得到不少指点，尤其是老师辈的汤箸、丰国欣、徐剑等，以及张德让、曾文雄、张玲、赵宏、潘震、林元彪、施栋琴、金春岚、杨晓波、苏章海、封宗颖等，和傅勇林老师的高足汪东萍以及高宁老师的高足陈红、柯子刊等。师大十年留下太多的痕迹，至今仍然深深怀念。

感谢工作单位上海海事大学外国语学院各级领导的关怀与支持，尤其是尚新院长、何绍斌副院长和张滟副院长；感谢在科研上曾经指导和提点我的蔡永良教授等诸位前辈，以及在教学和日常事务中关心和支持我的各级领导、前辈与同事。没有他们的帮助，我就无法潜心治学，在科研上继续前进。

本书的部分章节先后发表于《宗教学研究》、《理论月刊》、《解放军外国语学院学报》、《西安外国语大学学报》、《法音》、《翻译季刊》（香港）等期刊。我要特别感谢上述期刊的编辑老师和外审专家们，给了我宝贵的说话机会。是学界的前辈和师长鼓舞了我的科研热情，促使我加倍努力，奋勇直前。

成书之际，要特别感谢中国社会科学出版社的冯春凤主任对拙作的赏识，使我能在这样顶尖的出版社出版我个人真正意义上的第一部专著，让我的多年心血有机会接受更多人的检验。同时也要感谢冯老师和其他各位老师的辛苦编辑和校对工作。

"十年磨一剑"是个美好的愿望，无奈受俗务羁绊而无法继续打磨，最终下定决心于此时将拙稿付梓。文章千古事，匆匆又匆匆。鉴于本课题的范围、难度、资料以及本人能力的局限性，书中仍有诸多错谬与不足，恳请学界同仁与读者不吝赐教。联系的邮箱是 jeromejzj@163.com。对于这个新兴的课题，我希望能有机会不断探索下去。

蒋哲杰

2015 年酷暑于滴水湖畔